上海文化发展系列蓝皮书
THE BLUE BOOK SERIES ON
SHANGHAI CULTURAL DEVELOPMENT

上海文化发展报告
（2023）

SHANGHAI CULTURAL DEVELOPMENT REPORT(2023)

深入推进社会主义国际文化大都市建设

主　　编/徐锦江

执行主编/郑崇选

上海人民出版社　上海远东出版社

图书在版编目(CIP)数据

上海文化发展报告.2023：深入推进社会主义国际文化大都市建设/徐锦江主编. —上海：上海远东出版社，2023
(上海文化发展系列蓝皮书)
ISBN 978-7-5476-1907-0

Ⅰ.①上… Ⅱ.①徐… Ⅲ.①文化发展—研究报告—上海—2023 Ⅳ.①G127.51

中国国家版本馆CIP数据核字(2023)第068576号

责任编辑 陈 娟
封面设计 徐羽情

上海文化发展报告. 2023
深入推进社会主义国际文化大都市建设

主　　编 徐锦江
执行主编 郑崇选

出　　版 上海远东出版社
(201101 上海市闵行区号景路159弄C座)
发　　行 上海人民出版社发行中心
印　　刷 上海新华印刷有限公司
开　　本 710×1000 1/16
印　　张 15.75
插　　页 3
字　　数 233,000
版　　次 2023年3月第1版
印　　次 2023年3月第1次印刷
ISBN 978-7-5476-1907-0/G·1175
定　　价 98.00元

摘　要

上海市第十二次党代会报告指出:“对上海来说,最集中的目标就是要加快建设具有世界影响力的社会主义现代化国际大都市。”与这个“最集中的目标”相匹配,文化发展的主要任务是“大力弘扬城市精神品格,深入推进国际文化大都市建设”。本年度报告聚焦新时代背景下的上海国际文化大都市建设,以党的二十大精神为基本遵循,综合考察文化发展的重点领域和关键问题,深入研判上海文化发展的整体方位与发展趋势,在新发展理念的指引下,为上海国际文化大都市建设的能级提升提供智力支持和决策参考。

全书分为“总报告”“重点关注”和“比较借鉴”三个板块。“总报告”及时回应中国式现代化背景下的城市文化发展问题,提出以上海“三大文化”的融合发展构建中国特色城市文化新形态,强调红色文化、海派文化、江南文化的融合发展、共生共荣,指出以“三大文化”融合发展为底蕴的上海城市发展历程就是实现中国式现代化的典型示范。“重点关注”聚焦近年来上海文化建设中的重点难点问题,包括城市文脉与城市更新、人民城市的文化建设、城市品牌打造、城市韧性中的文化生产、公众的文化参与等多元的考察视角,既充分肯定客观的建设成效和基本经验,同时又直面问题,在开阔的社会文化视野中提出基于充分调研基础上的对策建议。“比较借鉴”选取长三角城市的文化创新,城市智库的文化功能,温哥华的城市文化建设和疫情中德国文化政策等几个案例,为上海国际文化大都市建设提供多样的经验借鉴。

ABSTRACT

According to the report of the 12th Shanghai Party Congress: "One of the most important goals for Shanghai is to speed up its development into a global modernized socialist international metropolis." In line with this aim, the primary mission is to "vigorously promote the city's spiritual development and build it into a socialist international cultural metropolis". The annual report focuses on how to achieve this aim in the new era. In adherence to the guidance of the 20th CPC National Congress, it summarizes the major fields and key issues of the city's cultural development and thoroughly studies and determines the overall orientation and development trend. Guided by the new development philosophy, this report aims to provide intellectual support and decision-making reference.

The whole report can be divided into three parts: "General Report", "Major Concerns" and "Comparison and Learning". "General Report", timely responding to the development of urban culture under the context of Chinese-style modernization, proposes a new form of urban culture with Chinese characteristics based on the integrated development of Shanghai's "Three Major Cultures", namely Red Culture (related to CPC history), Shanghai-style Culture, and Jiangnan Culture. It emphasizes that the development of Shanghai, with the integrated development and mutual prosperity of the "three major cultures" as the foundation, sets an example in the realization of Chinese-style modernization. The next part "Major Concerns" mainly relates to key and difficult issues in Shanghai's cultural construction in recent years, including urban culture and urban renewal, to build a cultural city for the people, urban brand building, cultural production in urban resilience, cultural participation of the public and other perspectives. It not only recognizes the achievements and experience, but also faces up to the problems directly, putting forward countermeasures and suggestions based on an integrated investigation in a broad social and cultural perspective. The last part "Comparison and Learning", through several cases such as cultural innovation of cities in the Yangtze River Delta, cultural function of urban think tank, urban cultural construction in Vancouver and German cultural policy during the pandemic, provides abundant experience for the construction of Shanghai into an international cultural metropolis.

目　录

总　报　告

重点关注

比较借鉴

CONTENTS

General Report

Major Concerns

Comparison and Learning

总 报 告

在融合发展中创造中国特色城市文化新形态

郑崇选　李亚娟　金方廷　叶　舟

摘　要　文化是城市的灵魂,是城市发展生生不息的力量源泉。上海文化在历史演进的传承创新中,构建起城市文化的丰富内涵和独特品质,锚定了上海国际文化大都市的建设方向。强调红色文化、海派文化、江南文化的融合发展、共生共荣,不仅把握住了上海文化开放融合的优秀特质,更为彰显社会主义国际大都市的神韵魅力提供了充分体现文化主体性的明确路径,以"三大文化"融合发展为底蕴的上海城市发展历程就是实现中国式现代化的典型示范。

关键词　融合发展　中国特色　城市文化新形态　"三大文化"

党的二十大报告强调,要深刻领会中国式现代化的中国特色和本质要求,要积极发展社会主义先进文化,满足人民日益增长的精神文化需求。特别是要弘扬以伟大建党精神为源头的中国共产党人精神谱系,用好红色文化;坚持中华优秀传统文化得到创造性转化、创新性发展;发展面向现代化、面向世界、面向未来的,民族的科学的大众的社会主义文化,不断提升国家文化软实力和中华文化影响力。丰富的红色文化、海派文化、江南文化是上海文化的重要组成和宝贵资源。这三种文化资源不是矛盾对立的,也不是彼此隔绝的,而是相互关联、彼此共生、融会贯通的,深深地植根在上海城市日常生活中,丰富了上海的文化个性,赋予城市旺盛的创造力,铸就了上海这座城市特有的历史底蕴。三种文化从不同的方面,基于各自所长,多元地阐释了上海这座城市不拘一格的文化色调。上海市第十二次党代会明确提出,红色文化、海派文化、江南文化是上海神韵魅力所在,必须充分彰显"上海文化"品牌标识度,城市精神品格浸润人心,红色文化、海派文化、江南文化融合发展。

一、国际文化大都市视野中的"三大文化"

习近平总书记指出,文化是一个国家、一个民族的灵魂。文化兴国运兴,文化强民族强。没有高度的文化自信,没有文化的繁荣兴盛,就没有中华民族伟大复兴。要坚持中国特色社会主义文化发展道路,激发全民族文化创新创造活力,建设社会主义文化强国。文化陶冶着人们的心灵,思想文化是人的灵魂,城市文化就是城市的灵魂,主流文化主导着城市灵魂的品质品位、内涵格局和基本走向,一个高层次、高品位、韵味健康丰富的国际化大都市,绝对不可能建设在文化沙漠之上。唯有让精神生长、让文化发育,才会有朝气蓬勃的城市形象,才会有奋发有为的城市气质,才会有值得永久回味的城市记忆。

2017 年 12 月,上海市委书记李强明确提出,要打响"上海文化"品牌,丰富的红色文化、海派文化、江南文化是上海的宝贵资源,要用好用足。2018 年,上海市更是进一步以"国际文化大都市"为清晰的建设目标,确立了《全力打响"上海文化"品牌　加快建成国际文化大都市三年行动计划(2018—2020 年)》,该行动计划围绕加快建成国际文化大都市的目标,提出全力打响上海红色文化品牌、海派文化品牌、江南文化品牌，使上海城市的文化特质更加凸显、精神品格更加鲜明、人文内涵更加厚实、战略优势更加突出，进一步增强城市软实力和核心竞争力。2021年，又在实施打响“上海文化”品牌第一轮三年行动计划（2018—2020年）的基础上，以用好用活红色文化、海派文化、江南文化资源为主线，通过实施新一轮三年行动计划（2021—2023年）。该计划明确提出“三大文化”在上海文化品牌建设中的作用是，在红色文化传承弘扬中彰显“上海文化”品牌建设凝心铸魂作用，在海派文化传播提升中彰显“上海文化”品牌建设聚力汇智作用，在江南文化发掘创新中彰显“上海文化”品牌建设培根固本作用。2021年6月22日，中国共产党上海市第十一届委员会第十一次全会上审议通过《中共上海市委关于厚植城市精神彰显城市品格全面提升上海城市软实力的意见》，进一步提出：“使红色文化、海派文化、江南文化在交相辉映中激发创造活力，在世界文化交融激荡中绽放独特光彩，让世人更好地感知中国风、东方韵。”2022年6月25日，市第十二次党代会上，李强书记作报告时提出，要大力弘扬城市精神品格，深入推进国际文化大都市建设，明确提出红色文化、海派文化、江南文化是上海神韵魅力所在，必须充分彰显“上海文化”品牌标识度，为此，上海要坚持做强“码头”、激活“源头”、勇立“潮头”，打造独具魅力的人文之城。

党的二十大报告指出，要加快建构中国话语和中国叙事体系，全面提升国际传播能力。中共上海市委关于全面提升上海城市软实力的意见中也指出，着力增强全球叙事能力，扩大城市软实力的国际影响，更好地向世界展示传统与现代交融、本土与外来辉映、有序与灵动兼具、文明与活力并蓄的社会主义现代化国际大都市形象。市第十二次党代会明确指出，加快建设具有世界影响力的社会主义现代化国际大都市，这是习近平总书记对上海的明确定位。对上海来说，最集中的目标就是要加快建设具有世界影响力的社会主义现代化国际大都市。文化是城市的灵魂，是城市发展生生不息的力量源泉。因此，要建设社会主义现代化国际大都市，就必须深入推进国际文化大都市建设。要深入推进国际文化大都市，就必须以用好用活红色文化、海派文化、江南文化资源为关键支撑，“三大文化”理应成为上海文化的名牌和标志，统领未来上海文化建设与发展的基本方向和路径。这样才能为加快建设具有世界影响力的社会主义现代化国际大都市提供不竭力量源泉。

江南，广义上泛指长江以南地区及江淮之间的部分地区，今天主要指以太湖流域为核心的长三角地区。江南地区得天独厚的地理环境和悠远的人文历史不仅影响了江南人民的内在气质、思维方式、性格特征，而且铸造了优秀的江南文化。江南文化是江南地区生息和繁荣的基础，对长三角地区的发展和演进有着极大的影响。上海身处江南的核心地区，上海城市文化显然是以江南文化为底色的，反映了对江南地区中华优秀传统文化的当代传承与弘扬。也正是因为有着浓郁的江南特色，崇实、崇文、重商、重民、精致、开放、灵活这些江南文化的优秀传统都在上海得到了淋漓尽致的体现。

海派文化是上海开埠以后江南文化与西方文化融汇的产物，就其精髓而言，海派文化与江南文化一脉相承，同时又是江南文化与西方文化交融后的一种新的发展形态。海派文化从江南文化的土壤中汲取了丰富的营养，完成了从承继江南文化到熔铸江南文化再到引领都市文化的历程，从而推动了上海文化在整个江南文化格局中的中心地位的确立。另一方面，海派文化对江南文化的继承、集聚、融合、创新，也推动了江南文化的创新和发展，使得以上海为中心的长三角地区至今仍是中国最富有魅力和活力的地区之一。

也正是海派文化孕育出的上海多元的城市格局，为红色文化在这里的孕育与繁衍提供了必不可少的生存空间。一方面，上海作为中国近现代工业和中国工人阶级的摇篮，为中国共产党的诞生提供了阶级基础；另一方面，上海作为新知识、新思想、新文化的传播中心，为马克思主义学说传播、红色文化壮大提供了广阔的空间。红色文化使海派文化有了“魂”，也让江南文化焕发出新的生机。与此同时，在与江南文化的接续中，红色文化也有了更为深厚的历史底蕴，获得了丰厚的滋养。所以，上海的红色文化并非无根而生、横空而来，而是有其先声、前奏与深厚的社会基础。中国共产党领导的近代上海红色文化，之所以那么鲜艳、灿烂和繁盛，成为非常独特和非常光辉灿烂的红色文化篇章，是因为其与海派文化和江南文化中的诸多丰富内涵与基本特点密不可分。

回顾改革开放以来，特别是过去十年来上海的发展，突出表现为硬实力的持续增长。与此同时，上海城市治理水平的精细、法治建设的完善、市民素质的提高、人居环境的改善，也都助力上海成为全球最受瞩目的城市之一。可以说，上海今天的繁荣，归根结底就是上海城市文化发展的必然结果。习近平总书记指出：文化自信是更基础、更广泛、更深厚的自信。上海的发展过程充分地表明，中国不只是从书本上、从对外国的摹仿中找寻道路，而是根据自己的实践和经验积累，通过改革和开放，不断摸索和总结出了具有自己特色的发展模式。从这个角度而言，经过时代沉淀、历史淘洗和社会磨砺形成的上海城市文化，蕴含着强大的精神力量，而这一精神力量正是建立在以红色文化、海派文化、江南文化为坚实基础的历史底色之上。红色文化、海派文化、江南文化共生共荣，构建起“上海文化”的内涵基因和独特品质，由此形成了以传统与现代交融、本土与外来辉映、有序与灵动兼具、文明与活力并蓄为特色的上海独有的都市魅力。可以说，以“三大文化”为底蕴的上海城市文化的发展历程就是中国文化自信的重要源泉和最好写照，也是上海社会主义国际大都市建设迈向新阶段的独特优势条件。

但另一方面，上海的综合实力虽然已经发展到了一定高度，但仍有不少再提升、再发力的空间，距离成为具有世界影响力的社会主义现代化国际大都市，更有需要进一步努力之处。当前，上海乃至中国都处于百年未有之大变局，处在迈上全面建设社会主义现代化国家新征程、向“第二个百年奋斗目标”进军的关键时刻。一方面城乡人居环境明显改善，美丽中国建设成效显著，中国国际地位和影响进一步提高，在全球治理中发挥着更大作用；另一方面，城市发展的环境条件、格局形态、动力机制、治理模式等都发生了深刻变化，更加迫切地需要文化软实力的“加速器”作用，作为全面提升城市能级和核心竞争力厚植实力之基。文化是城市的灵魂，是城市发展生生不息的力量源泉。文化的发展在很大程度上决定着我们在新时代的征程上能否行稳致远。所以，上海只有不断发展、不断升华城市文化建设，深入推进国际文化大都市建设，追求物质文明与精神文明相协调、人与自然和谐共生、人民共富共强，积极推动深化文明交流互鉴，助力形成同我国综合国力和国际地位相匹配的国际话语权,才能让城市的发展始终走在城市居民的需求前面。上海要建设社会主义现代化国际文化大都市,就必须适应新时代的要求,立足中国式现代化的宝贵经验成果,进行深刻的历史转型,努力克服自身的历史局限,实现文化创新的高质量发展,为新一轮的腾飞提供新的动力支持。这既要植根于中国特色国情和实际,从现实的文化沃土之中汲取资源,寻找启迪;同时,又要用开放包容的胸怀从其他文化中汲取养分,高举和平、发展、合作、共赢旗帜,融汇一切优秀文化成果。只有把弘扬优秀传统文化和发展现实文化有机统一起来,充分认识和发掘上海城市文化的现代价值,才能为社会主义现代化国际大都市建设提供不竭的精神动力和智力源泉。

上海要建设国际文化大都市,就必须要从实际出发,弘扬优势特长。上海文化的最突出优势,就是江南文化、海派文化和红色文化这三种文化资源的“富矿”。从这个意义上讲,今天上海要建设国际文化大都市,应当而且必须深入挖掘这些上海文化独特优势的“金矿”,用足用好这些优势文化资源,从中汲取和提炼丰富的文化营养,把红色文化、海派文化、江南文化更好地有机融合在一起。在新发展理念的基础上,深入挖掘上海的城市文化特色,从改革开放以来的上海伟大实践和新时代的辉煌成就中升华、提炼上海城市文化的时代特质,让红色文化、海派文化、江南文化发挥“大于三”的效果,讲好精彩的中国故事、上海故事,不断精细打磨城市品牌,彰显上海故事的时代魅力,在各个方面做大做强,进一步聚焦建设上海文化的精品,打造“上海文化”品牌,擦亮文化名片。特别是打造上海独创、原创、首创的文化精品,使上海文化独特的优势在新时代进一步丰富和发扬光大,让上海的文化底蕴充分展示出来,使之更富魅力和吸引力,并能在不断变化的世界格局中,始终牢牢占据一席之地。

二、“三大文化”融合发展的价值重塑

加快建设社会主义国际大都市,既要挖掘城市文化资源中的多种关键元素,也必须不断探寻多种文化共生共荣的“黏合点”,突破现有制度机制的局限

与束缚，争取在多元文化的交相辉映中，缔造更高质量的城市文化发展新篇章。

从上海城市发展的历史来看，上海因海纳百川的开放精神，形成了文化资源富集、多种文化交融发展的格局，源流不同的各种文化，在相互碰撞、吸收、互鉴、影响中高度融合。因此，上海具备铸就高水平文化融合发展的优势与基础。从城市发展的一般规律来看，当城市发展到一定阶段，城市文化的内涵、特质已然得到深入探索之后，势必要从高质量文化建设的层面对文化的融合发展提出一定的要求。这也正是上海现阶段提升文化发展品质的内在要求。

充分将融合发展观落实到文化领域，一方面要求在本地原有文化建设的基础上加以统筹和协同发展，另一方面也对城市文化建设提出了更高的发展目标。上海市第十二次党代会报告指出，"国际大都市"的风范更具魅力将是未来五年推进具有世界影响力的社会主义现代化国际大都市建设的目标之一。要让城市精神品格浸润人心，充分彰显"上海文化"品牌标识度，打造独具魅力的人文之城，理应把握红色文化、海派文化、江南文化对传达上海神韵的深刻意义，在此基础上进一步推动"三大文化"在上海未来五年的融合发展。

（一）融合发展观符合近代以来上海城市文化发展历史的客观情况，推动"三大文化"的融合发展，利于构建上海文化建设的整体性

历史上，上海因独特的城市格局，为多种文化的交流融合提供了相对宽松从容的环境，充分证明了上海具备使文化融合发展观落地生根的优势土壤。一直以来，上海文化的发展除了深受吴越江南文化的影响，同时也受到中原、淮扬等地区域文化的影响，原本异质程度较高的文化传统，使上海善于以兼收并蓄的精神对待各种外来文化元素，造就了上海文化上的开放性和宽容性①。正所谓"江海之通津，东南之都会"，作为一座移民城市和港口城市，异质的人口来源、外来文明的影响，使上海成为远近闻名的文化洪炉，不断锻铸出融合多种文化的璀璨结晶。一方面客寓上海的文化人与士绅，共同推动了吴韵苏风、皖韵徽风和越韵浙风在此地荟萃；另一方面，高度发达的商品经济，孕育

① 熊月之：《上海租界与近代中国》，上海交通大学出版社，2019 年，第 153 页。

了兴盛的通俗文化和市民文化，而迅速发展形成的现代出版业、影视业等也在一定程度上助推了文化层面的融合发展。上海这种得天独厚的环境，为发展出一种以融合、共生为特征的城市文化提供了充分给养，也使得上海成为近代以来中西文化交流、多种文化融合不可多得的优质场所。

在当代，提倡和发扬“三大文化”的融合发展，有利于在发掘上海文化特质的基础上，进一步搭建上海文化走向整体发展的新面貌与新格局。进入新时代，随着传播技术与流通手段的日新月异，地区间文化交流日益频繁，为上海新时代文化建设注入了更多元、更丰富的内容。因此，当代更需要从整体上精准统筹一座城市的文化发展定位。强调“三大文化”的融合发展观，正是着眼于城市文化建设在“多元”与“融合”之间的辩证关系：文化融合观在本质上追求的是一种“你中有我，我中有你”的共生共荣状态①，传递的是对城市文化多样性的高水平精准呈现，反映的是一座城市整体把握其精神品格营建的能力和水平。

（二）融合发展观体现了上海海纳百川、开放创新的城市精神品格，强化“三大文化”的融合发展，体现了上海城市丰富的人文内涵

文化融合，指的是互为异质的多种文化之间相互接触、交流之后，不断弘扬创新和融会贯通的过程②。纵观人类文明，正是在文化融合发展的过程中，缔造出了多种文化要素的碰撞、重组和新生，造就了人类优秀文化得以持久璀璨和活跃的生命力。在融合发展观的观照下，一座具有包容开放精神的城市，也应能够搭建起文化的互补、互惠、互利关系，不断探求文化上更有意义和价值的平衡秩序，最终指向一种共生共荣、交相辉映的文化创新发展模式。

上海文化始终面临着传统与现代、民族与外来文化如何实现高水平融合发展的挑战。上海独有的“海纳百川、追求卓越、开明睿智、大气谦和”的城市精神，连同“开放、创新、包容”的城市品格，本身正是培育城市人文精神和文

① 姚晓盈：《跨文化传播理论研究》，中国书籍出版社，2019 年，第 203 页。
② 梁天柱、李海勇、鞠艳霞：《外语翻译与文化融合》，九州出版社，2018 年，第 259 页。

化底蕴的优势所在。以此为基础,融合发展观为深度激发城市文化内涵、打造城市文化品牌提供了有力支持。融合发展观内在地要求了必须理顺“三大文化”得以相依共存的结构逻辑,建构起统筹“三大文化”内部秩序的价值体系,以系统化、整合化的思路来为“三大文化”树立明确的当代意义。另一方面,融合发展观追求的目标,是探寻能够创造性地将多种文化加以融会共生的发展模式,旨在寻求使“三大文化”持续激荡深厚精神品格的路径方法,从而让上海城市文化品牌不断焕发活泼生命力、凸显强势影响力。

在迈向新征程的道路上,推动“三大文化”实现高水平的融合发展,为弘扬城市精神品格、提升城市软实力提供了文化建设领域的必要保障,也为新时代打响“上海文化”品牌、铸造丰富样貌的城市人文内涵提供了更广阔的舞台。

(三)融合发展观指出了建设社会主义国际文化大都市的必由路径,助力“三大文化”的融合发展,为上海城市形象构建判明了方向

红色文化铸魂立心,海派文化开明包容,江南文化传承底蕴。红色文化、海派文化、江南文化的共生共荣、交相辉映,构建起“上海文化”的内涵基因和独特品质。过去,包容开放造就了上海繁荣兴盛的文化,却也使“上海文化”这个标识缺乏相应的辨识度,上海城市形象的营造方向和目标也不够明晰。有鉴于此,牢固树立红色文化、海派文化和江南文化在上海文化建设中的典范地位,显著提升了城市文化建设的定位、品味和精准度。眼下,作为城市精神底色的红色文化,日益得到弘扬、彰显和阐发;传递中西交汇特色的海派文化,不断推陈出新、优化升级;发扬传统风韵雅致的江南文化,愈发特色鲜明而又浸润人心。上海文化正在不断刷新其建设维度,从搭建城市文化的标志性、独特性、优势性层面,过渡到以提出新理念、新方法、新模式代表的路径探索层面。

为了更好地提升上海整体城市神韵魅力,明确上海城市形象中的文化内涵,在以往“三大文化”建设的基础上,应当加大力度地强调文化融合发展的理念,以此推动“三大文化”走向更深层次、更高水平的融合发展——使三种

特色文化在交融激荡、交相荟萃中,建设一个传统与现代交融、本土与外来辉映、有序与灵动兼具、文明与活力并蓄的魅力上海。唯有以更高定位和标准,疏通文化融合发展中的阻碍限制,有针对性地标亮上海城市形象的色感、温度与质地,才能有力地展现城市培育深耕厚植、成风化人的精神风貌,不断增强人民群众对城市的认同感、归属感、自豪感,提升上海城市整体的美誉度。

在新时代,沿着红色文化、海派文化和江南文化的三条跑道,将新观念和新方法的探索、实践吸纳进文化建设之中,势必能冲刷出通向建设社会主义国际文化大都市的更优路径。“三大文化”已经成为擦亮、打造“上海文化”品牌高地的标志性资源,进而,在统筹融合观念的引领下,用好用活“三大文化”资源,也将日益为厚植上海城市软实力、构建城市形象赋予极为关键的内涵支撑。

推动红色文化、海派文化、江南文化融合发展,使城市精神品格浸润人心,历史传承与时代潮流融合共生,国际风范与东方神韵相得益彰。上海的城市文化纵然因异彩纷呈而繁荣,终须归于和而不同、浑然一体才能登上更高境界。为了符合新征程中所提出的推动高质量发展、创造高品质生活、实现高效能治理的指导要求,以融合发展观源源不断地助力、激发城市文化的活力和创造力,才能将营造深入人心的城市精神品格、全面提升上海的城市软实力的工作落到实处。

正确树立城市文化建设的主体,提倡融合发展观作为统筹下一阶段上海文化建设的价值统领导向,以开拓进取之心,挖掘社会主义国际文化大都市建设的深厚潜能。用好上海独到的文化优势土壤,处理好文化建设中“多元”与“融合”的辩证关系,搭建起上海文化走向整体发展的新面貌与新格局。借助上海特有的开放创新精神,理顺文化间相依共存的结构逻辑和秩序体系,探寻多种文化得以创造性融会共生的新型发展模式。延续上海“三大文化”的现有建设成果,摸索出符合城市发展现状的文化建设路径,让“三大文化”共生共荣的融合发展,有效助力新时代上海城市的建设目标。

三、"三大文化"融合发展的实践反思

融合创新是上海文化形成过程发展出的精神本色之一。从传统江南市镇向现代城市转变的过程中，上海汇聚各地文化精华、融合多种文化成果，逐渐培育出追求卓越、开明睿智、大气谦和的城市精神和开放、创新、包容的城市品格。用好用活红色文化、海派文化、江南文化资源，建设社会主义国际文化大都市，不仅要把握住红色基因、海派魅力、江南风韵在上海这片土地融合荟萃的"过去"，更要在"三大文化"共生共荣、交相辉映的融合创新发展中，不断保持并发扬"海纳百川、追求卓越、开明睿智、大气谦和"城市精神和"开放、创新、包容"城市品格。"用好用活红色文化、海派文化、江南文化资源"已然成为上海文化发展建设中极为重要的一环。近年来，红色文化、海派文化、江南文化特质更加彰显，文化品牌标识度不断提高，国际文化大都市建设成效显著。"三大文化"在上海城市文化建设中已经成为共识，红色文化、海派文化和江南文化分别在多个领域得到了深入和长足的推进，并延伸、下沉到上海文化发展实践的方方面面。

（一）文艺作品融合创新

丰厚的红色文化、江南文化和海派文化资源是文艺作品创作取之不尽的宝库。党的二十大强调，要用好红色资源，深入开展社会主义核心价值观宣传教育，深化爱国主义、集体主义、社会主义教育，着力培养担当民族复兴大任的时代新人。近年来，在上海的文艺领域，重大现实题材、爱国主义题材、重大革命和历史题材的创作得到长足发展，特别在如何用好优质文化资源方面，上海推出了一批尝试融合"三大文化"且具备时代特征、中国特色、上海特质的原创精品和扛鼎之作。

《永不消逝的电波》在全国掀起"电波热"，成为全国范围内一票难求的现象级舞剧。《永不消逝的电波》以烈士李白的真实故事为素材，再现了共产党为民族解放事业壮烈牺牲的英雄形象。故事发生地安排在老上海最有代表

性的报馆，悠扬舒缓的《渔光曲》旋律响起，带有江南韵味的舞剧，将石库门、里弄、街头、旗袍裁缝店等老上海特色艺术作了写意再现。红色主题、海派布景、江南余韵绝妙结合，三种文化在舞台上交相辉映，共同谱写了当代上海文艺舞台的奇迹。除此之外，上海沪剧院推出的沪剧《一号机密》、上海淮剧院的都市新淮剧《寒梅》、上海昆剧团的现代昆剧《自有后来人》等曲艺作品，都是通过汇集于上海的江南传统戏曲形式对经典红色作品的全新阐释。上海芭蕾舞团的原创芭蕾舞剧《宝塔山》以海派芭蕾典雅的肢体语汇，讲述在革命圣地延安发生的红色故事。从不同程度以文艺形式拓展红色文化、海派文化和江南文化的融合，演绎新风格和新趋势。

自红色历史中提炼故事，从上海生活中汲取海派和江南元素，于真挚情感与寻常人性中表现真实上海，这批以现实主义、爱国主义和革命主题为内容的文艺作品在创作中自然而然地促成了“三大文化”元素的交融。将红色文化主题的文艺创作与江南城市文脉传承、海派文化传承展示相结合，在鲜活的文艺作品案例中为推动“三大文化”融合发展指明了一条值得参考的实践路径，而以高品质作品带动“三大文化”的阐释与传播，在一定程度上也使上海城市精神在具有深度的作品中得到了精准刻画。

（二）公共文化融合助力

上海丰富的文化资源还体现在大量已有和正在建设的公共文化空间上，这也正是反映“三大文化”源流有序地成型和发展的产物。如何借助这一资源优势，从公共文化布局、功能等方面有效助力“三大文化”的有机融合，不仅可以推动“三大文化”朝着高质量发展，更能将包容、融合的文化精神渗透到公共服务中去。

2021 版《上海红色文化地图》系统梳理了上海地区的红色文化遗址资源，对遍布全市的百处保存完好的红色建筑和场馆进行了展示，而以“一馆五址”为代表的红色文化遗址，在历史上分布于具有江南文化和海派文化气息的街区巷陌中。有学者曾指出，弘扬红色文化，应试图恢复红色文化遗址的日常性和生活性，应使之成为日常生活中有意味的场景。这种观点对红色文化遗址的公共文化空间建设提出了要求，这一愿景正可视作在文化空间意义上推动“三大文化”融合发展的一种可能。

同时，一批新场馆的建设也已经开始着力突出对“三大文化”的融合表达。上海博物馆东馆是“十三五”时期上海市建设的重大文化项目，提出要以打造“世界顶级的中国古代艺术博物馆”为发展目标，特别强调要增强海派文化、江南文化特色，进而完善公共文化服务及教育体验功能。此外，《三年行动计划》特别在“优秀传统文化保护和活化利用专项行动”中要求，深入推进城市记忆工程，提升历史文化遗产保护和活化利用水平，必须同时将红色文化、海派文化、江南文化资源的总库建设提上日程。这些举措在未来的落地，将为“三大文化”的融合发展提供强有力的保障和支撑。

上海在全国率先基本建成现代公共文化服务体系，中心城区 10 分钟、郊区 15 分钟公共文化服务圈基本形成，2021 年，全市常住人口人均公共文化设施建筑面积达 0.2 平方米，超额完成“十三五”规划目标。在“建筑可阅读、街区可漫步、城市有温度”的指引下，市民体验、感受和参与高质量公共文化服务变得便捷高效。依托于这一优势，在梳理、挖掘“三大文化”资源及特色的基础上，将“三大文化”融合发展同优质的公共文化服务更进一步结合，让更多的市民得以就近接触到上海的城市文化特质和精神品格，更好地满足人民日益增长的精神文化需求。

（三）凸显不同城区文化个性

不少城区在打造海派文化城市地标和打响区域文化品牌的指引下，对所在辖区内的文化资源进行了深度挖掘和科学赋能。虹口区北外滩海派文化传承创新区和徐汇区徐家汇源景区的“海派文化之源”，均以“海派文化”为区域发展的文化标记。松江区新城建设以松江深厚的文化底蕴为依托，传承区域优秀传统江南文化，挖掘民俗民风、历史名胜等资源，打造了一批以江南文化为标志的具备高辨识度的文化项目①。青浦区同样借助“五大新城”建设，

---

① https://view.inews.qq.com/a/20220724A07ZPQ00

将“最江南”的文化符号嵌入到城市建设的理念中，重现江南古镇风貌，在家门口体验现代江南水乡特色。各个城区深入挖掘区域内红色文化资源，整合、延续红色革命遗产。中共一大会址所在的黄浦区以多种方式利用区域内资源弘扬红色文化。例如在红色遗址密集的区域以市政道路串联方式服务红色旅游，构筑文旅融合、互动体验的城市红色徒步路线；为了让红色文化贴近青年一代，积极运用“科技 + 游戏 + 互联网”的宣传展示方法介绍区域内不同时期的红色印迹。

在城区规划与文旅融合相协调的背景下，上海各个城区分别形成了富有文化特色的红色文化、海派文化和江南文化旅游集群，充分调动区域内的文化资源，深度传达着“三大文化”的不同面向。可以说，过去几年中，红色文化、海派文化和江南文化在上海多个区域内获得了深入的弘扬、阐释，“三大文化”的概念也为各个城区在规划和发展中确立了明确的导向，如同为城区的文化注入了明晰的色彩感。然而如何避免城区文化规划的同质化，并在此基础上以“三大文化”融合的理念推动城区文化的高水平、高质量发展，将是下一阶段城市区域文化发展值得关注的方向。

以融合观念统摄、引领“三大文化”建设，将文化融合的理念注入上海文化建设的轨道中，尚需一定时间的推动和“落地”；弘扬上海独特的多元文化，从文化交融角度助推相应的项目和实践，到目前在数量和质量上也都有一定的增长空间。一方面，现阶段关于“融合”观念的意义、价值和内涵，认识仍不够深入。以往基于资源禀赋和分布，较为强调单一一类文化的重要性，从而形成了文化建设的路径依赖，在理念和实践上都未能充分领会到文化融合发展之于上海文化整体发展的重要性。另一方面，文化的融合发展不应简单同“拼盘”式的顶层设计思维划等号，更重要的是在深入认识融合理念的基础上，为文化的融合发展提供强有力的理论支撑和实现路径。从具体实践而言，各个区域在“三大文化”的建设过程中，存在着的比较显著的同质化问题，在文化符号的总结、文化品牌的区域化打造方面，缺乏相应的统筹意识和跨区域间的文化资源交流。

因此，考虑到现阶段上海文化建设中存在着的诸种制约融合发展的问题，下一步更需要从理论和实践两个方面，疏通“三大文化”共生共荣、融合发展的堵点，让红色基因、海派魅力、江南风韵以有机互融的方式闪耀在上海的文化舞台上；需要进一步强调并贯彻融合发展的理念，同时也必须始终秉持文化发展以人民为中心的宗旨，文化建设应当更精准地体现、符合人民群众的精神文化需求。

首先，从理念层面看，“三大文化”走向交相辉映、共荣共享的融合发展之路，既是对上海城市文化发展规律的总结，也预判了上海未来城市文化开拓创新的发展方向。开放、创新、包容是上海固有的卓越城市品格，“三大文化”的多元底色也表明，以开放、包容的态度理解上海文化的基本特征，以创新的要求促进上海文化的高水平发展，就一定会捕捉“三种文化”本质上在上海这片土壤上具备融合发展的无限潜能。

其次，从实践层面看，只有以融合的观念统领文化发展的方向，以实事求是的精神推动“三大文化”融合发展的项目“落地”，才能更好地协调跨区域间文化资源的交流共享，避免多区域城市文化发展的同质化趋势，以及城市文化创新浮于表面，进而真正使“三大文化”得到更高水准、更优品质的阐发和弘扬。在这个意义上，要让“三大文化”融合发展落于实处，还要充分激发上海本土的文化资源优势，让多种元素文化在开明大气的氛围中相互激荡、交融，从而迸发出更多文化创新的机遇和可能。

最后，以人民群众的精神文化需求为城市文化建设的中心。完善“三大文化”深入群众生活的公共文化服体系，让上海独有的红色基因、海派魅力与江南风韵，以交织融合的姿态充实市民群众的生活。具有生活质感和情感深度的文化才是“活的文化”，当“三大文化”能够浑然一体地融入上海城市生活，延续、传承上海自身文化也就找到了最优路径，弘扬上海城市精神也就拥有了最坚实的基础。

四、深化“三大文化”融合发展的动力机制

红色文化、海派文化、江南文化虽然起源于不同时期，但和谐一致地融入

了这座城市的发展肌理，使人们能够真实地感受到“海纳百川、追求卓越、开明睿智、大气谦和”的城市精神。当前，深化“三大文化”融合发展的动力机制主要体现在以下几方面。

（一）深化“三大文化”融合发展是扩大人民城市的文化参与、满足人民群众文化需要的内在要求

人民城市理念是中国特色社会主义理论在城市领域的集中体现，彰显了社会主义制度与城市建设的内在联系，是提升城市软实力的核心价值追求。2019 年 11 月 2 日，习近平总书记在考察上海杨浦滨江时，首次提出“城市是人民的城市，人民城市为人民”这个饱含深情的执政理念和城市治理理念。“以人民为中心”的社会主义本质特征在中国城市建设中得到了充分表达。总书记在党的二十大报告中更是鲜明提出，要深入贯彻以人民为中心的发展思想。建设人民城市不仅要在经济社会发展的物质层面达到全面的现代化，更为内在的，是要承担历史所赋予的文化使命。

对于上海来说，人民性是社会主义现代化国际大都市区别于资本主义国际大都市的本质性特点。上海要建设国际文化大都市，就要在推进打响“上海文化”品牌的工作中，紧扣人民的体验感和切实利益，以人民为中心展开工作布局，让各项工作更具人文温度，更加关注人民的幸福感、获得感。文化建设只有最终使人民满意，惠及最广大人民群众，这项文化品牌建设工作才能算是圆满完成。人民群众在都市文化建设中的获得感和切实利益才是检视文化发展成果的重要标准。

根植于江南文化的深厚土壤，胸怀海派文化海纳百川的气概，以红色文化点亮正能量、凝聚信仰之源，这座城市中的每一名市民、游客都能从中获取无尽的文化滋养、不竭的创新动力。来自五湖四海的人们在这里创新创业、追逐梦想，需要汲取红色文化中奋进向上、努力拼搏的火热激情，需要感知海派文化中海纳百川、开放包容的博大胸怀，需要体悟江南文化中优雅精致、温润如玉的厚重历史。

人民群众需要在不断的文化参与中，在“三大文化”的交融汇通中，满足

各自的文化需求。人的个性得到尊重，才华得到展示，价值得以实现。创意灵感在这里迸发，时尚潮流在这里定义，美好生活处处可见，真正使在这儿的人引以为豪，来过的人为之倾心，没来过的人充满向往。正是源于每个人内心都需要的文化参与，上海才能塑造具有红色基因、海派魅力、江南风韵的社会主义国际文化大都市，城市精神品格才能成风化人、润物无声地构建起人们心有所寄的精神家园。

（二）深化“三大文化”融合发展是上海打造文化品牌的必然选择

红色文化、海派文化、江南文化呈现为彼此交融、层层递进的关系。海派文化是上海城市特有的文化，它植根于中华文化，孕育于江南文化，形成于中外文化的交融，在上海城市发展中不断演进、升华，并与红色文化、江南文化融合共进。绵远流长的江南文化，为海派文化提供了营养滋润；海派文化的融汇开放，又为红色文化的诞生提供了特殊有利的发展环境。江南文化是红色文化的底蕴，穿越千年，映照古今。江南文化与红色文化在“开创进取”“革命精神”上可以达成共识。

红色文化、海派文化和江南文化尽管历史积淀各不相同，内涵各自迥然，但能够在上海交织与互进，在于三种文化所具有的共同特性，那就是先进性、本土性和时代性。先进性是一种文化得以产生的根本前提，使得这种文化可以形成共识、引领进步；本土性是一种文化得以存在的基本条件，使得这种文化可以落地生根、开花结果；时代性是一种文化得以葆有活力的重要基础，使得这种文化可以兼容并蓄、创新发展。红色文化、海派文化和江南文化的共性，反映了三种文化的深刻内涵，即开放、创新、包容。

总之，“三大文化”之间既有一脉相承之共通，也有遵循精神之巧用；既有提炼熔铸之升华，也有兼容并蓄之扬弃。源流有序，前后照应，层层递进，最终，互相晕染、渗透、层叠，呈现出上海文化的五彩斑斓，构筑了上海文化的无穷魅力、活力和生命力。历史给予智慧，文化提升境界。红色文化、海派文化和江南文化在上海的交织与激荡，为上海全面建成社会主义现代化国际大都市提供了强大的文化支撑和精神动力。

党的十八大以来,以习近平同志为核心的党中央对文化建设高度重视。总书记在二十大报告中又再次强调,要推进文化自信自强,铸就社会主义文化新辉煌。上海始终牢记嘱托,将建设社会主义国际文化大都市作为重大战略任务全力推进,用好用足红色文化、海派文化、江南文化资源,充分激发文化创新创造活力,推出“上海原创”、做强“上海主场”、打造“上海标识”,全力打响“上海文化”品牌。

上海城市的发展汇聚着红色文化、海派文化、江南文化的源流与合力。江南文化、海派文化、红色文化的融合发展,催生了既具江南文化共性又秉持海派文化特质,同时以红色文化引领和影响当下的城市软实力。作为国际大都市,上海进行城市文化建设,需要立体多维的文化资源,“三大文化”互相支撑、相互融合,是上海打造文化品牌的必然选择。

(三)深化“三大文化”融合发展是当前城市建设数字化转型的文化支撑

当前,数字技术的飞速发展推动人类进入数字化城市星球时代。2022 年 5 月 22 日,中共中央办公厅、国务院办公厅印发了《关于推进实施国家文化数字化战略的意见》,部署了八项重点任务。习近平总书记在党的二十大报告中突出强调,要实施国家文化数字化战略,健全现代公共文化服务体系,创新实施文化惠民工程。这意味着我国文化数字化的顶层设计已经落地。瞄准未来数字城市特征和趋势,打响“上海文化”品牌,深化“三大文化”融合发展,建设具有世界影响力的社会主义国际文化大都市,亟需以推动文化数字化转型为主攻方向,促进文化和科技深度融合,全面提升文化科技创新能力,加快推进文化事业文化产业数字化战略,用数字化转型推动技术创新,拓展“三大文化”发展空间。

红色文化、海派文化、江南文化富含丰富的文化资源,无论是物态的现实场景还是精神的叙事原型,都具有广阔的数字转化空间。发展数字化文化消费场景,以科技丰富文化产业内容,有助于提升文化产品供给品质,进而推动

“三大文化”融合发展，步入以技术、创意为引领的高质量发展新阶段。数字技术可以为消费者获取、体验、消费和再创造文化产品和服务提供场景。通过全息呈现、数字孪生、多语言交互、高逼真、跨时空等新型体验技术，可实现线上线下一体化的数字化文化体验，拓宽“三大文化”的融合路径。将静态文物、现实空间和文化资源转变为动态数字化文化产品，不仅提供了大众近距离接触及与“三大文化”交互的机会，也让文化体验变得更生动、丰富、深刻。

文化数字化发展正在成为上海文化产业的核心动力，也为“三大文化”融合发展带来强劲的技术驱动。城市数字化转型的重大契机，正推动文化资源向生产要素的转化。文化资源数字化、数字文旅体验馆、沉浸式文化展览、云游云娱云展产品、数字化主题乐园等都是文化场景数字化后形成的全新产品。建设数字化文化的新消费场景，还将赋予具有 IP 价值的，比如游戏、影视、动漫、图书馆，甚至文化遗产、旅游、出版、传媒、艺术等等诸多细分行业二次腾飞的机会。

（四）深化“三大文化”融合发展是文旅产业发展的现实需要

文化和旅游之间是互利关系，在城市旅游产业中凸显文化内涵，可以增强城市吸引力和竞争力，同时文化基因在城市旅游载体中得以传承、发展和传播。文化产业和旅游业之间具有产业关联，城市制定文化旅游融合发展战略，培育文化旅游新业态，对城市社会经济发展具有重要影响。文旅融合可以传播优秀文化，丰富人们的精神生活，陶冶人们的情操，更好地满足居民对美好生活的向往，形成健康积极的城市文化环境。总书记在党的二十大报告中就特别强调，要坚持以文塑旅、以旅彰文，推进文化和旅游深度融合发展。

人民群众对美好生活的向往在文化和旅游领域表现显著。实现文化和旅游之间的协同功能，可以促进城市文化产业和旅游业的高质量发展，满足城市居民对高品质生活的追求。上海拥有红色文化、海派文化和江南文化三大优势文化资源，人民的旅游消费需求旺盛，文旅消费成为广大民众的新需求。目前国内文化和旅游市场的潜力持续释放，文化体验已成为本地生活的重要方面。上海旅游业态创新趋势凸显，旅游分众市场加速成长，夜间旅游、避暑旅游以及博物馆旅游等成为旅游出行新趋势;旅游出行呈现出更加日常化的趋势,围绕文旅消费需求的短途高频出行成为新常态。

上海作为国际著名旅游城市,需要开展文化与旅游的深度融合。要提升城市文化建设的民众获得感,就要更清楚地了解目前的文旅发展和融合趋势,满足大众文旅消费新需求,打造文旅融合新旅线。为此,上海要进一步用好用足“三大文化”,通过“三大文化”提供的交流平台与创意资源,将上海丰富的历史文化资源和旅游资源结合起来,赋予旅游活动以文化内涵,给予文化全新的演绎方式。因此,开展“三大文化”融合发展是文旅产业发展的现实需要。

(五)深化“三大文化”融合发展是推动长三角一体化国家战略的时代选择

改革开放以后,以上海为龙头的长三角经济圈形成,并成为中国经济最发达、增长速度最快和最富有发展前景的地区之一。长三角区域规划,于2010年5月24日由国务院正式批准实施。2018年11月5日,习近平总书记在首届中国国际进口博览会上宣布,支持长江三角洲区域一体化发展并上升为国家战略。总书记在党的二十大报告中再次强调,要深入实施区域协调发展战略,推进长三角一体化发展。长三角城市圈的腹地经济基础、城市群层级的成熟度、内部区域文化的繁荣度等都有着明显优势,这种优势与江南城市群在历史上形成的分工合作密不可分。长三角区域一体化,不仅需要关注经济发展,更需要文化的协调。

历史川流不息,精神代代相传。就历史渊源而言,江南文化与海派文化在同一性之外,还存在时代性差异。海派文化不但继承,而且发展、改造和升级了江南文化。而富于革命进取和开拓创新精神的上海红色文化,也必将在长三角一体化新征程上继续发挥重要示范引领作用。在新时代背景下,红色文化、海派文化、江南文化已经与当代文化相适应,与现代社会相协调,进而为长三角一体化发展提供独特的文化资源。

“上海是世界观察中国的一个重要窗口”,上海应在长三角一体化发展中发挥龙头带动作用，应在改革开放中发挥“开路先锋、示范引领、突破攻坚”的作用。因此，上海文化的发展，归根结底取决于国家的发展。上海要打造更加开放包容、更具时代魅力的国际文化大都市，引领长三角一体化发展，必须根植历史、关注当下、面向未来，用好用足“三大文化”资源，加强长三角文化自信，构建文化发展优势。

上海文化的真正价值，就在于真正继承和深度弘扬了中华优秀传统文化；就在于将江南文化底蕴和红色文化特质与当今时代精神有机结合；就在于推动人民发扬城市精神、彰显城市品格，始终保持奋起奋发、创新创造、昂扬向上的精神状态。

从实际出发，坚持实践第一，坚持“三大文化”之间的融合创新。由文化引领的长三角协同发展，才能深度实现长三角一体化发展。也正是从这一意义上来说，开展“三大文化”融合发展是推动长三角一体化国家战略的时代选择。

五、深化“三大文化”融合发展的基本路径

（一）践行人民城市理念，扩大城市文化人民参与的平台与路径

践行人民城市理念，就是要始终把人的感受度作为最根本的衡量标尺，塑造人性化城市、人文化气息、人情味生活；就是要动员人人起而行之，坚持人人都是软实力，推动人人展示软实力，努力打造“既讲规则秩序、又显蓬勃活力，既有国际风范、又有东方神韵，既能各美其美、又能美美与共，既可触摸历史、又能拥抱未来，既崇尚人人奋斗出彩、又体现处处守望相助”的生动图景。

具体而言，就是要烘托出整个城市的文化氛围，从根本上满足民众的文化诉求，真正做到文化惠民。将“以人民为中心”转化为城市文化品牌建设的发展新目标，以服务人民的真善美的精神需求作为文化产业的主体功能，赋予文化惠民新实效，以创新的机制和实践，增强民众的文化发展幸福感和文化建设获得感。

上海在新时代的公共文化服务体系建设中，要积极吸收、融合“三大文化”优势资源，打造亮点特色，加快更新提升基层公共文化设施，打造“家门口的文化客厅”“最美公共文化空间”。通过文化引领品质生活，厚植人民城市的文化品味；要真正做到以人民的向往为方向，以人民的需求为追求，以人民的感受为检验成效的标尺，打造“百姓戏台”，鼓励“群策群艺”，让百姓成为公共文化建设的主体，进而撬动公共文化赋能人民城市建设的巨大潜力。要坚守为民情怀，通过“三大文化”融合发展，充分彰显城市美的追求、高的颜值、暖的表情。

（二）激活文艺原创的源头活水，打造融合“三大文化”核心元素的独特标识，提升上海文化品牌辨识度

软实力越来越成为一座城市综合实力的重要标识。提升城市软实力事关全局、事关未来，至关重要。把上海的红色文化、江南文化、海派文化更好地连贯起来、展示出来，在传承中留住记忆，在发展中凝聚力量。红色文化、海派文化、江南文化是上海神韵魅力所在，“三大文化”融合发展是上海城市文化特质的核心表达。上海要发扬江南文化、海派文化、红色文化“三大文化”的优势特点，进一步提升上海文化的标识度，塑造独特的文化声誉，大力弘扬城市精神品格。

革命之红、海派之蓝、江南之绿堪称上海文化的三原色。红色文化、海派文化、江南文化，都是兼具时代性与创新性的优秀文化形态和丰富文化资源。提升上海文化品牌，就需要打造融合“三大文化”核心元素的特有标识。以“用足用好红色文化、海派文化、江南文化资源”为主线，围绕做强“码头”、激活“源头”、勇立“潮头”，聚焦提升“上海文化”标识度。

从原色到源力，聚焦城市文化功能内涵，吸收“三大文化”资源，着力提升文化生产能力、文化组织能力、文化表达能力、文化融汇能力、文化吸附与输出能力。江南文化中的骨鲠、勤勉与创新，海派文化中的商业特性、国际要素与务实作风，红色文化的理想信念、奋斗牺牲与开创进取，三者源流有序、前后照应、层层递进，可以在手艺传承、典籍整理、文化研究、影视文化等方面进

行不同层面的创作与传播，三层文化叠加，继而打造“最忆江南、最潮海派、最红上海”的上海文化样本。

（三）充分发挥数字转型驱动效能，创新文旅融合新路径

上海应积极整合“三大文化”优势资源，构建全新场景，多方位创新文旅融合，探索新科技、新模式在文旅领域的应用场景。文化新场景应以文化创意为引领，以满足游客新体验需求为导向，通过文化创意设计，将旅游景区打造为文化的载体，让文化场所成为旅游目的地，把“以人为本”融入生活方式，构建一种场景、情景和意境，推动文化和旅游工作各领域、多方位、全链条深度融合。

在文旅新场景的打造过程中，“三大文化”互相支撑，彼此交融。比如黄浦区通过将红色旅游资源与上海城市文化和海派时尚相结合，打造了独具特色的“红商旅”旅游线路。此条红色旅游线路以中共一大会址纪念馆为中心，联动周边孙中山故居、上海韬奋纪念馆、周公馆以及社会主义青年团中央机关旧址，同时涵盖新天地商圈，实现了红色旅游景点和上海现代都市文化资源的结合；青浦区整合“三大文化资源”，以陈云纪念馆为核心，同时整合周边的周家古镇和东方绿洲的旅游资源，打造出一条“红绿古”相结合的旅游线路。

上海应发挥数字技术驱动效能，加快文旅经济数字化、文旅生活数字化、文旅治理数字化全方位转型，注重体验式文旅开发。在具体实施过程中，可以积极围绕“红色文化资源”，整合融入“海派文化”“江南文化”的典型地标与文化元素，推出“领略红色魅力”寻访线路，将红色记忆与漫游海派、体味江南结合在一起，运用最新科技手段，如人脸识别、全息技术等，从形式和内容上突出旅游产品的参与性、体验性、挑战性、教育性、知识性和趣味性，充分利用互联网科技打破时空界限，真正实现“点、线、面”的有机结合，让游客感受到更鲜活的历史。

上海应通过“三大文化”融合发展，深入推进“文化＋”“＋文化”，打造具有核心竞争力的文创产业，加快建设全球影视创制中心、国际重要艺术品交易中心、亚洲演艺之都、全球电竞之都、网络文化产业高地、创意设计产业高

地,打造世界著名旅游城市、全球著名体育城市。深化文化体制改革,优化文化发展生态,培育新型文化业态,推动文化事业和文创产业繁荣发展。

(四)营造各种类型文化新场景,赋能城市更新文化内涵

近年来,在上海历史文脉传承过程中,上海已经有了很多创新的做法。“建筑可阅读”“海派城市考古”“城市微旅行”“社区故事馆”等实践,对于历史文脉的当代传承,都产生了深入人心的良好效果。对于上海文化资源的系统梳理,不仅要静态记录、考证城市物理空间中的文脉肌理与具体分布,更为重要的是要在日常生活烟火气中重现海派文化资源的内在生命力,从而打造、提升、完善和赋能城市文化的功能和内涵。

新时代,上海城市建设的更新升级,需要借助“三大文化”的融合发展,促进文化场景传播化,实现文化场景的落地化。上海在城市发展规划、实施城市创新战略转型和城市空间更新改造中要特别强调历史文脉的传承,要重视红色文化、海派文化和江南文化的历史价值,更应当注重其中蕴含的当代价值。上海要焕发“三大文化”肌理的时代新生,就要将历史文脉与当代生活有机融合,要进一步丰富提炼三种文化的现实内涵,不仅要重视保存保留,更要重视保护中创新发展。

当前,上海要把“三大文化”与城市更新全方位融合,在文化传承创新中注入更多智慧因素,呈现丰富的历史记忆和文化底蕴,同时与当代生活全面融合。要积极吸收“三大文化”优势资源,采取创新创意的方式,融合艺术、设计、人文、娱乐等多重主题,充分利用城市现有资源,尊重历史文化传统,积极促进历史和文化资源的转化,延续社会生活脉络,使其融入居民的现代生活,历史文化与现代生活融为一体,真正做到“建筑可阅读”“街区可漫步”“城市有温度”。例如石库门兼具红色文化、海派文化、江南文化的特征,亦是上海这座城市的独特气质所在。对于经典的石库门建筑,不应只局限于留存历史风貌的阶段,还应通过创造性转化和创新性发展,形成具有新时代特点的文化风尚。

（五）助力五个新城文化发展，提升城市空间的文化功能

改革是发展的根本动力，开放是上海的最大优势。上海正以五个新城建设打造未来发展的重要战略空间，因此更应通过“三大文化”融合发展，大力推进文化资源向五个新城、大居、远郊覆盖，完成基层公共文化设施功能提升，建设“15 分钟社区生活圈”，推进一批显示度高、获得感明显的教育、医疗、文化旅游、体育等重大项目落地。

在五个新城建设过程中，上海要进一步凸现“文化发展是城市发展之魂”的理念，在城市发展规划、实施城市创新转型战略和城市空间更新改造中注入文化内涵和象征因素，使上海的市区和城郊、城镇和乡村、街区和广场，以及各种建筑和景观，在城乡一体化建设中，通过文化要素嵌入，都能成为呈现城市丰富历史记忆和文化底蕴的风景，进而提升城市品味、彰显城市精神。

新城建设应秉承“绿水江南”的生态传统，推动五个新城绿色高质量发展和高品质生活，加强新城内部蓝绿骨干网络与周边山水、河湖、林地、耕地等融合渗透，实现骨干河道两侧全线贯通。其次，保障新城内的绿地空间，构建均衡服务的便民公园绿地系统，构建“区域公园—城市公园—地区公园—社区公园”四级便民公园绿地系统。

新城建设应全面实施乡村振兴战略，积极吸收“三大文化”优势资源，利用文化“小拓展”助推“大旅游”，打造多元的功能、文化、景观，并逐步带动周边老镇、乡村、郊野的发展，进而彰显乡村经济价值、生态价值、美学价值。

（六）引领长三角一体化文化发展，构建长三角文化共同体

区域文化融合是长三角一体化高质量发展的重要组成部分，文化的经济功能和社会功能会推动长三角地区走向更高质量的一体化。随着长三角地区同城化步伐加快，文化的融合问题将更加突出。上海要通过“三大文化”融合发展，构建长三角文化共同体，为高水平打造长三角世界级城市群提供强大的文化动力。

在长三角更高质量文化一体化发展中，既要“求同存异”，又应“不分彼

此”。一方面，在追求统一性前提下尊重差异性，共同规划但有不同的定位，共同规则但有不同的方式，共同政策但有不同的侧重；另一方面，在保持差异性的条件下追求均等性，使长三角区域都可以受惠于或享有政策便利与优势，促进更畅通有效的人员流动及活动交流。

长三角各地可以进一步整合资源、紧密合作，携手打造江南文化艺术精品，扩大长三角一体化发展的文化创造力、影响力和竞争力；积极搭建长三角文化产业合作平台，打造群众性文化活动的平台、文化交流互动平台，推动长江三角洲文化产业均衡协调发展；深化文化体制改革，建立健全现代文化市场体系；推动文化资源协同开发，打造特色文化品牌；加快价值链整合，以联合升级实现产业一体化；鼓励第三方平台企业发展，推动政府、协会和企业联动发展；实施制度与政策驱动，加快建设文化市场环境一体化；加强文化产业人才培养，强化人才激励机制。

（七）增强全球叙事能力，更好地向世界讲好中国故事、演绎上海精彩

总书记在党的二十大报告中强调，要深化文明交流互鉴，推动中华文化更好走向世界。上海应通过“三大文化”融合发展，成为世界文化创新高地和文化创新思潮的引领者，成为现代城市文化精神和文化价值的输出者，在国际文化交流和全球文化贸易网络中占据显著的地位。“三大文化”在上海的发展历程中，形成和积淀了大量丰富的历史细节和时代印记，这些都是非常优质的叙事资源。上海故事汇聚了关于中国故事几乎所有的典型要素，比如近代以来的现代化进程、开放包容的精神、多元多样的文化形态、波澜壮阔的发展历程等。

上海要在讲好故事中提升“三大文化”的知晓度和影响力。上海要创新各种有效的传播机制，促进城市文化传播能力的提高，通过现代都市多样的新型传播载体，将优秀的文化产品整合进当代城市文化发展体系，使其成为新的城市文化符号；采用贴近不同区域、不同受众的精准传播方式，推进新时代上海故事的全球化表达、区域化表达、分众化表达，增强海派文化传播的亲

和力和实效性。

上海要积极通过“三大文化”搭建交流平台，深化文化交流中心建设，加快文化“走出去”的步伐，提升中华文化国际影响力，提升区域文化资源配置能力，提高对外文化开放合作水平，提升文化节展赛事国际影响力，加强国际传播能力建设。形成多领域、多维度、多层级重要品牌节展赛事活动“主场外交”矩阵，建好外宣全媒体矩阵，提升上海国际传播能级和国际影响力，使上海更好地成为展示中国理念、中国精神、中国道路的重要窗口。

“三大文化”的融合发展，并不是简单的依次取代或相互并置，而是沿着各自的历史脉络不断拓展，交融激荡，共同描绘五彩斑斓的社会主义国际文化大都市。“三大文化”代表了上海文化发展的不同面向，红色文化锻铸了上海文化的精神灵魂，江南文化在优秀传统的传承创新中积淀了上海文化的气韵品格，海派文化则充分彰显了上海文化的开放与包容，以“三大文化”融合发展为底蕴的上海城市发展历程就是实现中国式现代化的典型示范。以史为鉴，面向未来，我们期待“三大文化”的融合发展创造出充分体现“最红上海、最潮海派、最忆江南”的文化新形态，为提升上海“世界影响力”的能级提供强劲的内在文化动力和精神支撑。正如总书记在党的二十大报告中所强调的，要坚定历史自信，增强历史主动，谱写新时代中国特色社会主义更加绚丽的华章。

重点关注

城市文脉与城市更新策略：基于上海老城厢的研究

上海社会科学院老城厢更新预研究课题组①

摘　要　老城厢是上海城市的起点，也是上海现存唯一的“本土文化”历史风貌区。老城厢不仅是地理概念，也是文化概念。老城厢是包括城市格局、街道肌理、园林古建、民间信仰在内的上海本土物质形态、生活形态的集合体，江南文化、海派文化是老城厢最重要的文化基因。本文在细腻梳理老城厢文脉的基础上，针对目前该地区生活设施落后、经济形态原始、可持续发展状况不容乐观，以及难以适应现代城市发展要求的现状，提出了老城厢更新策略和具体建议。

关键词　老城厢　城市文脉　城市更新

① 课题组组长：徐锦江，上海社会科学院文学研究所研究员。执行组长：包亚明，上海社会科学院文学研究所研究员。执笔：钱泽红，上海社会科学院文学研究所助理研究员；陈云霞，上海社会科学院文学研究所助理研究员；朱恬骅，上海社会科学院文学研究所助理研究员；金方廷，上海社会科学院文学研究所助理研究员。

一、上海老城厢的空间结构与更新机遇

（一）上海老城厢的空间结构

老城厢是上海城市文化的发源地，是上海中心城内整体性最好、规模最大的以上海传统地域文化为风貌特色的地区。从城市格局到街道景观，从园林古建到名人轶事，宗教与世俗交织，林林总总的非物质文化遗产共同构成了生活形态和物质形态的集合体，孕育了上海城市精神和独具代表性的海派文化、江南文化。当前老城厢的空间结构是历史层累的结果，这是我们讨论老城厢空间结构与更新机遇的前提，也是老城厢成为一个值得探讨的问题领域的关键所在。

1. 老城厢的空间格局

当前学界已就上海老城厢的空间结构现状进行了深入分析。吴俊范的研究表明，在老城厢城市景观演变的历史过程中，“因浜成路”一直是上海老城厢独具特色的城市扩展方式，历史上的河流水系为今天老城厢空间格局的形成奠定了基调。张晨杰、伍江的分析结合 1960 年代至今的上海老城厢更新情况，指出：老城厢空间格局的变迁可以分为元初建城到明嘉靖筑城、明筑城到清末民初拆城墙填浜、民初到 1960 年代、1960 年代至今四个阶段，既在自然资源上受到原有河道的影响，又在发展过程中形成里弄与道路相互补充的格局。传统里弄、大宅与自建住宅兼而有之，此外还有公共建筑、工厂、货栈。特别是在 1960 年代，由于复兴东路、河南南路两条一横一纵交通要道的打通，老城厢空间格局发生了重大变化。1990 年代后，整地块拆迁新建，新建建筑主要为商业建筑或居住、办公类建筑，大块肌理被重构。这是构成当今上海老城厢面貌的主要原因。

总体来看，历经多次更迭影响，上海老城厢的格局仍然保持了历史的连贯性。复兴东路及河南南路对于老城厢区域起到了分割的作用，形成了东北、东南、西南、西北四个象限。其中，现存历史建筑多存在于东北、东南、西南三个象限内，保护建筑及风貌价值较高的历史建筑则较多存在东北与西南两个象限内。具有地名文化价值的道路街巷遍布整个老城厢，体现了从水乡县城演变而来的历史风貌，而商业影响大多存在于中华路、人民路围合而成的老城厢原城墙等边缘区域。这也和历史上租界发展的空间演变相一致。①

2. 近代老城厢的空间句法分析

20 世纪 70 年代，英国学者比尔・希列尔提出了空间句法理论，以人的空间活动或行为在很大程度上受空间形态或结构影响这一基本假设为基础，为城市环境的结构分析提供了一种定量计算的方法。其主要定义的计算指标及意义如下：②

名称	意义
连接度	与一个空间单元直接相连的空间数目
控制值	一个空间对与之相交的空间的控制程度
总深度值	某一节点距其他所有节点的最短步长
整体集成度	一个空间与其他所有空间的关系
局部集成度	一个空间与其他几步(即最短距离)之内的空间的关系

王若琳以上海老城厢历史文化风貌区的现状为例，从可步行性等方面运用空间句法(space syntax)方法选取连接值、全局整合度、局部整合度和可理解度 4 个参数值进行了计算。通过使用轴线图(axeial map)，量化分析了街区的空间结构与路网特征。其在计算中得出，现存轴线的连接值范围为 1～22，平均值为 2.93，其中 53.36% 的轴线连接值小于 3。全局整合度范围为 0.621～1.943，平均值为 1.047。局部整合度方面，该文得出结果的范围在 0.333～3.509，平均值为 1.552。最后在可理解性方面，作者以全局整合度对局部整合图作图，得出拟合度 R2 为 0.58，表明老城厢历史街区内局部空间与整体空间有一定的协同性；而对连接值和全局整合度进行拟合，R2 为 0.22，此时认为可理解性较差。

① 张晨杰、伍江：《基于空间演变研究的上海老城厢更新问题剖析》，《城市规划学刊》，2021(02)：72—78。

② 傅搏峰、吴娇蓉、陈小鸿：《空间句法及其在城市交通研究领域的应用》，《国际城市规划》，2009，23(01)：79—83。

根据重绘的上海老城厢1875年地图（如图1）、[①]1910年的《实测上海城厢租界图》和1951年的《新上海街道详图》[②]中反映的历史状况，使用AutoCAD作出老城厢的轴线图，并采用与王文中相同的方法进行了计算，得出结果如下图所示。

图1　1875年老城厢地区的轴线图

1875年连接值范围为1～7，平均值为2.615，其中小于3的占比为53.6%；全局整合度0.356～0.983，平均值为0.632；局部整合度0.333～2.250，平均值为1.283。对于全局整合度与局部整合度、全局整合度与连接值分别进行拟合，拟合度R2分别为0.37和0.18，表明老城厢在1875年时的街区可理解性低，局部和连接状况均不能反映全局的结构（见图1）。

---

① 钟翀：《上海老城厢平面格局的中尺度长期变迁探析》，《中国历史地理论丛》，2015，30(03)：56—70：20。

② 感谢上海城市建设档案馆曹伟提供了1951年地图底图。

图 2　1910 年老城厢地区的轴线图,按连接值着色

1910 年连接值范围为 1～11,平均值为 2.570,其中小于 3 的占比为 67.6%;全局整合度 0.401～0.828,平均值为 0.613;局部整合度 0.333～2.718,平均值为 1.296。对于全局整合度与局部整合度、全局整合度与连接值分别进行拟合,拟合度 R2 分别为 0.32 和 0.12,表明老城厢在 1910 年时的街区可理解性同样低,局部和连接状况均不能反映全局的结构(见图 2)。

作为对比,我们增加根据 1951 年地图绘制的轴线图(见图 3)并进行计算。1951 年连接值范围为 1～17,平均值为 3.316,其中小于 3 的占比为 44.4%;全局整合度 0.747～2.083,平均值为 1.216;局部整合度 0.739～3.209,平均值为 1.715。对于全局整合度与局部整合度、全局整合度与连接值分别进行拟合,拟合度 R2 分别为 0.69 和 0.31,表明老城厢在 1951 年时的街区可理解性较高,但连接状况不能反映全局的结构(见图 4),在可理解性方面的这一结论已经和 2019 年的研究相当。

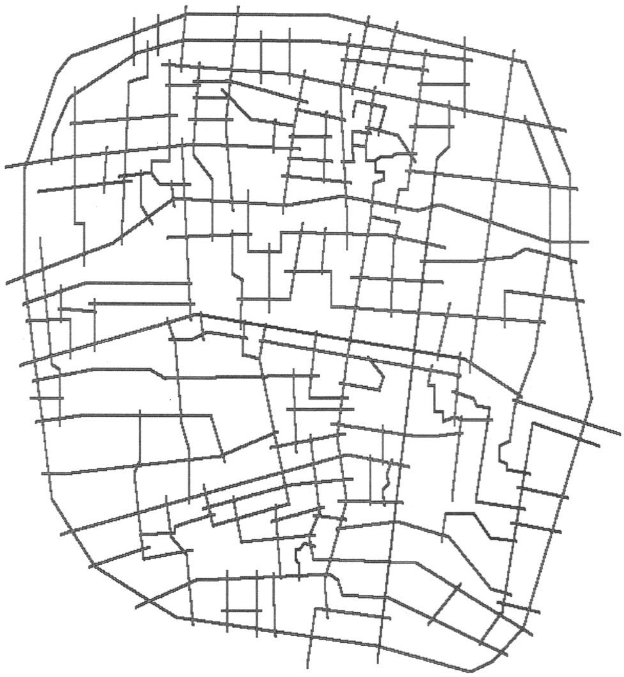

图 3　1951 年老城厢地区轴线图，按连接值着色

图 4　1951 年老城厢地区的局部整合度(Integration [HH] R3)与全局整合度(Integration [HH])散点图

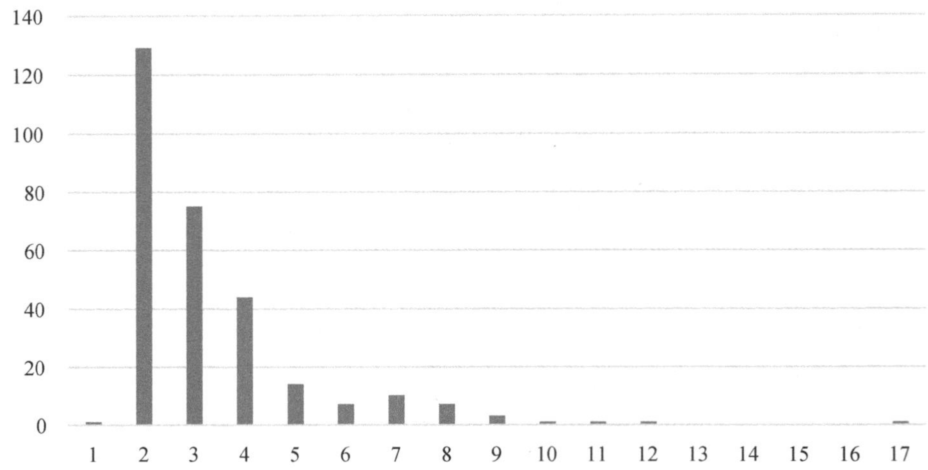

图 5　连接值分布

考虑到地图年代久远,不可能像今天的数据一样全面反映里弄相通的情形,绘制轴线图时我们省略了无法详加绘制的里弄内部。即便如此,从连接值的分布状况来看,上海老城厢的总体空间特征在过去 100 余年历史中并未发生根本性的变化,这也是它能够成为上海历史重要见证的原因之一,而较低的可理解性也反映出老城厢内的空间结构同质化水平低,老城厢所代表的城市历史文化及风貌在上海中心城区具有不可替代的独特性,在空间结构上基本保留了清末民初之后江南传统城市的特征。下面这张 1965 年的卫星照片(见图 6)清晰呈现出了老城厢的基本格局,与 20 世纪 80 年代前的格局基本保持一致。

3. 老城厢空间中的当代生活

黄浦区政协在 2017 年的《关于加强黄浦区历史文化风貌区保护工作的有关建议》提案中指出:随着城市的发展,商业"去中心化"、多点发展,黄浦地处市中心,受到风貌保护、规划等限制,不能将旧有建筑推倒建新,旧区面积较大,成为中心城区繁华背后一道逼仄、落后的风景线。城区风貌存在着成为"脏乱差"代名词的趋势,难以满足居民改善居住条件的民生诉求,老建筑、老街区面临"保而不护"的尴尬处境。由于基本生活设施和生活服务的相对缺乏,老城厢"既不能重现往昔生活的原生态,也不能融入现代生活的圈

图 6 1965 年上海老城厢区域的卫星图片①

子”。② 这些构成了我们讨论上海老城厢空间状况时所必须考虑的背景。

通过采集高德地图上 POI 数据点位信息，我们发现：在上海老城厢 1.99 平方千米的范围内，虽然分布着为数众多的餐饮、购物、生活服务点位（见图 7），但与黄浦区 20.52 平方千米范围内各类点位数量密度相比，仅在购物、医疗、名胜景点等个别方面与全区平均情况相持平（见图 8），其他各类均

① 数据来源美国地质调查局（USGS），编号 DS1023-2084DA079。

② 关于加强黄浦区历史文化风貌区保护工作的有关建议（第 0025 号提案），https://www.shhuangpu.gov.cn/uploadfile/ac6eb077-d13e-4d30-a5b5-b383f84d3cd8/。

低于全区平均。

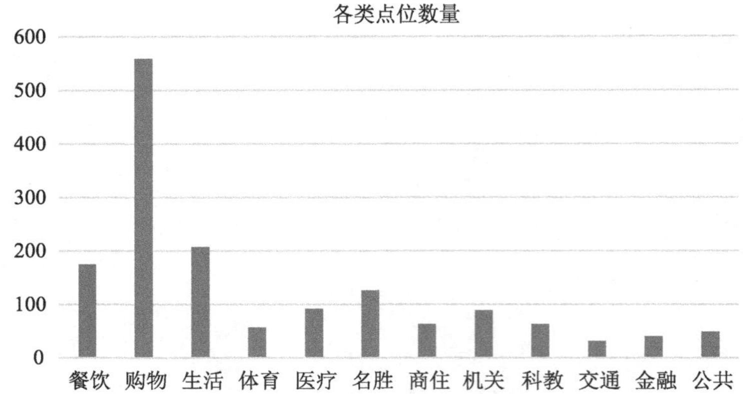

图 7　老城厢范围内各类点位信息数量

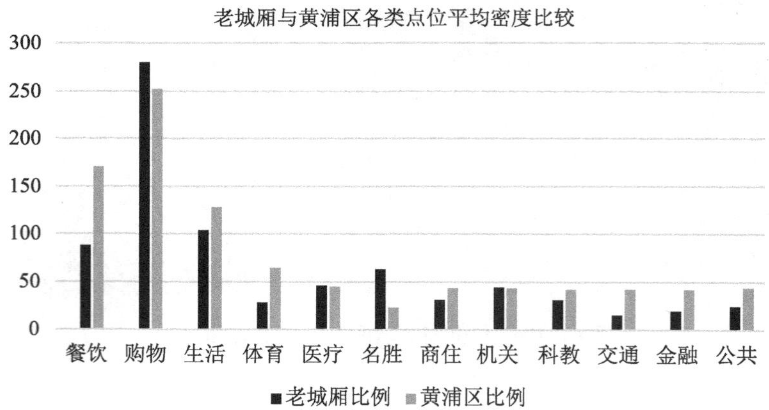

图 8　老城厢范围内各类点位平均密度与黄浦区平均情况的比较(单位：个/平方千米)

与这些统计结果相对应的，则是上海老城厢当代空间结构中生活经验的困难。课题组在实地调研中发现，上海老城厢居民住宅以老房子为主，大量居民居住在二级以下不成套的房屋里，还存在着使用马桶等情况。由于居住条件差，稍有一些条件的人都搬迁到老城厢之外，导致老城厢中留下的老人和贫困户特别多。空余的住房或者空关，或者租借给外来租户。居委干部认为，由于部分租户对城市的认同感和文明水平不足，环境卫生和生活习惯上与原住户存在差异，导致邻里矛盾频繁发生。在动迁之前，脏乱差的情况比较普遍、严重，房屋业主要求进行动迁征收工作、实现城市更新的愿望强烈。

一方面，上海老城厢留存有上海700多年城市发展的历史痕迹，蕴藏着各个城市发展时期丰富的物质与非物质的历史遗存。上海老城厢是上海文化存在城市记忆最为久远的部分。既是上海先人们安身立命的精神世界，也是后来者从容前行的精神力量。可以说老城厢是上海的城市之根，是发展资源文化之脉，上海的历史文脉就是从老城厢开始的。但与此同时，它的在地生活经验同空间格局中传承的历史地位并不相符。如果说历史上的老城厢凭借襟带江河的地理优势和区位影响，形成了发达繁荣、贸易兴旺的局面；那么当代的老城厢势必因为城市的多中心、多元发展格局，已经失去了过往的神韵。如何使老城厢地区重新焕发神采，让人们在老城厢的在地经验重新与悠久历史建立关联，让这座城市的历史积淀和现代化的生活品质相互呼应，成为上海老城厢空间结构现状对当前城市治理智慧的一次考验。

（二）上海老城厢的更新机遇

2004年，上海市公布了12个历史文化风貌区，老城厢位列其中。经过近20年的保护，其他如衡山路-复兴路、愚园路历史文化风貌区等已向世人展现了它们独特的魅力，而老城厢却面临“12个风貌区中具有突出价值的历史建筑比例最低、目前保护状况最差”的现状。上海老城厢的更新已迫在眉睫，它所面临的挑战前所未有。所幸的是，其所面临的机遇也同样前所未有，这可以在政策背景和公众意愿中寻找到答案。

1. 上海老城厢更新的政策背景

对于上海老城厢的城市更新而言，《上海市城市更新条例》（以下简称《条例》）的表决通过无疑是其中最为重要的机遇。2021年8月25日，上海市人大常委会表决通过了《上海市城市更新条例》，第一次以地方立法的方式明确了城市更新的原则和措施，以制度创新推动实践难题的破解，平衡城市风貌保护和民生改善，加大存量用地的挖潜力度，以更新促发展，实现高质量发展、高品质生活、高效能治理。《条例》的出台为城市更新行动指明了方向，我们要更加深入地认识、把握人民城市的内涵,更好地维护人民的根本利益,让人民城市更加美好、让人民城市更加和谐、让人民城市更加幸福。

《条例》将城市更新定义为在本市建成区内开展持续改善城市空间形态和功能的活动,具体包括:"加强基础设施和公共设施建设,提高超大城市服务水平;优化区域功能布局,塑造城市空间新格局;提升整体居住品质,改善城市人居环境;加强历史文化保护,塑造城市特色风貌;市人民政府认定的其他城市更新活动。"这些目标不仅是列举,而且是相互结合,有机统一,并赋予了政府规定城市更新的权力,从而使《条例》的指导范围能够灵活地与新的城市现象产生相互作用。特别值得注意的是,《条例》第43条指出:"在本市历史建筑集中、具有一定历史价值的地区、街坊、道路区段、河道区段等已纳入更新行动计划的历史风貌保护区域开展风貌保护,以及对优秀历史建筑进行保护的过程中,符合公共利益确需征收房屋的,按照国家和本市有关规定开展征收与补偿;城市更新因历史风貌保护需要,建筑容积率受到限制的,可以按照规划实行异地补偿;城市更新项目实施过程中新增不可移动文物、优秀历史建筑以及需要保留的历史建筑的,可以给予容积率奖励。"这些举措都有助于保障老城厢风貌不致在城市更新的过程中遭到灭顶之灾。

《条例》认识到优秀历史建筑并不是一个孤立的保护对象,而是需要周边建设予以衬托,以实现协调一致的保护。《条例》第34条指出:"在优秀历史建筑的周边建设控制范围内新建、扩建、改建以及修缮建筑的,应当在使用性质、高度、体量、立面、材料、色彩等方面与优秀历史建筑相协调,不得改变建筑周围原有的空间景观特征,不得影响优秀历史建筑的正常使用。"这体现出了城市更新的整体概念,历史风貌不在于某栋建筑或某小部分土地单独建设,而是应当与当地的局部特征保持一致性。对于老城厢地区而言,这就意味着它的基本格局不应该发生巨大的、不协调的变化。

在保护的同时,《条例》也强调了历史建筑的活化利用,试图既保留有必要保护的历史风貌,又最大限度促进民生改善、地区发展。《条例》第12条第(四)款指出:"注重历史风貌保护和文化传承,拓展文旅空间,提升城市魅力。"按照条例精神,通过建立城市历史、文化保护和遗产体系,在城市更新的过程中，平衡人居生活条件的改善、区域的改造和功能提升以及历史文化遗产的活化发展，从而塑造新时代的城市面貌。

还值得注意的是，住房和城乡建设部也于2021年8月30日发布了《关于在实施城市更新行动中防止大拆大建问题的通知》（以下简称《通知》）。《通知》要求："严格控制大规模搬迁；不大规模、强制性搬迁居民，不改变社会结构，不割断人、地和文化的关系。要尊重居民安置意愿，鼓励以就地、就近安置为主，改善居住条件，保持邻里关系和社会结构，城市更新单元（片区）或项目居民就地、就近安置率不宜低于50%。"《通知》指出，坚持应留尽留，全力保留城市记忆，利用既有建筑、保持老城格局尺度、延续城市特色风貌。《通知》禁止随意迁移、拆除历史建筑和具有保护价值的老建筑；禁止随意改建具有历史价值的公园、随意改老地名，杜绝"贪大、媚洋、求怪"乱象；鼓励采用"绣花"功夫，对旧厂区、旧商业区、旧居住区等进行修补、织补式更新。这一系列要求意味着对于城市更新的管理，已经从单纯的"建造"转向了维护、从"建筑物"为中心的视角转向了人居生活这一更为全面的视野。

2019年，习近平总书记在上海考察时，提出"人民城市人民建，人民城市为人民"的重要理念。2020年6月23日，上海市委审议通过了《中共上海市委关于深入贯彻落实"人民城市人民建，人民城市为人民"重要理念，谱写新时代人民城市新篇章的意见》（以下简称《意见》）。《意见》指出，这一理念"深刻回答了城市建设发展依靠谁、为了谁的根本问题，深刻回答了建设什么样的城市、怎样建设城市的重大命题"，要把握人民城市的根本属性、人本价值、生命体征，加快建设具有世界影响力的社会主义现代化国际大都市，更好满足人民群众对美好生活的向往，走出一条符合超大城市特点和规律的治理现代化新路子。《意见》提出，要把握人民城市的战略使命、精神品格、主体力量，更好代表国家参与国际合作与竞争，着力提升城市软实力，打造共建共治共享的社会治理共同体。"人民城市人民建，人民城市为人民"为城市更新等具体措施的推动提供了坚实的政治基础。

2. 上海老城厢更新的公众意愿

城市更新的过程，不仅是物质空间的更新改造，更反映了市民生活方式和价值观念的转变。通过转变规划师角色,邀请公众参与到项目的全过程,可以深入挖掘人们的利益诉求和潜在需求。根据公众参与所反馈的信息有针对性地进行规划设计,有助于使规划设计成果与公众需求相匹配。有学者指出,中国城市建设体制中的公众参与处于象征主义阶段,①还需要进一步提高市民获取开放性信息的便捷性,即加强政务信息的公开;提升市民理解政策的能力,重视规划素质的培养。此外,还需要对民意进行科学评估。而在这些方面,上海都已经展现出独特的软实力特征。

一个鲜明的现象是,市民参与城市更新的意愿日益高涨,在上海双年展的一系列城市项目中,无论是第十一届的"51人"、第十二届的"你的地方",还是第十三届的"记忆之流",都不乏对于城市中的角角落落的关注。市民围绕金家坊、定海桥、曹杨新村等居民区进行的艺术创作、采访、资料整理沉淀了几代人共同的历史记忆,寄托了对于在那里生活着的人的关注,呈现了对于城市更新的不同理解。它们不仅呈现了一种集体性的艺术创作的可能性,而且随着越来越多的摄影师、艺术家和普通人拿起相机、画笔和手机,开始观察、描绘和讲述自己的故事——无论是影像、涂鸦、口述史,还是日记、生产工具、老旧物件,都被征用、转码为城市表达的方式,其内容也不再是名人轶事,而是更为贴近普通人的日常生活,也开始在城市更新的过程中实现由"情感表达"向"规划实践"的转化。

例如,在黄浦江东岸公共空间贯通规划中,设计者采用线上公众问卷、线下社区访谈、专题问卷、青年设计师竞赛、网络自媒体宣传与互动等多种方式,调动了尽可能广泛的公众参与到东岸的设计中来。② 这种包容性的策略让公众参与覆盖了整个项目全周期的各个环节,结合线上和线下的多种参与形式,鼓励当地居民、外来游客、规划设计师、运动社团、新闻媒体等多种人群共同参与,实践"众创众规"的参与式规划。同时,借助自媒体宣传手段,将东

① 李琳、陈泳:《空间正义视角下城市更新中的公众参与和空间重构》,《住宅科技》,2021,41(02):21—26。

② 黄斌全:《城市更新中的公众参与式规划设计实践——以上海黄浦江东岸公共空间贯通规划设计为例》,《上海城市规划》,2018(05):54—61。

岸项目进展等信息及时推向大众，推进公众参与工作。设计者由此得以较为全面地照顾到从少年儿童到耄耋老人的各个年龄段，也包括本地居民、周边职工、外地游客等诸多社会身份的人员，了解到他们在健身、社交、休闲、文化等方面的关注点，以及对于工程安全、环保等因素的考虑，从中提取出人们对于生存之上更高层次的生活品质的需求。

现在，《上海市城市更新条例》以地方立法的形式保障了居民对自己居住社区及环境提出城市更新建议的权利，最大限度体现人民群众意愿，最大限度激发市场活力，使之有法可依。公众参与城市更新的热情和表达自身诉求的意愿，提供了老城厢实现城市更新的底层动力。我们期待，以公众需求为导向，老城厢更新可以引导专家、居民、游客、设计师、社团、媒体等多种人群共同参与，在各方面提出针对性的设计策略，为今后城市更新规划设计提出可供借鉴的经验。通过城市更新过程中的公众参与，城市的个性得到凸显，也为城市发展提供了更多的可能性。

走进老城厢，我们才能了解这个城市从哪里来、又将往哪里去。实践方式的探索为上海老城厢的更新提供了有益借鉴，也反映了城市更新中强烈的公众参与的意愿和公众的意志。通过吸纳公众的城市愿景，发掘和沉淀其中的应有之意，相信定能保存好城市来时的记忆，也能凝聚城市的精神，从而更好地激发和积蓄“人民城市”的强大力量。

二、城市里的江南与老城厢的历史文脉

（一）从传统江南市镇到城市里的江南

江南这一古称的字面意思是“长江以南”，广泛指今天上海、江苏、浙江一带。① 通常认为，江南的地域概念尚缺乏统一的认识，②在这一地区的居民所使用的方言也不共通，但因为这片地区坐落着一批富饶城镇，如扬州、苏州、

① 这个概念与清前期主要指称江苏、安徽的“江南”略有不同。

② 冯贤亮：《近世江南的城乡社会》，复旦大学出版社，2021 年，第 1 页。

杭州、南京，以及分布在太湖沿岸的一连串繁华的府州县，①“江南”事实上就成了一个被叠加在模糊地理范围之上的文化概念。

城市，或者更准确地说是市镇，无疑是江南文化形成、发展的核心区域。从经济上看，“江南是一个都市线”，是“物质文明最高度的区域”。② 江南地区的经济文化地位及其辐射全国的影响力大约始自唐宋以降，到了明清时期，江南市镇已密如蛛网，江南地区的许多城镇在生活形态、生产方式和文化追求方面享誉全国。在长江三角洲地区、环太湖一带的多个江南城镇中形成了一个具有地域特色的文化型社会。③ 由于中国传统社会的城乡关系常呈现为高度互动和纵深的模式，④市镇也是贯穿江南乡村经济的地域枢纽，于是将江南地区在明清以降出现的大量繁荣市镇、小城，视作承载江南文化的核心地带，应没有太大的问题。

在这个意义上，江南文化与城市从一开始就具有亲缘性：离开了江南平原地带经济繁荣的市镇，就不可能出现典范意义上的江南文化，甚至江南文化本身就是传统中国城市文化发展到极致的集中体现。在传统江南城市中，苏州或许一度是江南文化登峰造极的浓缩典范，苏州首先是明清时期太湖流域即长江三角洲的一个区域性中心城市，那里“既是文化的生产地，也是最大文化焦虑的生产地”，⑤苏州人的文化和生活追求对周边地区乃至全国都有极大影响，⑥更重要的是，城市文化市场与成熟的文化消费者共同构建起传统江南社会的文化景观——这里是晚明之后重要的书籍生产地，这座城市的影响力伴随着书籍的流通遍布全国；来自各地尤其是江南一带的退隐官宦，将此处作为营建私家园林的最佳选址地；书法家、绘画家、诗人等汇集于此，作品高价难求；新的戏曲曲目几乎每天在这里上演，供人观赏品评；文人、官僚、歌

---

① ［美］孙康宜、［美］宇文所安主编：《剑桥中国文学史（下）1375—1949》，刘倩等译，生活·读书·新知三联书店，2013年，第89页。

② 刘翔：《江南社会的解剖与再造》，《新运月刊》，1936(34)：51。

③ 冯贤亮：《近世江南的城乡社会》，复旦大学出版社，2021年，第1页。

④ 王家范：《江南文化研究丛书 明清江南社会史散论》，上海人民出版社，2018年，第1—20页。

⑤ ［美］孙康宜、［美］宇文所安主编：《剑桥中国文学史（下）1375—1949》，刘倩等译，生活·读书·新知三联书店，2013年，第90页。

⑥ 王家范：《江南文化研究丛书 明清江南社会史散论》，上海人民出版社，2018年，第55—69页。

妓、名伶应酬往来……这里几乎符合绝大多数人对传统中国城市文化和都市生活的想象。

与上述这种江南城市不同，此处将要讨论的“城市里的江南”，则是一个现代城市出现之后的概念。这一变化与近代五口通商有关，短短数十年间，“申江鬼国正通商，繁华富丽压苏杭”，原属松江县的上海开始取代苏州，成为江南地区乃至国内外市场风云激荡的漩涡中心。[①] 区域经济文化中心的转移，决定了以往主要指代“杭嘉湖宁绍苏松常镇宁”十府的“江南”逐渐成为了“上海的江南”。在这个意义上，所谓的“城市里的江南”，首先意味着江南文化不再作为整体略有偏重地分散于各个市镇之中，而是作为城市多元文化中的一种文化元素在一座现代化都市中继续焕发着生机。如果说苏州、扬州可以视作传统江南市镇文化的典范，那么“城市里的江南”这样的描述，更适合用于形容上海这样一座现代都市中呈现出来的江南文化。

（二）老城厢：江南历史文脉的浓缩与延伸

上海开埠以后，老城厢成为一个地理概念，同时也是一个文化概念，甚至在一定程度上成为上海地区传统江南市镇文化的浓缩点。这种突出而典型的文化特色和文化定位，得益于近代上海城市崛起过程中以老城厢为代表的“华界”同租界地区所形成的日益鲜明的反差与对比。

老城厢这一概念本身就源自上海开埠，租界的开辟使上海城市内被划分为租界和华界两个区域，也正是租界的设立，使老城厢这一特殊的地理概念得以出现。同样值得注意的是，开埠以后，老城厢地区事实上经历了在经济和文化从“中心”到“边缘”的转变：老城厢过去不仅是县城的行政中心，同时也是江南市镇经济网络在本地的中心地带之一；但随着海禁的废除、上海成为国际通商口岸，上海地区的商贸往来从传统的内河物流，转变为汇集北洋、南洋、长江、内河、外洋等五条航线的重要南北沿海贸易港口。[②] 城市整体格

① 王家范：《从苏州到上海：区域整体研究的视界》，《档案与史学》，2000(05)：34—37。

② 何益忠：《老城厢：晚清上海的一个窗口》，上海人民出版社，2008 年，第 20—33 页。

局和功能的转变在一定的历史时期内使老城厢的发展陷入被动。租界的发展使得城市经济重心北移,与租界地区繁荣的商贸与规范的社会管理模式相比,开埠前上海最繁华的沿浦十六铺地区以及老城厢东部一带的专业街市,在这一时期的发展就显得相对滞后了。

在上海推进都市化、工业化发展的进程中,这座城市也实现了文化上的现代转型。这种转型体现在老城厢地区,则意味着传统江南市镇,变成了在现代都市中仍保有独特江南水乡城市风貌和社会生活方式的区域。老城厢由此在上海多元的城市景观与社会生活中,构成了象征着上海本土文化意象和传统江南记忆的独特地标。①

然而老城厢在开埠以后究竟保存了怎样的江南市镇文化,在此仍有必要厘清。首先,一直以来老城厢都是以江南移民为主体居民的典型江南市镇。老城厢一方面居住着最多的上海本地原住民,另一方面则聚集了大量从江南地区迁徙至上海的移民。② 来自江南地区的移民构成了老城厢人口的主体,③他们迁居上海时带来了当地的语言、文化和习俗,之后紧跟现代市民的文化需求,成功地进行了江南文化与海派文化的接轨、嬗变与传承。其次,老城厢地区主要保留了大量与江南水乡经济相关的传统产业,这表明老城厢内最主要的文化形态很可能是一种由江南水乡经济基础上发展而来的大众文化和民间文化。精英文化与传统主流文化也在老城厢地区有一定的遗存,同时在城市发展过程中涌现了不少异域文化元素,因此,老城厢一带呈现出以

---

① 许国兴、祖建平主编:《老城厢 上海城市之根》,同济大学出版社,2011 年,第 225 页。

② 开埠之后,据观察,老城厢有两次人口增长期,第一次是太平军东进引起的难民潮,第二次则是城市性质发生变化之后,迁进大量前来城市谋生的劳动人口。移民的涌入带来了资金、劳动力和一个不断增长的消费市场,与此同时,老城厢的主要居民及其市民文化又不尽然表现为纯粹的本土、江南文化,清代、民国时期,老城厢内汇集了大量会馆、公所,会馆成员来自包括山东、陕西、浙江、安徽、福建、广东等的全国大部分省市,而公所业务范围也包含了沙船、茶、粮、洋货、钱庄等 100 余种商品的行业。参见黄中浩:《上海老城厢百年》,同济大学出版社,2020,第 20 页;许国兴、祖建平主编:《老城厢 上海城市之根》,同济大学出版社,2011,第 27 页。

③ 基本上在上海的公共租界和华界,江浙籍的人口都达到了 80%以上。参见郭骥、邵文菁、段炼、陈凌作:《江南文化研究 孕育与蜕变 从江南文化到海派文化》,上海书店出版社,2021 年,第 60—61 页。

江南文化为主、多元文化兼容的特质。最后，老城厢在街道、建筑的整体空间布局上，在相当程度上仍延续了江南市镇的形态。哪怕在经历了拆除城墙、填沟筑路之后，老城厢内部空间仍保持了尺度狭小、构造复杂的路网格局，且城厢内由于土地紧缺，其房屋建筑主要由占地经济、结构牢固、外观井然、成排成片的石库门构成，①自然老城厢内大量与居民生活方式息息相关的路名，也作为文化记忆的符号被保留了下来。至今，狭窄的弄堂、低矮的建筑、逼仄的民居塑造了老城厢地区最具代表性的建筑肌理，成为现代化上海都市中独树一帜的建筑景观。

有鉴于此，完全可以将上海老城厢地区看成江南市镇文化在当代上海城区内最为集中的体现。老城厢至少在三个方面极为丰富地展现了江南历史文脉在现代都市中的浓缩形态。②

1. 市井文化与高雅文化交融

老城厢地区极为精妙地将传统江南的市井文化与高雅文化汇聚于一个相对有限的地理空间中，③交相辉映，多层次、多维度地保留与呈现了江南文化。老城厢地区保留了大量源于旧城街巷的生活化的文化景观，这种市井文化反映了江南城厢中最质朴纯真的生活方式，具有浓郁的江南本土生活气息和传统特色。最典型的是以戏台和剧场为标志的传统市民文娱活动，上海最早的古戏台就位于老城厢内的豫园。中华人民共和国成立前，老城厢内用于各类演出的戏院、书场、茶园、影院等场馆有近百家，发达的文娱业态反映出市井文化之兴盛。而构成老城厢核心地带的城隍庙、豫园、庙市等，伴随着高度发达的江南市镇商品经济，成为了老城厢内融合民俗、商业、娱乐的标志性区域。除此之外，像豫园花灯、端午龙舟等传统民俗活动，也是老城厢享誉海

---

① 陈卫家主编：《最初上海》，上海大学出版社，2020 年，第 42 页。

② 以下案例主要来自陈卫家主编：《最初上海》，上海大学出版社，2020 年。

③ 此处关于市井文化和高雅文化的区分，可以借用王笛在《走进中国城市内部》一书第三章《大众文化与近代中国社会》中对“大众文化”和“精英文化”的定义：“大众文化就是大众所创造并欣赏的一种普及文化；而精英文化确实代表正统的、由主导一个国家或民族的那一部分精英所创造并欣赏的文化，也有人称之为‘高级文化’(high culture)。”王笛：《走进中国城市内部》，北京大学出版社，2020 年，第 63 页。

内外的重要文化活动。

与此同时,老城厢也保存了大量被归入“高雅文化”“主流文化”的传统事物。最为典型的要数豫园这座江南古典园林,展示了幽美山林景色的同时,也体现了传统文人独到的审美艺术情趣,亦涵盖儒释道三家的哲学思想。与园林文化相依共存的楹联,也是老城厢极为特殊的文化风景。老城厢楹联文化品位之高、数量之多,在江南地区首屈一指,展现了多种书法体式和艺术风格,充分连结了园林、文庙、会馆、民居等多种建筑元素。

老城厢也是海上书画艺术活动的聚集地,在此地发展出了有别于传统且具有地方特色的海派收藏文化。清末民初,海派书画家逐渐走向结社,形成了半雅集半交易的共享、合作平台,如“海上题襟馆金石书画会”和“豫园书画善会”。海派书画的代表人物吴昌硕在沪期间的活动地点就以老城厢为多,他组织的“海上题襟馆金石书画会”的会址就在得意楼茶馆。与书画文化关系紧密的“文房四宝”的主要商业中心同样坐落在老城厢:周虎臣笔墨由苏州迁址上海南市,将传统制笔技艺推向一个新的高度;曹素功墨锭也在迁址上海后全面改革了传统工艺。

由此可见,多种传统江南高雅文化在老城厢地区持续流传、发展,与江南市镇传统的市井文化共同被整合进一个复杂的文化系统,“阳春白雪”与“下里巴人”之间形成了一种胶合效应,将上海老城厢造就为一个多层次、多方面、多维度的江南文化复合体。

2. 江南民俗信仰的中心

老城厢地区极具代表性地以“中心”的定位承担着江南民俗信仰在上海地区长久延续及发展的文化功能,上海本地许多重要的传统民俗、节庆及信仰都与老城厢地区有着密不可分的关系。这就不得不提城隍庙在上海民俗中的重要地位,人们对城隍庙的理解和认同,本身就体现着对这一地区历史和传统的想象,也由此构成了一种集体的文化记忆。而城隍庙及其周围形成的庙市,又创造了当地的一种特殊“邑庙文化”,那里一直是民众从事宗教祭祀、聚会、商业和娱乐休闲的聚集地。古人相信,与人们生活、生产安全密切相关的事物都有神性,保护传统江南市镇的城隍也被神化为城市的保护神。

一般城隍庙中供的神都是历史人物。上海的城隍庙约在明代由金山迁至城厢，因其中供奉了霍光、秦裕伯和陈化成，而被誉为“一庙三城隍”，其中供奉的“四司”则掌管着上海本城冥界信仰中的某一方面。

随着上海开埠，上海城隍庙仍保留着古老的民间信仰、传统的商业经营和上海原汁原味的地方特色，因而与租界相比，保持着更贴近本地民间的文化传统。在上海不断都市化的进程中，城隍庙所代表的民俗遗留和精神符号，不仅决定了老城厢以“中心”的定位承担着江南民俗信仰在上海地区长久延续及发展的文化功能，更重要的是，老城厢的存在，标志着传统江南民俗信仰在现代都市文化中仍占据着极为重要的地位。

3. 传统江南文化走向现代之地

老城厢地区极为丰富地表现了传统江南文化在外来文化影响下的过渡、交融式的发展样貌，从中体现出来的传统江南文化的延展性，为观察现代文明与传统文化的融合提供了宝贵的样本。一个十分突出的例子，是与海派文人书画文化同时兴盛于晚清老城厢的小校场年画，这一民俗文化到清末时已经表露出独特的海派融合风格。最初年画仍以贩卖桃花坞作品为主，开埠以后，外来新事物被带入上海，中西融合的民情风貌使得年画从题材到风格都发生了新的变化，小校场年画对铁路、自行车、公共汽车等新事物的描绘，以及及时吸收时事新闻题材，使得这种传统江南地区的民俗艺术体现出开创性、开放性和包容性的特点。

但在老城厢地区，一个更重要的文化交融例子则与传统文教的现代转型有关。过去，老城厢内因设有包括文庙、大成殿、明伦堂等建筑的学宫，曾是祭孔、讲学、考秀才和文人聚会的场所。早在元明时期，上海县城内就开办了多所知名书院，至清代，各省各地普遍设立书院，当时老城厢内的著名书院有敬业书院、蕊珠书院、龙门书院、梅溪书院等。县学和书院的教育内容主要是为科举考试而设置的传统蒙学教材和经史子集，书院的创办和发展极大地促进了上海地区文教事业的发展。直到清光绪二十七年（1901），清政府下令改书院为学堂，民国后又全部改为学校，至此开启了新学代替旧学的浪潮，沪上也效仿西方教育制度创办了新式的近代学校，开创了国内近代教育之先河。

1863年,李鸿章奏准开设上海第一家中国人创办的新式学堂广方言馆,旧址位于城厢内学宫附近,教授外语及其他西学,培养新型科学技术人才。1878年,龙门书院院长创办了第一所新式小学正蒙书院,参照国外办学制度,设置课程、发展学生组织、建立作息制度等。老城厢自1748年敬业书院创立,知书明理的士大夫与文人志士在城厢内品鉴诗文、崇尚礼数、感化世风,直到后来开风气之先的大同中学、敬业中学等名校,老城厢培养了大量中西兼通的人才,至今仍是上海名校资源集中的地区之一。

老城厢是江南文化在现代社会中得以延伸和发展的集中展现地。传统江南民俗文化在这里有机吸收了现代元素,完成了自身的改造和更新;传统江南文化滋养下发展起来的书院文教,在上海得天独厚的环境中走向了中西交融发展轨道。只有在上海,江南文化在外来文化影响下的过渡和演变才有了清晰的呈现,而老城厢显然是江南文化走向现代命运的重要见证之地。

综上可知,从江南文化自身的形态来看,老城厢内既有属于市民阶层的市井文化,也保留了大量原属于传统精英阶层的高级文化、主流文化。老城厢地区由于历史上是城隍的所在地,于是理所当然地以江南民俗信仰的中心地带,承担着江南民俗信仰在上海地区长久延续及发展的文化功能。最后,老城厢见证了传统江南文化在现代都市中逐渐与外来文化融合的过渡发展状态,从中反映出江南文化极为强韧的延展性和包容性。

(三)让“传统江南”在现代都市中长久栖居

在城市化加速发展的今天,现代都市中的古老城区经常处在被现代化城市吞并和包围的困境中。① 新城区与老城区不仅在城市景观、风貌上存在反差,老旧城区陷入了局部状况有改善和整体环境持续恶化并存的窘境,②从城

① 北京市哲学社会科学规划领导小组办公室编:《城市环保问题》,北京市哲学社会科学规划领导小组办公室,1985年,第138页。

② 魏寒宾、唐燕、边兰春:《首尔市韩屋保护制度的演变及其启示——以北村韩屋密集区为例》,《现代城市研究》,2020(01):30—36。

市整体来看，则普遍存在着老城区的拥挤、繁忙、混乱与新城区的宽松、繁荣、舒适的强烈反差。[①] 经过近几十年来的城市发展实践，围绕现代都市中的"传统"城区的保护与开发已经形成多种成熟的模式：一种是将现代都市中的旧城当作"历史博物馆"加以保存；另一种常见的保护则是让旧城的改造、更新与城市中心区的复兴同步，通过引入新业态、设立历史风貌街区、对原有建筑进行功能性改造等方式，重新激活旧城区的城市活力，但其代价通常是旧城区的居住功能和建立在居住功能之上的生活态被彻底破坏。

更重要的是，这些"镶嵌"在现代都市中的传统城市建筑、街区即便经过改造，充满了古建筑的旧城区非但从视觉和物理上与现代新建筑群形成鲜明反差，从建筑和街区在整体城市中扮演的功能而言，以往的改造与更新通常以剥离老旧城区内的原有功能为前提，更遑论保护这些旧城区作为整体居住和生活空间的意义和价值。

在这样的背景下重新回看上海老城厢地区，尤其是注意到老城厢对保护、传承和发展江南文化传统及上海历史文脉的重要意义，可以说老城厢的问题既典型又特殊。典型之处在于，老城厢作为上海"旧城"的代表区域，所面临的仍旧是在现代都市中如何留存"旧城"的经典城市更新问题。而与世界其他城市不同的是，老城厢不仅只是在建筑、街道格局上保留了大量江南的市镇空间肌理，老城厢也是江南文化不断有机传承和发展的中心地带和历史见证。因而老城厢的高水平更新就不能停留在以保护建筑、街道等硬件设施的程度，同时，即便要采取"绅士化"的、贴合现代产业需求的更新模式，也应当尽可能地以尊重和保护老城厢地区充满生活态的文化为前提。除此之外，怎样在"旧城"更新的进程中，充分平衡好保护与发展之间的矛盾，避免城市更新走向文化"空心化"的困局，并且在引入一定的文化旅游业态的同时，尽可能避免"旧城"的观光功能与市民的居住生活功能发生严重冲突等，都是老城厢在城市更新和文化保护中所需要应对的问题。

我国旧城保护普遍存在着"保"与"建"的矛盾，导致旧城在保护之后，城

---

① 董观志、梁增贤：《RBD对老城区功能改造的模式研究》，《规划师》，2008(07)：43—47。

市功能缺乏相应的支撑。[①] 鉴于全球城市中大部分的现存建筑“都是在其地块上伴随城市长期演变发生过若干次建设演变才达到合理状态”,上海的转型发展与城市更新应认识到“从无到有快速实施硬件建设”与“建成后继续更新升级”的阶段过渡。[②] 然而更大的挑战在于如何在老城厢更新中留住一种具有江南文化特色的“活着”的文化和生活。这就需要将沉淀了上海建城历史和浓郁传统文化的旧城区域,纳入到城市更新与再开发的统筹视野之中,也即将保护、利用和开发旧城历史文化资源与城市功能升级有机结合起来,这样才能使“城市里的江南”真正成为上海城区内具有代表性的城市景观。

三、襟江踞海格局中水陆联动的老城厢

(一)老城厢:江海孕育的“亲水之城”

1. 浦江东海孕育老城厢

老城厢位于上海市区东北部,靠近黄浦江畔的十六铺码头,由人民路和中华路合围而成,河南南路和复兴东路纵横贯穿老城厢中心。这块面积仅2.2平方千米的区域,却是上海城市发展的起点。

上海早在北宋时期就形成了村镇的聚落,于天圣年间设立了收取酒税的“上海务”;南宋咸淳年间,上海已成为“海舶辐辏”“蕃商云集”的港口。元至元二十八年(1291),上海设县,归松江府管辖,县衙就在今老城厢小东门内光启路一带。

明永乐年间,户部尚书夏原吉到松江府治水,将太湖水分流到黄浦,形成由大黄浦、范家浜、南跄浦组成的新河道,即黄浦江。这项开掘黄浦江的工程,改变了上海地区的水网格局,“原是支流的黄浦江成为主流,而原来是干

---

① 桂颖:《历史街区整体文化空间意象的保护探索》,《北京规划建设》,2011(05):122—125。

② 同济大学建筑与城市空间研究所、株式会社日本设计:《东京城市更新经验 城市再开发重大案例研究》,同济大学出版社,2019年,第199—200页。

流的吴淞江则成了黄浦江的一条支流”①。随后，从明代永乐至正德的100多年间，黄浦江先后进行了九次较大规模的治理和疏浚，江宽扩展到约一千米，深可行大船。黄浦江的开掘和延拓，为上海地区农业、航运、商业的发展提供了优越的条件，也带来了老城厢的繁荣。清嘉庆年间，《上海县志》记载：“上海，为华亭所分县，大海滨其东，吴淞绕其北，黄浦环其西南。闽广辽沈之货，鳞翠羽集，远及西洋暹罗之舟，岁亦间至，地大物博，号称繁剧，诚江海通津，东南都会也。”②黄浦江，是老城厢也是上海的母亲河。

老城厢虽然在1291年就已是县府所在地，但此后200多年都没有城墙，直至明嘉靖三十二年(1553)，为防倭寇侵扰，在三个月内修筑了城墙。据学者考证，“明代老城厢城墙周长九里，高二丈四尺，有城门六座：东为朝宗门(大东门)、南为跨龙门(大南门)、西为仪凤门(老西门)、北为晏海门(老北门)、东南宝带门(小东门)，西南朝阳门(小南门)，其中朝宗门、仪凤门、宝带门为水门。城墙外护城河总长一千六百余丈，壕宽六丈，深一丈七尺，‘周围回潆，外通潮汐’”③。今天的老城厢，基本上仍沿袭着明代的规模。所谓城厢，既包括城墙以内的区域，也包括城墙以外人口稠密、经济活跃的地带。

2. 老城厢的“水城”格局

中国长三角地区遍布“水乡”，如周庄、同里、乌镇、西塘、朱家角、枫泾等，其基本格局为靠近内陆河网的村落。而作为上海现代城市发展根脉的老城厢，空间形态却是一座深受江海影响的水城——被城墙、护城河环绕，城内水网交织，护城河及城内的水浜河道与黄浦江连通。

通过对比宋元及明嘉靖上海县市复原图，钟翀认为，“宋元复原图上所显示的上海城镇，概括而言其表现应是一座较为典型的河埠型市镇，这一时期的11个坊全部建在由洋泾浜到肇家浜之间的濒浦或近浦地域，尤以自长生桥

---

① 上海通志馆、《上海滩》杂志编辑部编：《城市之根：上海老城厢忆往》，上海大学出版社，2019年，第27页。

② 转引自何益忠：《老城厢：晚清上海的一个窗口》，上海人民出版社，2008年，第30页。

③ 许国兴、祖建平主编：《老城厢：上海城市之根》，同济大学出版社，2011年，第4页。

至益庆桥的跨方浜南北区域最为密集,而其城市核当在益庆桥南、当时的榷场与舶司以北一带”①。钟翀通过对比19—20世纪上海县城实测图,发现“当时县城街区呈现出向东即滨江一线显著偏移的分布格局,即在城墙与城濠所限隔的城内区域,街区的分布则呈现东密西疏的格局,而在东城外沿黄浦江地带,则街巷密布,出现了大片街区溢出城郭的现象”②。上述研究证实,与长三角地区的传统“水乡”相比,老城厢的发展不断强化着与黄浦江和东海的血脉联系。正是黄浦江开掘之后,老城厢凭借襟江踞海的地理优势,获得了最重要的发展机遇。老城厢城市格局的变化,就是对这一历史机遇的回应。依偎着黄浦江、遥望着东海的老城厢,不仅从长三角众多“水乡”中脱颖而出,更与苏州这一传统的中国江南内陆水城区分开来。

从城市功能而言,开埠以前,老城厢首先是上海的政治中枢。当时上海的行政、军事、海关等主要机构都设立于此。老城厢区域内,有道台衙署、察院、海防同知署、江海关、沪军营及驻军习武“校场”,是不折不扣的行政和军事中心。其次,老城厢曾是上海经济繁盛之地。从十六铺到南码头,沿黄浦江一带的弧形圈内,曾经帆樯如林,最盛时码头多达百余个。十六铺码头逐步成为南北货、农副产品和水产品的集散地,也是老城厢最繁华的商业区。沿海港口贸易的兴盛,逐渐形成了咸瓜街、豆市街、油车码头街、花衣街、竹行街等一批行业性街市,这些以商贸行业命名的街道路名沿用至今,依稀可以想象出当年老城厢地区商贾云集、商号密布的繁华盛景。最后,老城厢曾是上海文化与信仰的中心。在老城厢地区,建于咸丰年间的学宫曾是上海的最高学府;龙门书院是上海最早的师范学院;裨文书院是上海最早的女校;此外蕊珠书院、敬业书院、求志书院、育材书塾、梅溪书院等大批书院广育英才,老城厢成为上海教育与文化的发祥地。③ 老城厢地区的宗教活动以明清两朝最盛,拥有数量可观的佛教、道教、基督教、天主教、伊斯兰教的寺、庙、堂、观,

---

① 钟翀:《上海老城厢平面格局的中尺度长期变迁探析》,《中国历史地理论丛》,2015,30(03):68。

② 钟翀:《上海老城厢平面格局的中尺度长期变迁探析》,《中国历史地理论丛》,2015,30(03):59。

③ 上海市南市区文物管理委员会编:《上海老城厢》,上海大学出版社,1999年,第46—59页。

1949年，仅佛寺就有84座。[①] 这里是上海民众信仰的中心。

老城厢曾经人文荟萃，经济发达，城墙、护城河、衙署、邑庙、街市、学府、里弄，完整地呈现了中国古代传统县城的景观和风貌，是一座罕见的由庙、园、市三种功能叠加所形成的复合型空间，浓缩着上海的文化底蕴和市井生活。

（二）河浜水网塑造老城厢城市肌理

老城厢地区曾经水网密布，河浜纵横。据史料记载，在宋代末年老城厢就有桥梁近30座，至清代已扩展至56座。[②] 1843年开埠之前，老城厢内部交通主要由舟船承担，是"有舟无车的泽国"，被誉为"东方的威尼斯"。[③]

1. 老城厢的水网结构

清同治年间的上海县城地图（见图9），完整地呈现了老城厢内的水网布局。概括而言，老城厢的水系是由城内自北向南的方浜、肇家浜、薛家浜、陆家浜四条东西方向的干流河浜，以及这四条干流南北向的支流构成的纵横错杂的水网结构。[④]

方浜向东通黄浦江，水量稳定，原有三条支流：一支在西马桥北折通原露香园池湖及大镜阁关帝庙；一支自西马桥东南经穿心河桥汇入肇嘉浜；第三支侯家浜从南香花桥向北，然后东折，过北香花桥、安仁桥、福佑桥，称黑桥浜（又称福佑浜），这一支流与方浜干流围成一个长方形的地块，"方浜"之名，即由此得来。位于方浜北岸的城隍庙，香火鼎盛，方浜沿岸商铺鳞次栉比，形成热闹的庙市，因浜成市，因庙兴市，方浜带来了商业的繁盛。

---

① 上海市南市区文物管理委员会编：《上海老城厢》，上海大学出版社，1999年，第136—141页。

② 许国兴、祖建平主编：《老城厢：上海城市之根》，同济大学出版社，2011年，第7页。

③ 上海通志馆、《上海滩》杂志编辑部编：《城市之根：上海老城厢忆往》，上海大学出版社，2019年，第18页。

④ 本文对老城厢的水网结构的描述，系依据清同治年间上海县城地图、上海通志馆、《上海滩》杂志编辑部编：《城市之根：上海老城厢忆往》；许国兴、祖建平主编：《老城厢：上海城市之根》；陈卫家主编：《最初上海：老城厢的诗和远方》；刘雪芹：《上海老城厢地名轶事》等研究资料综合梳理而成。

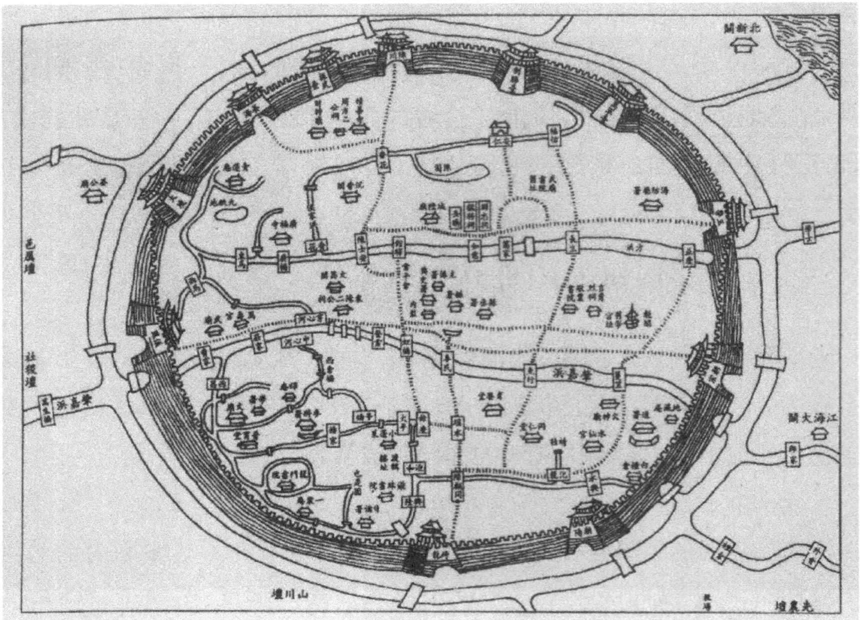

图 9　清同治年间上海县城地图①

肇家浜与方浜基本平行，是老城厢中央的主干河，全长约九千米，西连蒲汇塘，从仪凤门水关进入老城厢，经朝宗门水关向东流入浦江。肇嘉浜在老城厢内分为两支：南向一支与乔家浜交汇，北向一支汇入方浜。这两个支流构成了老城厢南北向的中心河。肇家浜是当时县城至松江府之间运粮的内河，沿岸亦是老城厢的繁华地带，其入浦江处还设立了江海南关，负责国内贸易征税。

薛家浜是老城厢南部的重要水道，源于黄浦江，入朝阳门水关后，西连凝和浜。从城墙至凝和浜这一段，称为乔家浜。薛家浜在老城厢内支流众多，与中心河及其支流组成老城厢南部水网：一支北流汇于吾园；一支入郁婆浜；一支转西至中心河，再北入肇嘉浜；中心河有一支流至城根，称为半段泾。

陆家浜是老城厢南部东西向的水路交通干道，源于黄浦江，向西北汇入

① 图片来源于陈卫家主编：《最初上海：老城厢的诗和远方》，上海大学出版社，2020 年，第 30 页。

肇嘉浜。

方浜、肇嘉浜、薛家浜、陆家浜组成了老城厢内水路交通网的主干，可通行舟船。

2. 填浜筑路，塑造老城厢街巷肌理

1906年，方浜的支流之一福佑浜首先被填筑成马路。辛亥革命以后，为改善河浜淤积、公共卫生恶化的状况，也为了完善老城厢道路体系，城内大批河浜被填埋，改建成弹格路。方浜在城外一段成为今东门路，城内一段成为方浜路；肇嘉浜在老城厢内的一段填筑为肇嘉浜路，后改称复兴东路；薛家浜填中心河，筑为小桃园街、河南南路、净土街、亭桥街，填半段泾、运粮河，筑为蓬莱路、南阳路；乔家浜填筑为乔家路；陆家浜填筑为陆家浜路；老城厢城墙外的西洋泾浜填筑为今延安东路，至民国初年，老城厢干、支河浜全部填筑为马路。随着河道成为后来上海市区道路网的骨架，老城厢的"水城"风貌逐渐消散。

钟翀通过清光绪元年上海县城及周边复原图，描绘了老城厢东部街道网的特征，即"东西向的侯家浜、方浜、肇家浜、薛家浜这4条城内主要河道及其沿河街道，与南北向的老北门街—穿心街—旧校场街—三牌楼街—虹桥大街—小桥街、县前街—太卿坊巷—南门大街、天官牌坊街—四牌坊街—曲尺弯—集水弯—南梅家街、东街—道前街，在城厢东部形成四纵四横的栅格状街道网，这一区域整体构成了老城厢的内核，其平面格局呈现出传统水乡城镇的街巷特征"①。"四纵四横的栅格状街道网"与老城厢内原有的水网基本重合，这一现象揭示了老城厢街道网络的水网底色。

"因浜成路""填浜筑路"，河网衍变为路网，意味着老城厢街道的尺度和肌理是由河浜塑造的，即以可行舟船为限度，并形成了与上海租界区域完全不同的空间形态。租界因一次性、大规模的地产开发，形成了"统一有序的里弄形态"②，而老城厢"则沿着河浜走向，百姓自然聚居，以私人小片土地开发

① 钟翀：《上海老城厢平面格局的中尺度长期变迁探析》，《中国历史地理论丛》，2015，30(03)：59。

② 刘雪芹：《老城厢地名轶事》，《档案春秋》，2019(12)：53。

为主,后期也有华商的成片开发加入,产生了特别丰富的城市肌理"[①]。老城厢内部的小街、小巷,影响着建筑的形态,也涵养着原住民独特的生活方式。

(三)水景凝聚老城厢文化地标

"水"是老城厢重要的文化基因。清代乾隆年间,李行南在《申江竹枝词》中记录了"沪上八景",即海天旭日、黄浦秋涛、龙华晚钟、吴淞烟雨、石梁夜月、野渡蒹葭、凤楼远眺、江皋霁雪。经朱亚夫考证,"八景"中有四处位于老城厢。其中,"江皋霁雪"位于大镜阁,冬日雪后,可登阁远望吴淞江;"凤楼远眺"位于侯家浜北的丹凤楼,这里曾是端午节观赏浦江龙舟赛的最佳位置;"黄浦秋涛"位于豫园观涛阁,曾经是老城厢最高建筑,也是听松涛、观江涛的最佳处,清代乔钟英的《西园记》中曾记载"(观涛阁)以阁边松柏时作风涛声,隐隐与黄浦飞涛声相杂也"[②];"石梁夜月"之"石梁",是横卧于老城厢方浜的陆家桥(又称"学士桥"),这里是沪上中秋赏月的名迹[③]。这四处老上海标志性的景观,皆为水景,涵盖了春、夏、秋、冬四季,表达了上海人民对故乡水的挚爱。

"水"亦没有辜负老城厢。老城厢重要的文化地标是由"水"凝练而成的。明清两代,老城厢内曾遍布私家园林,至今尚可查考的包括豫园、露香园、日涉园、万竹山房、慈云楼、九友山居、风树园、半泾园、柱颊山房、南园、梓园、吾园、也是园等,[④]这些园林皆以附近的河道为水源。

水是中国园林的灵魂。明末吴江人计成所著《园冶》,是世界上最古老的造园学名著,对中国古代园林营造技艺作了系统科学的阐述。其中,《相地》篇论及园林内的水体,提出"先究源头,疏源之去由,察水之来历"[⑤];陈从周先

---

① 刘雪芹:《老城厢地名轶事》,《档案春秋》,2019,12:53。

② 乔钟英《西园记》,载于清乾隆四十九年《上海县志》。

③ 上海通志馆、《上海滩》杂志编辑部编:《城市之根:上海老城厢忆往》,上海大学出版社,2019年,第88—96页。

④ 上海市南市区文物管理委员会编:《上海老城厢》,上海大学出版社,1999年,第30页。

⑤ 计成著,陈植注释:《园冶注释》,中国建筑工业出版社,2017年,第81页。

生亦认为“园林之水，首在寻源，无源之水必成死水”①。这些论述，体现了中国园林营造对水源的高度重视。

不管任何园林，充足的水源都是不可或缺的要素。被誉为“东南名园之冠”的豫园，位于老城厢东北部，北靠福佑路，东临安仁街，南面与西面与城隍庙相连，是老城厢园林中最负盛名的杰作。清同治年间上海县城地图显示，豫园的水源，来自福佑浜。清代王韬的《瀛壖杂志》中，记载“(豫园)凿池广数亩，潮汐暗通”②。由此可以推测，豫园之水，乃与黄浦江相连。

清代乔钟英的《西园记》记录了豫园的规模：“园址约七十余亩，南至寝庙，西北两面皆缭以垣，其东为通衢。”③今日所见豫园，只是当年东北角的一部分。豫园的营造者，明代名士潘允端曾作《豫园记》，详述豫园营建的缘由、经过及园内景观。按照潘氏的描述，清流、大池、涧、洞、滩、长渠等构成了豫园丰富的水景，甚至园内“舟可绕而泛也”。④ 水是豫园的主角，园内的厅、堂、楼、阁、亭、榭、轩、廊等建筑，或临水、环水而建，或贴水、浮水而筑，建筑与水融为一体。正是黄浦江的源头活水，赋予豫园钟灵毓秀的气质。即使今天的豫园已不复当年的规模和神采，但观览园内建筑的楹联：“此即濠间非我非鱼皆乐境，恰来海上在山在水有余音”(三穗堂)；“凌虚瞻极浦风帆梢头秋色；俯视挹层楼觚影石畔波光”(大假山望江亭)；“曲槛遥通沧海月，虚檐不隔泖云峰”(快楼)，这些文字，仍流露出豫园对黄浦江和大海的依恋。江海赋予了豫园不同于传统江南园林的独特文化气质——在灵秀中有宽广的胸襟怀抱，豫园也因此成为老城厢独特的文化地标和文脉见证。

(四) 水陆联动的老城厢更新策略

作为上海唯一的“本土文化”历史风貌区，老城厢的建筑、街巷、弄堂、道路，不仅共同构成了这一地区文脉的肌理和结构，同时也与百姓的日常生活

---

① 陈从：《梓翁说园》，北京出版社，2016 年，第 74 页。

② 转引自上海市文物保管委员会编，豫园(内部资料)，1962：18。

③ 乔钟英《西园记》，载于清乾隆四十九年《上海县志》。

④ 转引自上海市文物保管委员会编，豫园(内部资料)，1962：9。

融为一体。如今的老城厢保留了上海小街巷、小尺度的居住生活形态,呈现出居住环境狭窄、商居混杂的空间特征,加上公共配套设施严重不足,已不能满足居民的基本生活需求,也无法适应城市的发展要求,导致街区活力日益衰退。老城厢的城市更新,应在尊重其历史文脉的前提下,建立起与现代城市生活的联系,让黄埔江畔这颗璀璨的明珠重新焕发光彩,进而为上海带来新的发展空间和机遇。

老城厢珍藏着中国传统建筑、中西合璧式建筑、江南园林、高档私家庭园、宗教建筑等丰富的文化遗存,但很多仍隐于深巷,是尚在沉睡中的宝藏。老城厢保存的上海老城区明清至民国年间中国民居式建筑,与外滩万国建筑博览群,以及隔江相望的浦东陆家嘴现代建筑群,形成建筑类型和风格上的互补,体现了"中西合璧,兼容并蓄"的海派气质。在历史脉络上,从明清到现代完美衔接。众所周知,所有迈向卓越的全球城市,都经历过历史空间的重构与更新。老城厢的更新要尽可能将历史空间与周边环境及现代生活形成串联。好的城市更新,不是简单粗暴的大拆大建,而是要激活历史风貌的活力,并融入当代城市生活,合理安排生产、生活、生态空间,努力扩大公共空间,续写城市文脉。老城厢的更新,可以考虑"水陆联动",即根据老城厢水、城、建筑、生活等有机交融的特点,加强与沿岸历史风貌区的合作,在尊重老城厢文脉肌理的前提下,从社会、经济、文化的各个层面通盘考量,对现有文化要素进行整合,激活老城厢文化宝藏,盘活黄浦江沿岸亲水文化资源,改善居民的生活,同时为城市发展寻求新的增长空间。在水陆联动的思路下,可考虑以下具体措施。

1. 恢复"袖珍版"的老城厢

建议以十六铺码头为原点,沿龙潭路—福佑路—侯家路,引黄浦江水,恢复原侯家浜水道,并与方浜"蓝绿丝带"项目汇合,形成一个"侯家浜—方浜(蓝绿丝带)"相连、三面环水的区域(东部边界为人民路)。在这个区域里,涵盖了园(豫园)、庙(城隍庙)和街市,构成了一个袖珍精华版的老城厢。三面环水,呼应老城厢曾为"水城"的空间标识,意在唤醒老城厢被护城河环绕的历史记忆。

2. 还原豫园全貌

豫园历经400多年的兴衰，目前规模仅为明代建园时的一半。20世纪初的填浜筑路，彻底截断了豫园来自黄浦江的水源，如今豫园内的池、潭以城市消防用水和净化后的居民生活用水维持，皆已成为彼此孤立的“死水”。建议完整复原豫园全貌，并通过恢复后的侯家浜水道，让上海母亲河重新成为豫园的源头活水，进而焕活豫园泉山潆洄、钟灵毓秀的亲水特质，使豫园不再只是一个孤立的景点，重新展现其作为老城厢文化地标的风采。

3. 更新乔家路，让旧街区焕发新风情

乔家路是由原乔家浜填水筑路而成，至今仍保留着河浜曲折蜿蜒的特点。乔家路西连凝和路，中连光启南路，东连巡道街，是进出老城厢的重要通道，全长虽不足500米，却较为完整地保存了明清至民国时期老城厢生活街区的格局。乔家路及周边街巷曾经是老上海最高端的住宅区，拥有徐光启故居、宜稼堂、梓园、最乐堂、书隐楼、救火会钟楼等珍贵的建筑遗存和遗迹。目前，乔家路旧改动迁已大体完成，为城市更新腾出了空间。建议由政府与专业机构、社会力量合作，对乔家路具有历史价值的老建筑进行全面的勘查、修缮、维护，在此基础上，将乔家路划为文旅融合的风貌区，通过文旅策划和服务，展现上海城市风情。

四、精炼上海老城厢“超级地标”，打造中央活动区“文化心脏”

新世纪以来，中国城市进入了老城更新和新城建设的高潮，城市发展的方向得到重新定位，老旧的城市空间亟待更新。要使传统的城市精神在新的城市空间中存续并发挥作用，就要对传统的城市文化进行创新，并使其融入新的城市发展中。

目前，国内外对城市更新和文脉挖掘已有丰硕的研究成果，主要从城市规划、景观设计、创意城市、城市治理、历史文化资源保护等角度进行讨论，对本项目的研究大有裨益。但总的来说，目前的研究往往将需要更新的城区从整个城市或区域中割裂开来，容易造成发展脉络的断裂。同时，文化要素在城市更新中的地位，以及它所能带来的经济附加值未受到足够的重视。

上海在“2035”总体规划中，目标愿景是将上海建造成为令人向往的创新之城、人文之城、生态之城。老城厢作为上海人文之城的重要根源，既是城市空间升级的难点，也是传统文化要素传承的关键。近年来，伴随城市新陈代谢，老城厢面临城市建筑破旧、空间布局不合理、经济业态老化、文化资源要素丢失等问题，老城厢的更新没有融入到上海城市发展的整体格局中。因此，老城厢更新的研究是对城市更新模式的探索，上海作为中国城市现代化先锋，其更新有望引领其他城市的发展。同时，对上海自身来说，如何挖掘文脉资源，将文化要素、经济效益、城市空间相结合，跨区域资源调度是一种新的发展模式。

（一）老城厢更新现状与存在的问题

伴随城市新陈代谢，上海老城厢面临城市建筑破旧、空间布局不合理、经济业态老化、文化要素丢失等问题。近年来，老城厢更新日趋加速，但经实地调研发现以上问题并未解决。目前上海老城厢城市更新面临的问题主要包括以下几个方面。

1. 土地存量不足，空间神韵消散

经研究团队的实地考察、调研，老城厢所属区域的大部分地块均已出让，经改造后的老城厢城市空间将以高档住宅和商用建筑为主。以豫园街道为例，已出让的土地 320 000 平方米，总体上街道西部为商用，中部为新建住宅，东部为商旅。目前仅福佑地块等待建设，可用于整体规划的土地极少。而已经形成的城市空间没有释放出老城厢的活力，亟待借助现阶段留存的土地进行布局调整。在碎片化的出让、各自规划和割据开发中，老城厢的历史风貌正处在土崩瓦解、消失殆尽的危险中，亟待更高层面的顶层设计，亟需一个对上海整座城市未来发展有价值的老城厢更新整体规划方案，以制约开发商的局部规划。在老城厢城市空间神韵完全消散前，最低限度地保住老城厢的路网结构，并在此基础上延续老城厢的文脉，重建老城厢的空间活力。

2. 经济活力欠缺，区域互动不够

由于历史原因，老城厢目前的商业形态仍然以小商品零售为多，业态杂乱、低端，经济效益低，与周边的区域显得不协调，没有形成良好的互动和融合。在此基础上，对老城厢的城市区域意象往往是"旅游集散地""小商品市场"，完全没有发挥出老城厢的历史文化及经济魅力。

3. 文化资源挖掘不深，影响力不足

老城厢文化资源丰富，许多传统的文化样式只存在于老城厢。作为"上海之根"的老城厢，虽然有着文化溯源的知名度和吸引力，但是目前老城厢的文化资源没有形成应有的 IP 和产业链，辨识度低，文化效应难以发挥。

4. 居民生活方式落后，承载的文化民俗几近丢失

由于传统的城市布局，老城厢许多区域居民仍然蜗居在十几平方米的木质阁楼中，生活极其不便。但另一方面，如果将其迁移，又会带来其"乡谊"的丢失和其承载传统文化的逸散。如何在城市空间更新和基层社会关系组织、民俗文化存续之间达到平衡，是目前上海老城厢发展和更新必须解决的难题。

（二）老城厢更新的思路与重点

1. 将硬实力转化为软实力，发挥文化效应

城市更新并不仅仅是建筑的修葺与重建，而是产业、人口、文化等要素的重新布局与调配。目前上海可利用土地资源紧缺，怎样在接续城市发展脉络的前提下，利用有限空间打造更有竞争力的文化效应，是城市更新的关键。

一个拥有深厚历史文化积淀和舒适人居环境的城市，对外部资源往往具有更强的吸引力，能够促进优质资源在本区域积聚。因此，城市的历史风貌是城市软实力、竞争力的重要构成部分。城市环境和城市文化等资源具有一定的稳定性、内生性和独特性等特点，是城市可持续的竞争力。而这一竞争力可以通过目前正在进行的城市有机更新得以强化和突显。历史文化是城市一以贯之的精气神所在，也是其多样、包容等城市精神品格特征得以成立的基石。与时俱进的城市体验和一以贯之的文化身份是城市精神与软实力中必不可少的特质。

在老城厢更新中应注重挖掘空间精神内核,实现硬实力向软实力的转化,将文化吸引力转化为经济吸引力。顶层规划应该充分挖掘老城厢历史文化资源,并将文化和旅游密切结合,从未来城市发展定位和文化创新的视角,深入研究老城厢承载城市记忆和引领城市风尚的"文化心脏"功能,探索城市更新和发展模式的中国特色和上海经验。

老城厢拥有大量历史保护建筑,这些建筑的保护与更新在国际一些城市被称为"活化",而在保护建筑外观和基本延续建筑原始用途意义的基础上,对建筑进行修护性更新,并将城市新型业态和功能"注入"保护建筑,也成为这类建筑单体的更新与保护原则。根据课题组调研,老城厢区域现人民路、中华路环绕的历史风貌区,从城市格局到街道景观,从园林古建到街巷烟火,加上教育、商业名人历史掌故、宗教与世俗中的非物质遗产,构成了一个生活形态和物质形态的集成体,孕育了整个上海城市精神和独具代表性的文化。对其中具有典型性的案例进行系统调查和研究,结合建筑周边街区形态和产业布局,进行相应的"软化"是更切合当下老城厢实际需求的更新方案。

2. 突出区域特色,发挥空间优势

此前上海老城厢的更新还是以土地为驱动要素,并没有突破老城厢的物理空间范围而将其放在整个上海城市更新和建设全球城市、文化高地的目标中去看。城市是若干空间系统和人文系统的综合体,其子系统之间都是相互关联又相互区分的。对于上海来说,由于历史原因,每个城市区域在文化特色和区域优势上更是各有千秋,甚至在典型的文化样式上都有许多值得挖掘的特色。因此,老城厢的更新应当从历史实际和现实需要出发,一方面挖掘老城厢作为上海现存独有的文化类型,另一方面借助区域优势,将其文化优势发扬与转化。

老城厢的文化特色并非是其区域的,而是代表着整个上海近代以来的江南文化,甚至在长三角地区也是江南文化与近代城市文化碰撞融合的典型代表。因此,上海要利用好这一优势,才能完善历史文化样式,使当今的城市文化变得多彩与丰满。

同时，这一城市更新的思路也为其他城市区域提供借鉴，即尽管城市规划是统一的，但要根据每个子系统、次区域的特色去量身打造更新方案。

（三）全球城市打造 CAZ 的发展趋势

经济全球化让中央商务区（CBD）成为过去近百年全球城市的发展重点，但城市新趋势和 CBD 发展中的诸多困扰，催生中央活动区（CAZ），并成为全球城市发展的新理念。CBD 往往是城市外向型产业的集中地，与城市内部居民的交集相对较少。同时 CBD 人群与周边区域收入往往差异化较大，导致一定程度的社会隔阂。美国很多 CBD 一度被称为夜间“死城”。CBD 集聚产业基本类似，与之匹配的城市功能设施和载体形态也基本雷同，往往导致不同全球城市 CBD 同质化发展。这在中国尤其明显，在城市快速现代化的进程中，作为现代都市窗口的 CBD，“千城一面”屡见不鲜。

1. 中央活动区（CAZ）的出现及特点

随着经济形态的变迁，从城市核心区发展视角出发，全球城市出现新的发展趋势。在传统的金融、商务之外，文创产业显示对商务高端人才和创新经济的刺激效应，其自身的经济贡献度也在持续提升。同时，城市更强调以人为本，重在人才吸聚，以及全球城市竞争更重视以文化为代表的城市特质。文化艺术与经济活动的共生关系日趋紧密，全球都市化更进一步催生全球文化的交融汇集，信息网络爆炸式发展也极大加速了城市文化活动的兴起与变革。成就不一样的城市，传承与倡扬城市的文脉底蕴基因，赋予其独特气质和人文影响力，快速而持续地提升城市软实力成为继城市现代化之后的重要发展命题。

反思和改善 CBD 存在的诸多问题，融合全球城市发展新趋势，CAZ 逐步成为全球城市的重要新理念。美国伊利诺伊大学城市规划系教授张庭伟指出，“CBD 向 CAZ 的发展体现了城市规划理念的发展，从单一功能分区向多功能混合使用，从重视物质建成环境转向强调生活品质，从强调总量增长转向提升生活质量”。

与 CBD 相比，CAZ 主要存在六点不同之处。一是 7—24 全时段活动，多种功能复合共存，保障区域人气和活力能够延伸到一周 7 天 24 小时。二是区位覆盖更广，CAZ 可位于城市中心地区，也可位于城市分中心地区，成为分中心的经济依托。三是产业更加多元，除金融商务外，覆盖文创、信息经济、休闲娱乐等多类产业，不仅服务区域经济，也服务城市居民。四是重视居住功能，CAZ 普遍设置一定比例的居住空间，保障区间的人群基础和功能配置。五是步行主导的多层次公共空间，步行主导空间和道路设计，公园、广场、步道等多层次公共空间并存，为区域内生活工作的人群提供多样选择。六是服务人群多样化，用地功能多元化可吸引多样的消费者和居住人群，从而保持持续的经济活力和城市吸引力。

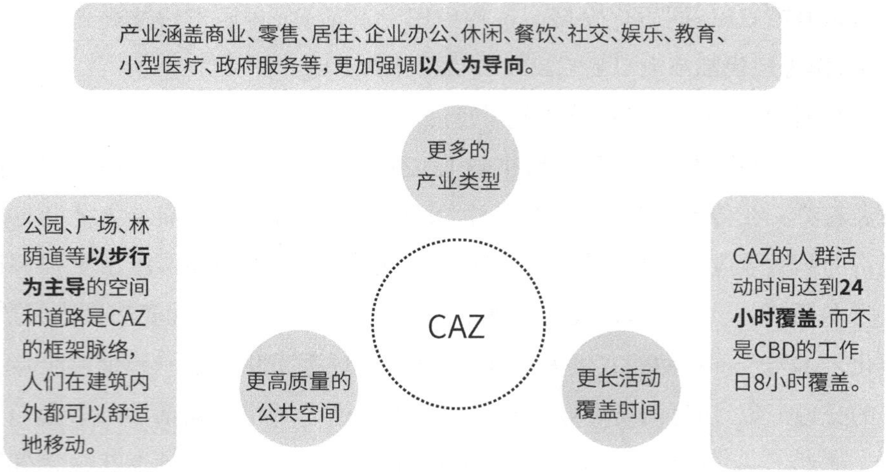

2. 全球 CAZ 实践

目前全球城市已经出现了 CAZ 发展理念的优秀实践，上海于 2016 年在《上海市城市总体规划(2016—2040)》里明确提出中央活动区规划思路，更是中国首个将 CAZ 正式写入规划的城市。

一是 CAZ 承袭 CBD 经济统领功能，继续担当区域的经济心脏。伦敦 CAZ 以全市 1.4%的面积，承担全市 75%的办公面积，贡献全市 55%的 GDP。伦敦 CAZ 中金融、总部、专业服务等传统经济统治力强的产业占比仍超过

50%。芝加哥 CAZ 则以全市 2%的面积，承担全市 55%的办公面积，贡献全市 40%的 GDP。

二是创新经济成为 CAZ 经济的新动能。科技回城的趋势愈加明显，以信息产业为代表的创新经济，在就业与经济贡献上逐渐赶上金融、高端商务等，成为伦敦经济增长的新驱动力之一。伦敦 CAZ 信息产业增加值占比已接近 25%，伦敦金融城的科技产业办公面积占比更超过 40%，东伦敦科技城更成为全球性的科技产业地标。

三是文创产业的经济带动效应明显。伦敦文创产业的单一产业增加值比重已超过 10%，成为仅次于金融产业的第二大产业，尤其以广告与营销、影视、IT 服务、出版与可视艺术等细分产业形成更契合中心城市基因的文创亮点，并形成对旅游、金融、科创等跨界就业岗位的有效带动。同时，通过对城市历史的挖掘活化凸显城市名片也是其重要作用。

四是商业更趋多元，引领城市风尚。伦敦以不同层次的商业集群组成具有较大规模和高品质的 CAZ 商业结构，使其成为具有全球吸引力的购物目的地。它包含一系列独一无二的商业中心和混合功能的商业集群，在提供零售购物的基础功能之上，针对不同客群发挥不同作用，横向拓展零售之外的业态和功能，纵向加深消费者的参与感和体验度。以商业为主的夜色经济更是助力伦敦 CAZ 和上海 CAZ 打造城市 7×24 小时全天候焕发活力。

五是活力高知人群回流迹象明显。伦敦 CAZ 与芝加哥 CAZ 的常住人口均呈现年轻化、高学历等特征。根据伦敦 2017 人口普查结果，伦敦 CAZ 20—40 岁人口占比高于伦敦整体约 3%。芝加哥中心区 2016 人口普查中位数则为 32 岁，45 岁以下受过高等教育的人群占比接近 50%。

六是扮演城市全球化的交互窗口。CAZ 是整个城市中吸引国际资本、国际人才最集中的区域。伦敦 CAZ 近 10 年吸收外资均位于全球前 2 位，年度来访国际人士占比接近 2 000 万人。同时 CAZ 也是城市集中向世界展示自己的窗口，是浓缩的城市历史记忆和现代文明的代表性区域。

(四)精炼上海老城厢"超级地标",打造中央活动区"文化心脏"的路径

综上所述,针对老城厢现状我们提出以下切实可行的更新路径。

1. 老城厢联合外滩万国建筑博览群共同申报世界文化遗产

有历史文化属性的历史风貌区已经成为上海实现城市有机更新的主要对象,大量单一历史保护建筑往往置身于历史风貌区中,形成彼此呼应、连带且功能叠加的复合城市空间。这些历史风貌区具有重要的塑造城市记忆、召唤居民情感的文化功能。例如,老城厢在近代是外省会馆密集的区域,来自全国不同地方的人在这里聚集,他们有各自的信仰和文化样式。体现在物质层面就是各地会馆建筑及其附属的设施,而这一部分建筑现在还是可以在老城厢踏寻到一些踪影。因此,会馆及其所携带的会馆文化是展现老城厢社会生态及文化系统的一个切入点,完全可以借此仅存的线索去挖掘其中的文化内涵。

在过往的城市更新进程中,因为未能做好统筹协调、协同开发的工作,这类历史风貌区的整体格局遭到一定程度的破坏。鉴于目前上海作为国际文化大都市指标中缺少世界文化遗产一项的状况,老城厢的更新与开发应从整个上海城市发展的高度来定位其文化意义。老城厢是上海城市的发祥地,不仅是传统中国城市发展过程中的遗产,还是老上海城市生活的容器,承载着江南文化等文化样式,与外滩近代以来的文化遗存共同构成海派文化的样本。由于老城厢内嵌内融在中央活动区内,北邻外滩万国建筑博览会(包括南北外滩和杨浦滨江),西邻南京路,与陆家嘴隔江相望,二者在空间上距离相近,综合起来展现了上海城市发展的脉络,也是最能代表和体现上海东西两种不同文化碰撞、融合并产生新的文化样式的地段,是近代以来中国城市发展的先驱。伴随近年来上海滨水空间的优化和提升,外滩和与老城厢密切相关的十六铺区域重新整合,可以说是二者结合的很好尝试。今后,还可以在此基础上挖掘老城厢的"码头文化"。老城厢在近代是水网交织的城市形态,现今许多含有"浜"字的路名此前都是河浜填埋而成。这些旧有的河浜上

本是大小码头林立，而十六铺码头则是其迎来送往的必经之地。以十六铺码头为节点，与老城厢内的旧有码头地址建立一个虚拟的水网体系，辅之以相应的码头文化符号、要素，可以让人们感受这一典型的文化样式。

因此，无论从两个区域近代以来文化上的关联还是对城市发展的联动来说，都具有全球意义，有望将其塑造为全球独一无二的、既有国际品味又具有东方魅力和江南特色的城市区域。

2. 区域联动、合理分工，打造中央活动区

近年来，在全球城市出现中央活动区（CAZ）新趋势下，上海可以对标伦敦等全球城市的成功经验，探索上海老城厢促进全时段活力、广区位覆盖、多元化商业、多服务对象、多层次空间的复合发展路径和模式，发挥老城厢距离外滩人口聚集度高区域的优势。

2018 年，《上海市城市总体规划（2016—2040）》提出，上海将用 24 年升级 CBD 为 CAZ。展望上海未来发展情况，应将老城厢与外滩、陆家嘴等原有的 CBD 和未来的北外滩区域相融合，探索如何驱动兼具生态、公园、海派和江南文化的上海 CAZ 中央活动区的创新之路。将老城厢打造为集居住生活、企业办公及政府服务于一体的多功能活动中心区域，不断升级，更好地服务于不同阶层的城市居民和旅行者。以老城厢为“文化心脏”的 CAZ 有望能成为吸引国际资本、国际人才集中的区域，扮演上海全球化的交互窗口，成为让世界惊艳的城市活力之源。用多功能、多元化吸引多样化的消费者和居住人群，从而保持持续的经济活力和城市吸引力，在文化和经济之间达到最优化收益。比如可以利用老城厢各社区文化中心目前开展的传统文化项目，既满足日常文化需求，又可以作为文化品牌项目向外推广，文旅结合。

在此规划中，老城厢的历史文化资源得以开发，历史文化样式借以存续，并在此基础上借助 CAZ 产生经济效益。一方面契合了上海城市人文发展的需求，另一方面也给老城厢注入了活力。该 CAZ 产业经济和区域功能的发展特点，体现在空间规划上，即形成多元功能复合的特征。除了外滩、陆家嘴原本的金融等空间功能，将预留一部分场地空间给其他产业，以保证业态的弹性与多样发展。而这一部分城市空间主要位于老城厢，其中的文化创意产

业、娱乐休闲产业等都是该地区提升整体品质与吸引力的重要力量。另一方面值得关注的是,CAZ区域内部可以划分出不同层级或不同特色的片区。老城厢、外滩、陆家嘴、北外滩虽然在功能上有所不同,但在文化和城市发展阶段、开发方式上四者之间是有时间序列的,缺一不可。因此,老城厢作为CAZ片区中重要的一环,既能完善,也能形成特色。

3. 挖掘传统文化,把老城厢塑造成上海新超级地标

老城厢历史风貌区是上海城市的重要精神内核所在。城市精神内核由城市的历史传统、文化底蕴、发展特征、时代风貌和价值追求共同构成,规范和引导城市的未来。在中国,城市精神内核既与民族精神高度吻合,同时也是在市民中滋生繁衍的,体现了生活在城市中的"人"的精神。因这两个维度因素的影响,上海的城市精神品格内核在历史维度上是不断发展的,兼备历史性、民族性、时代性、人文性和变异性的特点。在新的发展格局中,上海要进一步培育和彰显城市精神内核,其中文化层面又是精神内核的核心。

老城厢的历史特点和文化特色,决定了她是作为"上海之根"而存在的。老城厢是江南文化与城市结合在当今上海留存较为完整的唯一区域,其范围不仅是在中华路、人民路以内,小南门以外、十六铺及老西门周边都深受传统县城发展的影响。伴随上海城市更新的加速,传统文化在上海越来越弥足珍贵。老城厢的文化形态包括物质的,也包括非物质的,二者是相互关联并转化的。大概20世纪八九十年代,老城厢各街道镇就民间故事、民间歌谣、民间谚语进行过访谈整理工作,并形成油印本的《民间文学三集成》,这些都是老城厢有形的文化资本,应该突破区域限制,将其上升为上海城市文化的宝贵资产。

此外,老城厢内至今还保留着大量体现传统城市零售商业、人口分布格局、文化发展脉络、原生自然环境的街巷、老地名、地界碑、俚语、戏曲、民间信仰、河流桥梁旧址等。这些要素体现着江南文化和近代上海移民文化的特质,蕴含着自由经商、崇尚自然、多元社会网络等丰富的精神和逻辑文化。伴随老城厢的更新,将这些要素嵌入到焕新后的城市空间,打造上海的"文化心脏",注入新的文化要素和展现形式,有望成为整个上海城市新的超级文化地标。例如目前老城厢豫园街道的评弹展演,吸引的关注是来自上海其他区域

的，甚至包括许多外来的观光者。这就证明，老城厢所展现的文化精神是代表整个上海城市的。传统文化成为超级地标，不仅回答了城市从哪里来，也解决了城市到哪里去的问题，用文化自信带动城市自信。

4. 复原水网交织，庙、园、市共存的江南自然、人文景观

传统老城厢是庙、园、市三种功能叠加的复合空间，这也是中国历史上大多数著名都会的发展模式。在近代以来上海城市的发展史上，除去浦东开发，老城厢与闸北区域是华界规划并开发的城市区域，不同的是闸北当时深受西方城市规划与资本的影响。因此，老城厢的城市格局与规划理念是上海最具中国特色的传统市镇模式，人文与自然相互交融。可以说，老城厢现有的地名、路网构成距离上海市中心最近的江南景观模糊意象。

水网纵横所形成居民点、商业点零星分布的传统城市格局体现出自然与人文的和谐相融，也是江南文化的底蕴所在。如果能适度复原这一城市形态，打造都市里的田园这一新场景，塑造市民的历史记忆、召唤其对“地方”的情感认同，无论是在生态上还是文化上都会给城市带来很大收益。具体来说，可以重启“蓝绿丝带规划”，以一水救活老城厢，恢复方浜中路填没的河道，引黄浦江水至豫园湖心亭，让黄浦江的风吹到新天地。用竹林、水杉和冬青等绿化墙来恢复老城墙轨迹，用连接黄浦江的河浜水系来连接城内交通。在文献密集记载的河浜、桥梁中选择一部分进行地名复原和桥梁复原。以TOD模式组织城市区域土地利用，即以公共交通为导向，将居住地、就业地等与公共服务、观光休闲地等集中到轨道等公共交通周边。在城市更新中既未丢失传统要素，又能唤醒生态机能，打造世界级风景和城市更新样版，做到离历史最近、离现代最近、离未来最近。最终，探索出有机田园风光与现代都市中央活动区融合的新CAZ和“TOD+休闲”“TOD+居住”“TOD+生态”的模式，向世界展现最能代表中国特色的未来城市发展模式。

小　结

随着20世纪90年代中期经济地理学的“文化转向”，作为城市软实力核

心的文化创新研究日趋重要,城市代表国家形象的意义日益凸现。同时,产业转移的压力促使城市作为主体参与全球竞争,伴随其间的全球趋同现象也使城市文化成为塑造地方特色和提升地区竞争力的重要资源之一。另一方面,经过数十年的高速现代化,我国的城市开始迈入追求功能品质和美好生活的新阶段,从追求城市外沿的大规模扩张,转向城市建成区的总体提质升级。探索实践全球卓越城市发展规划的新趋势、新理念,更有助于保障新阶段的高质量发展,从中央商务区转向中央活动区的发展思路进入我们的视野。

城市文化特质的基本要素是人、场所、产品,其认同性的构建需要系统的都市空间策略,并要立足于历时和共时维度的场所语境的塑造。上海的文化特质在打响"上海文化"品牌战略目标的引领下,明确由红色文化、江南文化、海派文化组成,要注重建设城市公共空间,鼓励市民积极参与文化活动,刺激文化消费,培育文化市场。老城厢的更新应确立以人文精神为核心,以文化传承及发展为主要突破口。将人文遗产内化到城市空间、市民素养等各方面,形成具有高度认同感和特色的城市精神。这不仅可以产生很强的社会凝聚力,还可以对外形成吸引力。

在此基础上,老城厢的城市更新应该利用区位优势,不仅关注遗产的历史特性,更注重遗产的未来潜力,让物质空间方面的振兴式保护能够形成一种引人入胜的公共领域,实现历史价值、文化价值与未来价值、经济价值的平衡。

建筑语法、发明传统与城市再生

——以申园为例

叶祝弟①

摘　要　以“一江一河”为标志的人民城市公共空间营造，正是一次新的起兴，背后蕴含着新的勃勃生机。申园不是数字时代刻意营造的桃花源，亦不是文人式的文化乡愁，它始终是面向民众的，它的活力来自城市渊源自有的世俗精神和开放进取。申园要打破的是雅俗界限，要制造的是雅俗共赏。再造申园，表面上是通过发明传统，重复讲一个过去的故事，实质上是以倒退着走的方式走向城市的未来。申园寓意着江南美学的回归和再出发，是在更加开放的视野下，以海纳百川的气概吸纳和接通世界，集万物于一心。

关键词　发明传统　城市叙事　全球地方化　城市再生　集体记忆

城市叙事是全球化时代城市软实力建设的重要组成部分。城市叙事固然是展示城市形象的一种方式，但更重要的是，它是召唤和重构城市居民的集体记忆，进而增进城市居民的文化认同，增强文化自信。张旭东在《全球化时代的文化认同——西方普遍主义话语的历史反思》中提出一个重要命题——“如果要了解作为意识形态的后现代主义和全球化，就必须考虑到如下问题：这两者如何在西方都市中心和西方以外的镜像城市（即西方中心城

---

①　作者简介：叶祝弟，《探索与争鸣》编辑部编审，上海文化研究中心特聘研究员，主要从事20世纪中国城市文学研究，当代文学、文化思潮研究。

基金项目：本文系国家社科基金一般课题“情感地理视野下的现代上海城市书写研究”（2019BZW134）的阶段性成果。

市的摹本)生产出日常话语?”[①]张旭东的命题隐含着一个困境,即在以西方中心城市为主导或者摹本的现代城市叙事流变史中,中国城市如何避免沦为西方镜像的命运,一如我们曾经将引以为傲的上海作为“东方的巴黎”的表述,这实际上隐含着文明的等级和势差,更不用说在中小城市狂飙突进的城市化过程中,各种各样山寨版的“威尼斯”“卢浮宫”“埃菲尔铁塔”“哈尔施塔特”。

今天在建设国际文化大都市的进程中,我们当然要突破这种东方主义式的影响,对于一个具有蓬勃进取心的城市来说,对标世界一流城市无可厚非,因为这可以从中看到自己的不足和差距,但是城市的叙事方式,却只能是自己的。在构建中国式现代性和再造文明新叙事的当下,上海不可能跟在其他城市后面亦步亦趋,也即上海不可能满足于或者止步于作为他者的“镜像城市”,它要在自己的文明谱系和日常生活中,创生出属于自己的独特语法。

一、中国城市叙事的“特殊改进”与“充实普遍”

对于中国城市而言,如何处理好特殊与普遍的关系,如何发明传统和融入日常,正如李泽厚先生所说的“特殊改进和充实普遍”,“这才是中国现代化的创造之路和这路对人类的意义”[②]。借鉴李泽厚先生的观点,“特殊改进”和“充实普遍”这种貌似调和、实际上更加有进取心的“创造之路”,不失为现代城市叙事的新方向。所谓“特殊改进”,落实到现代上海城市叙事,上海不能仅仅是特殊的地方,上海实际上是世界的上海,海纳百川的品格决定了上海自带普适的一面,代表着一种更为共通的、与世界接轨和对话的价值理念,更应该与世界美美与共。所谓“充实普遍”,就是作为社会主义国际大都市,不是抽象的普遍,而应该在坚持中国式现代化的大思路下,用上海自身的文脉

① 张旭东:《全球化时代的文化认同——西方普遍主义话语的历史反思》,上海人民出版社,2021年,第93页。

② 张旭东:《全球化时代的文化认同——西方普遍主义话语的历史反思》,上海人民出版社,2021年,第611页。

来涵化、具象化普遍，这种文脉不仅不应该被视为落后而弃如敝履，而应得到保护、充实、活化和弘扬。在全球性与本土性之间，城市建设既要有全球的视野，同时又要更多保留、再造本土文明，而且这种本土文明经过现代性改造后，更加具有生动的底蕴，更加具有全球文明的气息。今天上海所念兹在兹的红色文化、江南文化和海派文化的三位一体的全球—地方叙事，正体现了这一传统与现代、古典与未来共存、沟通的思路。

近年来越来越得到人们认同的全球地方化的观点与李泽厚先生的思路有相同之处。全球化时代的一个重要主题是认同问题，摆脱全球主义和民族主义二元对立的叙事窠臼，深入城市的内部，找准城市或隐或显的文脉，型构关于“我城”的叙事，为构建现代城市认同带来了新可能。在这个维度下，讨论上海城市叙事，就需要放在百年未有之大变局的大历史中进行考量。从万邦为首的天下秩序到“广览地球”，从民族国家再到全球地方性的讨论，关于全球化与地方化的辩论、对抗，百年来从来没有停息过。

全球地方化抑或全球在地化是解决普遍与特殊/世界主义与民族主义之间矛盾的一个思路，该命题最初由美国社会学者罗兰·罗伯森于20世纪90年代所创用，将英语“global”（全球的）和“local”（地方的）连缀为“glocal”（全球地方的），进而形成名词化表述“glocalization”（全球在地化或者全球地方化）。这个名词从起初的用以表征“生产某种具有标准意义产品的同时，迎合特定市场或个别爱好以打开产品销路”的经济学基本理念，改造为“全球”与“地方” 两个主体的互动过程，其“核心动力学包含了普遍的特殊化与特殊的普遍化这一双重过程”的文化学基本理念，也即“个别事物普遍化”和“普遍事物个别化”的双重过程。① 这一思路跟李泽厚先生提出的“特殊改进和充实普遍”有异曲同工之妙。此后，鲁多梅托夫等以全球化研究的“glocal turn”（全球地方性转向），总体描述近年来全球地方化研究在人文社会科学领域的兴起及其引起的理论和方法论“变容”。颇为有趣的是，相对于西方把全球地方

① 关于“全球地方化”概念论述和理论流变的梳理，可参见吕斌、周晓虹：《全球在地化：全球与地方社会文化互动的一个理论视角》，《求索》，2020(05)；宋道雷：《“全球地方化”及其悖论：城市空间面临的治理和文化挑战》，《山东大学学报》(哲学社会科学版)，2020(02)。

化看成一个经济和文化概念，中国的历史学者则倾向于将之看成是一个政治—历史概念，如章开沅先生就把全球地方化看成是解决世界主义和民族主义矛盾的一种折中的方案。①

2021年年底建成开园的上海世博文化公园，便是一个在全球地方化转向视野下考察传统发明与城市再生关系的重要案例。2021年年底，位居黄浦江畔的上海世博文化公园(北区)开园。这是一座在2010年上海世博会原址基础上新造的主题公园。10多年过去了，上海世博会的喧嚣之声依然回响在人们耳边。上海世博会不仅给中国人带来了全世界精彩纷呈的工业产品和建筑艺术展览，而且也向全世界呈现了更加开放、更加包容和进取的上海形象，同时还因为本届世博会提出“城市，让生活更美好”的口号，而激发了更多人对城市生活的向往。当然，城市自身的歧义性、复杂性和多元性，也引发了学界公开或者私下对这一口号背后的理念的争论，引发了关于美好生活及其文明形态的思考和追问，即城市一定会让生活更美好吗/什么样的城市才能让生活更美好。相对于历史和现实而言，所谓的美好城市更像是一个遥不可及的乌托邦。关于城市的价值和伦理的追问，也是莫尔、霍华德、迪格斯、芒福德、柯布西耶、雅各布斯等西方城市思想家们长期以来孜孜不倦研究的话题。一部20世纪城市规划与设计的思想史，从田园城市、光辉城市、芭蕾城市、原真城市，再到区域城市、纪念碑城市、公路城市、信息城市和数字城市，基本上也是围绕上述命题展开的观念交锋和对话的历史。

对全球地方化转向视野下的城市传统发明、地方营造与城市再生关系的讨论，除了在“特殊改进和充实普遍”的路径上重构城市的个性和特色，还必然涉及城市建设的主体和目标问题，即城市建设的目标是什么，这必然涉及城市建设和生活在其中的城市主体的关系问题。“城市，让生活更美好”，表明了人们对理想城市的良好期许，但放在城市建设的目标与城市主体的关系中来考察，依然存在进一步讨论的空间。第一，谁的城市让生活更美好？事关城市主体问题，指向城市中的空间正义等城市权力/权利问题，这也是现代

① 相关论述可参见章开沅:《辛亥百年遐思》,《近代史研究》,2011(04)。

城市一直努力解决却又无法彻底解决的难题。第二，城市真的会让生活更美好吗？这种疑问既是对城市乌托邦思想虚幻性的质疑，也残留有对乡村世界的某种滤镜式的怀旧和赋魅想象，更交织有对城市现实生活残酷性的某种不满。第三，如何界定“美好”？即“美好”是一个高高在上的既定目标或者仅仅是一个空洞的华而不实的口号，还是“美好”本身就存在于不断纠偏、不断搏斗的充满韧性的城市建设过程中。如果是一个高高在上的理想目标，那么“理想城市是和谐与秩序价值的体现。它包含了人类永恒的愿望，即成功创造一个平衡的社会结构，在那里人类活动的环境满足人们的需要，诸如城市生活密度过高、拥堵、肮脏、犯罪、贫困和不平等的古老弊端被克服。理想城市保障居民的舒适、正义、快乐、整洁、美丽、健康和幸福”①。问题是，这样的理想目标从来就没有实现过。如果“美好”代表的是一种向理想目标不断迈进的过程，它首先要承认城市实际上并不美好，城市也未必真正通向美好，在此过程中甚至蕴含着挫折甚至是倒退，但是纵然是城市本身的杂乱无章、纵横交错的不完美现实，却因为城市中的人对其赋予了感情、怀有了温度、铭刻了记忆并寄托了想象，所谓恋恋红尘和饮食男女，实际上是城市体验也是“城市美好生活”的一个重要组成部分。第四，追求美好的初心也有可能带来意外结果，即所谓好心办坏事。晚近以来，西方国家城市越来越盛行的绅士化运动，将穷人驱赶出城市，忽略了城市少数者的生存权利，这实际上是以美好城市的名义制造了一种新的不平等，本质上也是与美好城市的理念相悖的。更何况这种按照某种既定的标准所强行达成的整齐划一的城市样态，不仅与追求自由和个性的人性是相悖的，而且在现实生活中也是永远无法实现的，即使能实现也不可能长久。正如弗朗西斯卡在《理想城市》中所揭示的那种深刻矛盾一样，“《理想城市》因其完美的线条和秩序而备受赞赏，也因其画面的无生机与空旷而被谴责。被弗朗西斯卡笔下理想化的有序图景和城市作为一种繁忙、活泼、混乱的存在的普遍形象之间的显著矛盾，揭示出理想城市

① [美]雷·哈奇森主编：《城市研究关键词》（上），陈恒、王旭、李文硕译，生活·读书·新知三联书店，2022 年，第 379 页。

概念中的关键问题：按照某种标准和逻辑表达呈现出的某些理想状态，在现实生活中根本不存在。”[①]巴伐利亚未能为民众提供真正的舒服与满足而沦为一个失败的案例，狂飙突进的新城运动中留下大量鬼城、遍布当代城市中的各种奇异建筑，可谓始于对“美好城市生活”这一名义的实践，最终又是对这一理念的疏离和背弃。

在全球地方性的视野下审视现代城市，既关涉历史，又直指当下，还面向未来，如南京往往被描述成悲情城市，西安则因帝都的陨落而被描述为废都，沈阳等老工业基地城市则往往被描述为改革的失落之地，而深圳则因其开放和忙碌而被描述为野心勃勃的现代之城，雄安新区则代表了社会主义现代化新城的样板和未来方向。在这个维度上，作为中国最具国际视野的城市，上海如何践行美好城市的理念，如何为自己的城市找到它应有的方位，就成为一个非常重要的难题。上海向来以魔都被人们所津津乐道，但是这种在民间具有高度认可度的说法也仅私下流行于民间，不见于官方文件。这是因为，即使如城市营运者，如何平衡历史遗产与现实政治之间的关系，依然是一个需要小心翼翼面对的问题。与这种小心谨慎相对应的，上海正在推进的“一江一河”城市更新，则是一场声势浩大并能带来巨大城市美誉度的城市经营活动，这项可以与 18 世纪巴黎改造相媲美的城市更新运动，以一江一河为纽带，以打造人民城市为自己的使命，赋予了城市鲜明的人民属性。通过水岸线公共空间的贯通和城市人文景观的再造，深刻改变了上海的城市空间布局，进而更加深刻形塑了上海具有公共性和互动性的城市文化和城市品格。

二、造园：“结庐人境”与“感官赋魅”

作为上海“一江一河”城市更新的重要组成部分，世博文化公园面积约

① [美]雷・哈奇森主编：《城市研究关键词》(上)，陈恒、王旭、李文硕译，生活・读书・新知三联书店，2022 年，第 379 页。

2平方千米，第一期开放的公园北区占地0.85平方千米，主要由静谧森林、世博花园、申园、中心湖等景观片区和景点组成。在这座以世博文化命名的公园里，遗留的世博馆其实只是其中的一部分，由包括法国馆、意大利馆、俄罗斯馆、卢森堡馆在内的四个保留场馆改造而成，远眺这些各具异域风情的高大建筑，依然能够感受到当年人声鼎沸的盛况，并能激发存贮在脑海里的文化记忆。世博文化公园最令人瞩目、也最让城市主政者自豪的是，公园临江地带凭空砌起一座古典江南园林——申园。不言而喻，以上海的简称——申命名的申园，寓含了独一无二的文化意义和文化雄心。

申园所处的浦东世博原址，位居黄浦江畔，卢浦大桥下，虽处于城市内环内，但闹中取静，可避城市之喧嚣，虽无山林，却有野趣。申园的相地、立基、屋宇、列架、装折、栏杆、墙垣、铺地、掇山、选石、借景，均遵循中国古典江南园林营造的法则。园林崇尚道法自然，背后则体现了中国人的生命哲学思想。中国最早的造园著作《园冶》认为，造园，首先是相地，相地合宜，构园得体，造园之地，山林地最胜，因山林地“自成天然之趣，不烦人事之工”①。按照规划，上海世博文化公园不仅要造园、理水，还要堆山，利用现代造林技术，平地而起一座高山，这是现代都市的蛮力，也自带一股气势。

造园即造境，申园中的石、亭、廊，构建的是一个有机的、微缩了的宇宙世界，亦受到“虽由人作，宛自天开”的“天人合一”的宇宙观的影响。② 古典江南园林寄托了士人“足矣乐闲，悠然护宅”“寻闲是福，知享即仙”的理想生活。古代文人士大夫将园林建筑于城市之中，是失意之后的退隐，希求隐于市，在城市山水中享受田园生活，是另外一种别有怀抱。现代城市园林则是另外一种追求和明志，筑山、理水、植造、营建的过程，也是一个借助重新命名、再造意义系统的过程。命名即定义。申园将园林中的殿、厅、堂、轩、亭等分别命名为邀月堂、玉兰馆、赏心厅、烟雨楼、一览亭，这些命名借用的是江南文脉最为经典的意象。园林中的假山以太湖石垒成，太湖石“性坚而润，有嵌空、穿

① 具体可参见计成:《园冶》,重庆出版社,2019年,第16—23页。
② 具体可参见计成:《园冶》,重庆出版社,2019年,第16—23页。

眼、宛转、险怪势”“此石以高大为贵,惟宜植立轩堂前,或点乔松奇卉下,装治假山,罗列园林广榭中,颇多伟观也”①,以其透、漏、瘦的物性,唤起江南的灵性。“一勺则江湖万顷”,设计师亦再造了申园八景,并依次命名为醉红映霞、古柯晚渡、玉堂春满、松石泉流、曲韵天香、秋江落照、烟雨蓬莱、荷风鱼乐。我们当然可以按图索骥,虽然词与物、词与景之间存在明显的罅隙和位移,但是并不妨碍在江南文化系统中浸润的每一位造访者,为之展开一番山水天地的追索和想象。

早在 1882 年,上海静安寺西侧就新建了开埠以来最早的私人花园,时人将之命名为申园。显然,这是开近代风气之先的佳构,其命名也显示了时人开放中的本土意识。可惜这座园林不久便被愚园合并,昙花一现。100 多年前沐浴着欧风美雨的私家花园,当然无法承载今日申园所彰显的微言大义。即使是申园所要致敬的晚明上海的日涉园、露香园,也只不过化为今日申园中的几个符号,比如申园只是借用和嫁接了日涉园的涉趣桥、露香园的露香池的符码,而名实则完全是分离的。然而,造园不仅是一种修辞,亦是一套语法,更是一套理念和精神,换句话说,用哪些元素,如何借用,背后有园林设计者和运营者的考量和计算。

对于今日上海来说,造一座申园,其立意显然不是在高楼林立的黄浦江畔复制一座如假包换的江南园林。申园不只是一座普通的园林,它显然怀有更盛大的气象,寄托了这座城市更深远的寓意。有人将上海世博文化公园对标为纽约中央公园,这其实是对上海世博文化公园的误解。1857 年,面对中心城区人口过多和缺少亲近自然的问题,现代城市公共园林的先驱奥姆斯台德与奥克斯合作,将纽约市内一块空地改造、规划成为市民公共游览、娱乐的场所,这就是世界上最早的城市公园——纽约中央公园。奥姆斯台德所倡导的“把乡村带入城市”的理念促进了公园作为新型的公共园林在现代城市的兴起。而霍华德提出的“田园城市”则是兼具城市和乡村优点的综合模式,这一理念是要打破城市社会与自然的畸形分隔。上海世博文化公园并不是要

① 计成:《园冶》,重庆出版社,2019 年,第 211—212 页。

成为西方理念的镜像和摹本，它的公共性和开放性，实际上展示的是城市的人民属性，而申园则是借用各种文化资源，以海纳百川的气魄，在世博会遗址上新建一座面向公众的开放江南园林。传统江南园林寄寓了文人士绅的理想，其表现出的“书卷气”和“隐逸”，是刻意与市井气、流俗区隔开的，“园既成矣，而又要主人之相配，位置之得宜，不可使庸夫俗子驻足其中，方称名园”[1]。然而，申园是一座现代公共园林，它沟通上下和雅俗，虽然在构造上遵循江南园林的法则，但是在精神气质上，完全是现代文明的气韵。一方面，它要在台阁亭榭的营造方面保留传统江南园林的美学风格和艺术精神；另一方面，它并不拒绝市井气，也不拒绝日常生活，它恰恰践行的就是沟通雅和俗、传统与现代。比如在造境上，它并没有完全打造一方封闭的壶中天地，它与周边的现代建筑之间处处构成互动和对话的关系，并时时提醒造访者，这并不是一座古典意义上的江南园林。正如桑内特在《肉体与石头》中所论，“绝大部分的现代建筑都已失去了外观上的美感；呆板、单调，整个都市环境让人了无生趣。较之现代人对于身体的感觉与自主性的重视，这种感官剥夺（sensory deprivation）更加显著”[2]。当拍照打卡代替了曲水流觞，机械时代的复制代替了文人诗词唱和，传统似乎失去了原先的土壤。但是我们不必拘泥于原真性，从某种意义上说，申园是在再续和再造传统，也是在召唤一种失落的江南城市诗意。申园所昭示的对自然的亲近、对人的内心的凝视，再一次将踟蹰街头的都市人拉回到日常生活，在“感官赋魅”中弥合了诗意和日常的边界和罅隙。在《游园惊梦》中，杜丽娘和柳梦梅在后花园上演了一场“情不知所起，一往而深”亦真亦幻的梦境，“结庐在人境，偶有车马喧”，现代都市人无法像古人那样“得意忘言”，但是在一座江南园林中做一次“感官赋魅”，却是可行的。

---

① 钱泳辑：《履园丛话》卷二〇《造园》，《笔记小说大观》（第 25 册），江苏广陵古籍刻印社，1983 年，第 154 页。

② ［美］理查德·桑内特：《肉体与石头——西方文明中的身体与城市》，黄煜文译，上海译文出版社，2011 年，第 1 页。

三、申园/《天香》：建筑/文学如何“构虚”与“实证”

我们需要进一步追问的是，为什么要选择在世博文化公园中建造一座江南园林？上海世博会已经留存有一座世博会中国馆，并改造为中华艺术宫，成为这座城市的艺术地标。中华艺术宫以城市发展中的中华智慧为主题，表现出的是“东方之冠、鼎盛中华、天下粮仓、富庶百姓”的中国文化精神与气质。世博会中国馆代表的是中国文化的正典传统和国家美学，而江南园林是被全球化和民族国家叙事所忽略的地方传统，代表了一种新的全球在地性——全球与地方对话、沟通的努力。

申园是黄浦江滨水公共空间的一个纵深组成部分。近年来，上海试图通过“一江一河”的改造和再造，打造一个环境共享、交通可达、空间开放、历史文脉延续、人人共享、人人共治的多样态公共空间，江南园林无疑涵咏和丰富了这一样态。借助一个既古典又现代的空间，有利于将江南文化和海派文化这两个传统统一起来，这样做当然不仅仅是向传统缅怀和致敬，更是借此对城市未来之路的创新思考。抑或对于一座不甘平庸的城市来说，朝向未来首先是要面对和铭记过去。

园林不仅是一个现实空间，更是一个融合想象空间、记忆空间的意义场所。其一建成，便不断被后人造访和记述，其形象也不断被改写。江南园林是一个混杂着梦想和记忆的复杂文本，既包括建筑自身的文本，也包括由诗词歌赋及文人唱和的再生文本。如围绕着沧浪亭、拙政园等江南名园和滕王阁、黄鹤楼等人文建筑景观，历代文人骚客所展开的题额、石刻、楹联、绘像、诗赋、游记，构成了另外一个更加繁复的纸上园林，并在岁月的磨洗中凝结为中华文脉中悠久的文化记忆。① 围绕着园林及其意义再造，建筑和文学各展所长，也有重合之处。清代钱泳所辑的《履园丛话》中所言“造园如作诗文”，

① 这方面的阐述，可参见李孝悌：《恋恋红尘——明清江南的城市、欲望和生活》，广西师范大学出版社，2022 年；季进：《地景与想象——沧浪亭的空间诗学》，《文艺争鸣》，2009(07)，此外也可参阅商伟：《题写名胜：从黄鹤楼到凤凰台》，生活·读书·新知三联书店，2020 年。

造园和作文之间的共同点在于，“必使曲折有法，前后呼应；最忌堆砌，最忌错杂，方称佳构”①。建筑和文学首先呈现为一种叙事技巧，既可以写实也可以虚构，是虚构的写实，也是写实的虚构。雷尔夫曾言，“我们不应该把地理学和文学看成两种不同的知识系统（一种是虚构的，另一种是真实的），我们应该把他们看作是相同类型的写作，这样就体现出了‘文学写作的世故性和地理学写作的想象力’”②。当然，建筑和文学之间并不一定是先后或者并行的关系，有时候也可以逆写，有时先有文学文本，再有建筑本文。如同先有小说《纯真博物馆》，再有了伊斯坦布尔街头的纯真博物馆。申园因上海得名，虽然凭空造园，但确有底本，露香园是它的底本之一。巧合的是，王安忆的小说《天香》也以露香园为底本，从这个维度上看，可能让设计者也意想不到的是，作为江南园林的“申园”与《天香》所虚构的纸上“申园”，构成了一种巧妙而复杂的互文。《天香》讲述的故事起于嘉靖三十八年（1559），止于康熙六年（1667），天香园的主人姓申，小说以造园起兴，造楼、筑园，申家大家族从兴盛奢华到繁华落尽，以及天香园里的绣品（顾绣）从富贵人家的女工散落至民间，在民间开枝散叶。这一姓申的家族史，何尝不是一部上海开埠之前的前史，诚如陈思和教授所言，《天香》是“一部商品经济的萌芽在中国江南出现的‘前史’”，作者写园，是借史志和想象，见史识，觅史心，追索的是“当下上海的精魂——究竟是一种什么样的泼悍、生辣的力量才能让上海历经轮回却生机依旧？上海为什么会由生而死却又必然起死回生”③？这是一个事关上海现代命运的大命题，应时而生的申园亦又何尝不是来追索和回应这个大命题。有学者认为，《天香》是从“实证”到“构虚”，那么申园反过来则是从“构虚”到“实证”，二者都追摹露香园，但《天香》成稿在前，申园落成于后。如果说露香园还是雪泥鸿爪，那么《天香》无意间构成了申园的前本。申园是工业文明与江南文化的一次嫁接，虽然这样的嫁接还显得生硬和稚拙，但是江南园林以

---

① ［清］钱泳辑：《履园丛话》卷二〇《造园》，《笔记小说大观》（第25册），江苏广陵古籍刻印社，1983年，第154页。

② ［英］迈克·克朗：《文化地理学》，杨淑华、宋慧敏译，南京大学出版社，2003年，第73页。

③ 陈思和：《〈天香〉与上海书写》，《当代文坛》，2018（05）。

一种自然而又强力的嵌入方式，凸显了上海城市软实力构建的新思路——在江南文化、海派文化的融合中构建新上海文化。

《天香》中王安忆讲述的上海前史，正是一部被“冲击-反应”模式所遮蔽的历史。从这个维度上说，《天香》是上海的前传，这种源自晚明江南内生的现代性的追寻，不是作家的孤芳自赏，而是历史的再次勃发，是与历史的对话。《天香》是文学界历史学界近年来引起广泛讨论的“冲击-反应”模式与“在中国发现历史”的争论的回应，文学家用自己的写作有力地参与了这一话题的讨论。江南园林的兴盛与明代中后期资本主义商品经济的萌芽紧密相连，没有商品经济的发展就不可能有巧夺天工的江南园林的勃兴。江南园林、工业遗存和摩天大楼，是商品经济繁荣发展的产物，更是来自民间的生机和活力。从摩天大楼、大桥码头到江南园林，上海的城市建设从对标、模仿和赶超的追赶式、狂飙突进式现代化逐渐走向自我发现、自我认同的内在现代化之路。这是一场现代城市反思，也是上海如何更加客观、理性地面对和追溯自己的来龙去脉的必然之路。江南园林是在快节奏的城市生活方式中，葆有一种慢节奏的生活韵律，在快与慢、历史与现实、传统与现代之间，展示城市韵律和城市思想，进而回应一个经典命题——什么样的城市才能让生活更美好。

申园立于卢浦大桥下，周边现代建筑环立。从空间的韵律和节奏看，在世博园中新建一座江南园林，实际上是有些突兀的，不同建筑存在着空间争夺。申园的空间禀赋实际上并不符合自然和谐、天人合一的传统审美观。现代城市高层建筑所带来的天际线的纵横交错和杂乱无章，从根本上制约了申园的空间视线延展的可能，也破坏了江南美学所追求的自然和和谐。对于设计者来说，需要突破自然禀赋，着力处理好作为传统江南叙事的申园与作为工业文明遗产的世博文化公园的融合问题，其背后实质也是在更大气象上处理好江南叙事与500年来工业文明叙事之间的融合问题。从长历史来看，申园所代表的诗性江南与世博遗址所代表的现代理性不仅并不违和，而且内在共享着同样的理路，它们共同构成了上海的历史、现在和未来。因为城市叙事最重要的是回到大地与人这一终极命题，在天地人之间，城市找到自己的脉络，安放现代人的心灵。

申园以“申”命名，虽然是一方小天地，却处处通往大世界。从内部来看，它别有洞天，自成体系，一草一木，立于天地之间，但是它的墙垣、回廊、台阶，却是处处开放的，触类旁通，处处通往外面的繁华世界，内和外是打通的。站在一览亭上俯瞰申园，亭台楼阁，碧波荡漾，黄浦江逶迤而去，巨轮犁开浪花，极目四瞰，卢浦大桥、陆家嘴摩天大楼、前滩新建的商务大楼鳞次栉比，无一不彰显现代性这一巨兽的蛮力。在《天香》中，来自杭州的吴先生初游上海，感受到的是一股“蓬蓬勃勃，无可限量”的野气。

> 似乎天地初开，一团混沌还没有散干净，万事万物尚在将起未起之间。别的不说，但看河埠码头的桅林，简直密不透风，走近去，立到帆底下，仰头望去，那桅杆直入擎天，篷帆的浆水味，江水的腥气，海的盐碱，扑面而来。……凡此种种，如箭在弦上，伺机待发。

这是上海的起兴，500 年过去了，黄浦江早已不可同日而语，但历史总是惊人的相似，上海正在构建社会主义国际文化大都市，以一江一河为标志的人民城市公共空间营造，正是一次新的历史起兴，背后蕴含着勃勃生机。由此可见，申园不是城市经营者刻意营造的现代桃花源，更不是寄托文人式的文化乡愁，它始终是面向民众的，它的活力来自这座城市文脉中经久不息的世俗精神和开放进取。它要突破的是雅俗界限，它要制造的是雅俗共赏，是古时文人所鄙夷的“乡佣村妇，估客狂生，杂沓欢呼，说书弹唱”①的烟火气，从根本上说，它与上海这座城市百年来流传下来的城市气息和城市精神是息息相通的。申园意味着一种西方文明激荡下的本土美学的回归和再出发，是在更加开放的视野下，海纳百川的气概吸纳和接通世界，集万物于一心。

阿巴斯根据都市空间与历史语境日渐薄弱的关系，将城市空间分为“真实空间”“超现实空间”和“虚构现实/仿真空间”，申园实际上不属于上述三种

---

① 钱泳辑：《履园丛话》卷二〇《造园》，《笔记小说大观》(第 25 册)，江苏广陵古籍刻印社，1983 年，第 154 页。

类型城市空间的任何一类，它不是历史空间原址上的翻新，也不是脱离历史语境的混搭，更不是完全建筑于虚构的仿真，它自有所本，它所描摹的对象是中国传统的江南园林。既然它不是一个真实的地方，那么它是假古董抑或是雷尔夫所说的虚假的地方吗？雷尔夫指责在城市建设中有意建造一些“虚假的地方”，它们存在于创造性的虚构空间中。从现象学角度讲，人们认为这样的地方是不真实的，它们是满足他者的发明而不是根植于当地文化内生的需要。它们的象征意义是外地人创作并针对外地人，所以它们是面向他者的。典型的例子是迪斯尼化的“超级巨型游乐场”或者是被雷尔夫讽刺为度假胜地的那些地方。[①] 从雷尔夫的定义来看，申园显然也不属于此类空间，它的构造不是为了吸引外地游客，如果是吸引外地游客，人们可以选择历史更为久远、艺术更为本真的苏州园林。申园的功能更多是城市未来发展理念的宣示，是为城市居民建筑一方可以休憩和游玩的日常空间，从这个意义上来说，申园与这座城市息息相通。

四、想象力与活化空间：迈向理想城市的可能通道

在“城市叙事与当代城市形象更新”的圆桌笔谈主持语中，笔者通过对以上海叙事为代表的当代城市叙事新动向的观察，发现当下中国城市正在兴起一场以回归城市内心、回归历史传统、回归日常生活的新城市运动，某种程度上可以将这种新城市运动解读为中国式现代化与人类文明新形态的理念在城市叙事领域的最新实践。

> 在经历了镜像城市、广普城市的短暂迷失后，中国的城市叙事逐渐将目光投向“内心”，即从他城走向“我城”，在寻常巷陌的烟火气中诉说城市的七情六欲和喜怒哀乐。这种城市叙事方式的回归，表面上是城市

① 相关论述参见[加拿大]爱德华·雷尔夫：《地方与无地方》，刘苏、相欣奕译，商务印书馆，2021年，第149—156页。

> 语法重组和形象再造，背后是欲望与记忆的重组，也是伦理和意义的坚守，更是城市权利的尊重和体认。城市是“流动而矛盾的整体”，城市叙事中那些“可能和不可能”令置身于其中的每个人沉迷；城市叙事又如同危机时刻的舟楫，正是在“接近城市生活的危机时刻”，城市叙事成为“城市的中心生长出来的一个梦想”；更多时候，它又是在日常的“流溯”中倒退着指向未来，它的发明传统、再造文脉，最终是“在未来建立信任和社会凝聚力”，面向未来寻找理想的城市家园。①

从这个维度来考察申园，在城市叙事的维度上，对申园所代表的新的城市叙事理应有更高的期待。也就是说，江南园林在上海市中心销声匿迹了150年后，在经历了欧风美雨的洗礼之后，在以西为师转为以中化西、中西对话的今天，一个城市决定把自己的传统迎回来，显然不是简单的归宗认祖，而是申明我们迥异于西方文明的某种传统和旨趣。在经历了中西汇通之后，我们理应推出更具标志性的文化叙事样态，抑或如李泽厚先生所说，在“特殊改进和充实普遍”的意义上，在吸纳西方优秀文明和中华传统优秀文明的基础上，创生出属于我们这个时代的新的城市叙事样式和生活样态，而不是简单地从对西方文明的模仿转向对江南传统的模仿，从一个极端走向另外一个极端。城市建设不是搭积木，应该有自己的活的文化样式和生活样态。如此审视申园，在肯定其立意的同时，其叙事语法的想象力方面存在的遗憾也是不可避免——不仅要再现历史，更要借历史想象未来。

城市叙事最重要的本质是其想象力，这种想象力指引着城市的未来，为达至理想城市建造可能的通道。再造申园，表面上是通过发明传统，重复讲述一个古旧的江南故事，实质上是以倒退着走的方式走向城市的未来。“城市叙事关乎未来，对过去的讲述虽然不会改变昨日的世界，却有可能通过影响人们的作为而让明天变得更为美好。”②如何真正创造出兼具地方—世界和

① 叶祝弟、屠毅力：《〈城市叙事与当代城市形象更新〉主持人语》，《探索与争鸣》，2022(10)。

② 傅修延：《城市叙事关乎未来》，《探索与争鸣》，2022(10)。

现代—传统的建筑语法，如何向未来讲述一个城市故事，是对城市叙事能力和水平的真正考验。与新天地所营造的“后现代空间嘉年华”不同，申园似乎更加在意的是原汁原味的复制，然而这种刻意的复制，却只能复制古典江南园林的皮相，很难复制其精神，更难出乎其中，在建筑语言上作出更大胆的探索和创新。从这一点来看，申园的创新性远远不如贝聿铭之于苏州博物馆。苏州博物馆可谓中西融合的典范之作，在融通中西的基础上，创生了自己独具一格的建筑语言和叙事样态，让人们看到了传统江南文化创造性转化的可能。事实上，近代以来，江南文化尤其是江南艺术一直在与西方文化碰撞和交融中走向新生，正如顾琴教授对近代以来以鬻艺为生的江南金石书画家，如赵之谦、任熊、任伯年、吴昌硕、赵之谦、来楚生、钱瘦铁、方介堪等海派书画印艺术的细致考察后发现，“近代同期的江南文化则兼容并蓄、灵动变通，落实到‘视觉江南’则是中西合璧、刚柔相济、开放与包容并存”[①]。海派文化跟江南文化碰撞融合后再生的建筑样态是石库门，100 年后的今天再造江南园林，理应诞生出更能代表中国式现代化之路和价值旨趣的建筑叙事图式——既具有传统风格，又颇具现代理念的新江南风格和叙事语法。这种新的建筑语法的探索，内在实质性地回应了今天城市建设的困境，如何真正把全球—地方落到实处，如何在传统中开出新路，如何真正做到对传统的创造性转化和创新性发展。在现代中守护传统，在传统中开创未来。申园在建筑语法想象力方面的遗憾，也是江南文化现代转型所面临的困境，这也是中国式现代化所要探索的融合创新的艰巨之路。

申园不仅是一座园林，更是一个公共生活空间。它只有被活化，才能真正成为上海这座城市的一个有机组成部分。活化的途径无非两条。一是向历史和城市打开，接续城市文脉，讲好申园故事。作为一个标志性的文化空间，申园不能仅仅停留在符号生产的层面，更应该在叙事和情感的维度融入城市历史之中。无论是 500 年前的露香园，还是 100 年前的申园，抑或是王安

① 顾琴:《“视觉江南”与现代世界——作为现代性先导的近代江南视觉文化》,《探索与争鸣》,2019(02)。

忆所建筑的纸上天香园，符号背后实际上都是有血有肉、可以触摸的历史。申园似乎还停留在传统符号的简单挪用层面，即从庭院命名和匾额题字留下的缺憾中，可窥见设计者历史意识和审美意识方面还存在较大的提升空间。二是向市民打开，让进入申园空间的每个城市市民都能从景物的观摩中，找到自己对这座城市的归属感和认同感，这才是申园面临的真正挑战，也是申园发展的机遇。因为地方感的唤起需要建基于人们经久日常的空间实践，随着申园的开放，人们在此中所产生的记忆、感觉和想象，必将与申园一道共同汇入上海城市叙事的历史长河中。

上海公共治理：城市品牌建设的“第五极”研究

——基于城市软实力提升视角

陆烨杰[①] 任 健[②]

摘 要 基于上海抗疫历程，城市民众在城市治理中的重要性得到凸显，“公共治理”为城市软实力提升提供了新的研究视角。本文在“制度-生活”的分析框架下剖析了作为一种现代治理模式的城市公共治理在城市发展尤其是在抗疫背景下的重要意义，并落实到上海城市发展与软实力建设层面，针对城市公共治理的品牌化的必要性进行了阐述。在此基础上，本文分析了公共治理品牌的构成要素与发展趋势。从上海现有城市“四大品牌”建设格局出发，本文对其成就与可能存在的缺憾进行了思考，提出了将“上海公共治理”品牌作为城市品牌建设的“第五极”，以此促进城市软实力提升与城市品牌可持续发展的若干建议。

关键词 上海公共治理 城市品牌 抗疫 城市软实力

自2017年以来，上海的城市品牌逐步形成了以“上海服务”“上海制造”“上海购物”与“上海文化”四大品牌齐头并进的总体发展格局，致力于依托上海的经济与文化优势形塑上海城市品牌，并取得了骄人的成就。但随着近年来新冠疫情在全球范围内的广泛传播，作为疫情与信息双重传播节点的“人”

---

① 陆烨杰，上海理工大学新闻传播学专业2022级硕士研究生。

② 任健，上海理工大学出版印刷与艺术设计学院教授。

的要素得到空前重视，相应的，城市品牌的建设环境也出现了新的变化：一方面，以全民抗疫为典型特征的广阔社会生活实践背景促使“夯实基层基础以凝聚群众智慧、引导群众有序参与城市治理”成为上海城市治理的经验性共识；另一方面，疫情防控与治理活动亦最终落实于城市对人的关怀，为增强城市软实力提供了新的切入点。在动态清零的疫情防控新常态背景下，城市品牌建设便有了在“四大品牌”格局中引入“第五极”——“上海公共治理”的现实需求。作为全新的一极，上海公共治理更深入地扎根基层群众，不仅是“全民抗疫”的必然结果，还有着补足与完善现有品牌建设逻辑的现实意义及促成“自下而上、由内而外”的城市品牌建设新格局形成的可能性。

一、“制度-生活”分析框架下的城市公共治理

在交通和传播工具的快速发展下，城市不断聚集起多元主体，成为具有综合性生产、消费和生活居住功能的社会管理和组织形态。交通的发展在物质层面构筑起城市贸易的流通网络；信息的对外传播则构筑关于城市形象的神话，成为城市社会稳定和发展的精神动因。二者最终汇聚于人的层面，意味着城市的发展始终与人息息相关。城市治理也因而在很长一段时间内几乎等同于“管理群众”。

在早期社会理论中，群众被理解为易受暗示的散沙，是缺乏能动性的个体集合，对社会整体的稳定和发展存在潜在的威胁，所以，一个便于管理的系统必须被建立，代表群众日常的“社会”和代表明确权力的“国家”构成两组实体，形成实体论的“国家-社会”框架①。群众被置于结构化的社会中理解，其行动仅仅是社会实体施加规范的结果，无需被单独分析。在这种框架下，城市治理理论便从“管理群众”具化为官僚制的公共行政理论体系。

到 20 世纪六七十年代，以欧美国家为代表的经济滞胀问题导致政府管理

① 刘梅秀、杨超：《“制度-生活”视角下社会自组织管理创新研究》，《华东理工大学学报》(社会科学版)，2020，35(06)：16—28。

出现严重危机,传统官僚制下的公共行政出现衰落[①]。社会科学领域出现了以常人方法学为代表的一系列注重日常生活经验和主体间运动的研究倾向。“社会”不再仅仅被理解为能代表或影响群众的结构性实体,而是一个充满矛盾的多元行动者网络。基于吉登斯的结构二重性理论,中国学者李友梅、肖瑛将这种新的社会研究视角发展为“制度-生活”分析框架[②]。

在这一框架下,人的日常生活成为着眼点。城市治理对“人”的关注日益增进,逐步迈入自治公治融合、治理主体多元化、智能化的“公共治理”时代,在现代治理体系的构建层面展现出城市软实力的善治效能。

(一) 公治自治融合化:从一元主体垂直到多元行动者网络

处于转型期的中国社会,城市治理更具复杂性、动态性和不确定性。传统的宏观分析框架由于存在遮蔽社会内部错杂关系的危险,对多元的群众诉求和动态更迭的社会矛盾缺乏应对力和解释力,便逐步失去其生长的土壤[③]。“制度-生活”框架则把相对稳定的正式制度与充满变动的市民日常生活勾连起来,打破了宏大叙事与日常叙事之间的壁垒[④]。在城市治理复杂化、政府一元主体垂直管理逻辑难以为继的情况下给出了城市地方政府自治与市民公治融合的多元行动者网络化治理的可能性。

传统城市治理依赖于理性主义构造的法律制度和科层制的结构性制度,城市管理者总是集约化地对市民进行管理,“牧民”以求城市长治久安。政府与群众的关系也受官僚制度限定,以不平等的单向管理满足“正式制度”背后少数利益相关者的日常生活所需。但不可否认的是,“制度”视角下衍生的一元主体自治逻辑在城市人口和利益相关群体相对单一、发展水平较低、社会稳定缺乏变动的背景下,对治理资源的整合和城市发展的原始积累有着不可

---

① 何翔舟、金潇:《公共治理理论的发展及其中国定位》,《学术月刊》,2014,46(08):125—134。

② 肖瑛:《从“国家与社会”到“制度与生活”:中国社会变迁研究的视角转换》,《中国社会科学》,2014(09):88—104,204—205。

③ Elizabeth J.Remick, *Buliding Local States*, pp.8—9.

④ 赵欣、何海兵:《城市基层社会治理的演进轨迹与变迁动力》,《华东理工大学学报》(社会科学版),2022,37(01):95—110。

替代的积极作用。

“制度-生活”框架确认了制度本身对市民日常生活的依附性：制度所指向的一元主体自治模式，归根结底由城市中复杂的行动者网络生成。无论在最初还是最终的意义上，陈述都是广大人民创造并为多元行动者所共享的存在。制度性的一元自治本身也是城市治理在特殊背景下的一种简化形式，所以公治无异于一种返本归元，是城市发展过程中愈发多样化的社会利益主体诉求的必然结果。于是，基于制度的政府一元主体自治向基于生活、强调社会共治、追求共同受益和社会集体目的达成的多元行动者公治模式的转变，逻辑上便合于特殊与普遍互补融合的规律。这一转变也并非公治对自治的完全取代，而是寓自治于公治之中，涵摄政府组织、社区社团、市民个体以及市场等多元主体，形成更具活力与效率的多元公治格局。

在制度与生活的互动框架下，一方面，多元行动者能以平等的姿态协商沟通，促成基于信任网络的城市共同体；另一方面，共治自治的融合并不意味着制度性自治的退位，而是从一元的、统包管制的模式向多元的行动者合作治理的网络模式的转变。党和政府仍处于核心领导位置，作为城市公共治理的“舵手”从多元行动者的日常生活中汲取经验，以规范多主体间的权责关系，塑造兼具制度性和共治性的社会治理网络，一面防止公治失范，一面促进治理稳健发展。

（二）治理主体多元化：公众及专业力量加入基层治理

习近平总书记强调，上海应不断提高社会主义现代化国际大都市治理能力和治理水平，构建经济、社会与城市治理有机衔接的治理体系。与传统的一元主体垂直自治相比，包括了市场经济、公众与社会专业力量与城市管理者的多元行动者，公治不再完全依靠自上而下的政府政治权威与单向度的管理模式。在向多元行动者公治发展的过程中，它强调治理主体多元化[①]，意味着传统城市管理中那些作为城市直接利益相关者却缺少话语权的公众和社

① 冯晓英：《公共治理视角下的城市管理》，《北京社会科学》，2009(06)：32—37。

会专业力量也能成为围绕在党和政府周围的治理主体。公众和专业力量的加入凸显城市治理的人本理念，在弱化政府依赖的同时也促进了多元主体合作，进而提升城市治理效率与公众社会参与感。

治理主体多元化能避免信息时代城市治理问题的扩大化。交通和信息传播工具的发展带来城市人口增加，市民关系网络复杂化，一旦治理中的任一环节出现问题，相互交织的行动者网络与发达的信息传播就会对城市公众生活产生不同层次的冲击，加剧决策失误的风险和城市传播危机的易发。通过引入多元治理主体，那些游离于一元主体视野之外的细小问题便能得到及时把控和处理，治理决策也将更贴近城市实际需求。此外，制度化的专家咨询、公众参与的规定落实、针对社会的信息公开和倡议式的协商治理，都能对一元主体的有限治理力量进行补充，并提升决策的科学度，防止治理问题扩大化①。

治理主体多元化是市民意识觉醒的产物，能维持社会稳定。人民是城市的主人，这就需要城市治理关注公众的利益、需求和参与治理的愿望，把马克思主义中群众观的政治思想贯彻到治理实践中来。对公众而言，不仅复杂多元的现实利益诉求推动着基层治理情绪的高涨，那些城市治理过程中因传统一元主体管理思维和治理方式而激化的矛盾也呼唤着公众的普遍参与。市民意识由此觉醒，城市治理只属于城市管理者职责的传统结构性观念逐步衰退，政府、公众和社会专业力量等多元主体“共建共享共治”新兴城市公共治理范式逐步成为共识。在此背景下，城市治理越发注重把人的感受作为标尺，从而在生活体验的软实力层面促进城市人居环境的进步，开创人民城市建设的新局面。

治理主体多元化还是社会分工专业化的要求，利于提升治理效率。对特大城市来说，人口是被细分的社会专业分工高效组织起来的，一方面，城市的发展反复确认社会分工的合理性，专业化、精细化的社会分工快速发展为城

① 蔡琴、刘志林、齐晔：《科学发展观背景下城市公共治理的挑战与对策》，《城市发展研究》，2008(03)：144—149，155。

市运行的常态；另一方面，社会分工培养出大批具有专业素养的公众和社会团体，成为具备处理复杂城市治理问题能力的行动主体。在社会分工专业化的今天，政府的大包大揽不再是解决治理问题的最佳途径，接纳高度分工的公众和社会专业力量成为多元治理主体，共同应对错综复杂的治理难题成为广泛共识。

（三）城市治理智能化：技术成果反哺后疫情城市治理

在“制度-生活”框架下的城市治理实现了从一元主体自治向以公众、社会专业力量等多元行动者主体参与的城市公共治理模式的转变。这是前文所描述的社会、经济和公众需求等多方因素的影响，也是技术发展的结果。无论是交通发展带来的城市扩张还是信息传播带来的城市认同感，都离不开技术进步的助推。

技术进步既是公众日常生活过程中不断生成的庞大需求产生的结果，也受制度层面的保障和鼓励。城市公共治理模式的发展实际上为技术革新提供了重要的制度背景和生活灵感来源。在具体的治理实践中，技术本身的发展也在不断反哺城市公共治理模式，促使城市治理走向智能化，形成逻辑自洽的循环。

技术进步能促使城市政府治理结构变革。随着内蕴开放、共享与分权之技术逻辑的互联网技术与日常生活深度融合，技术逻辑开始与公众诉求混一，传统一元主体垂直治理因其封闭性和单向性愈发难以满足技术催生的庞大需求以及公众日益觉醒起来的开放意识和参与意识。作为回应，城市政府治理结构在互联网的开放式技术逻辑下出现扁平化、网络化趋势，朝着服务型、数字化的现代政府形态转变①。个体不再被固定于被管理者的角色，而是在技术逻辑下成为治理节点，能随时变换为参与公共治理的治理主体或公共治理的受益对象双重角色。治理形态由单向赋能转变为互联网赋能的多主

① 高恩新:《技术嵌入城市治理体系的迭代逻辑——以 S 市为例》,《江苏行政学院学报》, 2020(06): 99—106。

体公共治理形态。

以移动互联网和智能终端为代表的技术普及为精细化管理的实现提供了可能[①]。作为互联网技术发展的里程碑,移动互联网伴随着国内智能终端制造业的发展迅速占据了重要的市场地位,将网络的普及率提高到一个全新的层次。一个“人人在线”的网络时代到来,不同主体能以几乎平等的“用户”姿态参与到城市公共治理实践中,不仅在结构上大大扩展了可参与治理的主体,让多元主体的能动性有了实现的渠道;在治理流程上也能提升城市公共治理实现精细化管理的能力,对不同主体的需求加以数据化,实现治理资源的合理配置,并与公众实现实时的互动,从而动态、精准地处理不断变化的复杂需求和矛盾,对城市治理的智能化有着重要的意义。

大数据驱动也是城市公共治理的重要依托。随着大数据技术成为城市生活的基础设施,公众的日常生活被数据化,成为城市治理智能化的重要资源。人的生活习惯、诉求、喜好等都以数据的形式被收集和分享,逐渐颠覆传统的一元治理模式[②]。在大数据的支撑下,城市治理得以适配多元复杂的社会情况,变得更具人性化和智能化,从而对城市多元利益主体的生活质量起到普惠性的提升。技术在作为工具助力城市治理的同时,也在发展中成为公共治理中的一个全新主体,“智慧治理”由此萌生。随着后疫情时代抗疫工作常态化,技术赋能的城市公共治理模式也将在数据共享、资源协调和智能治理等方面起到越来越重要的作用。

二、上海公共治理品牌:缘由、元素与趋势

(一)构建上海公共治理品牌的缘由

作为中国最具代表性的特大城市,上海在面临着社会群体结构变化、市

① 倪咸林:《社会复合主体:城市公共治理的结构创新——以杭州市城市治理经验为例》,《南京师大学报》(社会科学版),2013(02):30—37。

② 张国献、李燕:《市域基层协商治理现代化何以可能?——以特大城市上海为例》,《理论探讨》,2021(04):50—57。

民需求多样化和多元利益主体诉求复杂化等一系列治理问题的同时，逐步认识到制度导向下一元治理的种种局限。一种从基层治理开始，强调政府与社会多元主体合作，力求制度与公众日常生活之间形成良性啮合的公共治理思想开始获得现实的发展空间。在上海，党建引领与多元主体参与的城市基层治理模式在政府难以独立解决日益复杂的城市治理问题的背景下发挥着越来越重要的作用，"共建共治共享"的公共治理目标在城市治理实践中正逐步形成。

上海公共治理的实践不仅在城市治理和发展层面意义重大，从城市品牌与软实力提升的视角来看，上海公共治理也将成为难以被忽视的城市品牌传播资源。如何利用好现有的公共治理实践成果，将其品牌化进而双向促进城市治理和城市形象发展，是治理实践过程中需要思考的一个新问题，其中首先需要解决的便是建立"上海公共治理品牌"的必要性或缘由。

首先是品牌化之于宏观层面的作用，即公共治理作为一种城市治理的迭代更新模式，在宏观层面对中国城市化具有重要的借鉴意义，产生品牌化的需求。作为中国改革开放和城市化的前沿，上海城市发展过程中遇到的问题和治理对策对国内其他城市都有着重要的借鉴意义与示范作用，可以说，国内其他城市就是上海公共治理发展在宏观层面最重要的利益相关者。公共治理品牌的建立意味着上海城市品牌的塑造能够在宏观层面进一步扩张其影响力，一方面推动城市治理体系的更新，展现城市软实力的治理效能，为宏观的中国城市化进程提供可复制、可推广的城市治理方案；另一方面则为城市治理资源、市民生活质量和可持续发展提供助力，进而更深入地促进上海城市软实力的提升。

中观层面上，品牌化的公共治理能作为利益许诺、能提升多元社会利益主体对城市的认同度，满足城市发展对于资源、社会认可、城市影响等的需求，进而增强城市的集聚、规模和辐射效应①。这些多元利益主体不一定是与

① 郁树甲：《试论上海城市品牌的形象定位与传播》，华东师范大学硕士学位论文，2013，第11—12页。

城市直接相关的企业、团体或个人，却对城市的发展有间接的影响，代表的是被想象为城市品牌传播对象的受众，并能为城市带来经济发展潜在机遇的外部群体。城市大范围地运用公关、广告、地标建设等外化的奇观，向这些外在于城市的多元利益主体进行价值观的输出，但仅靠外化的输出而无内发力量的支撑，品牌就难免显得空乏，在效果上最多只是政府的单向宣传和自夸。于是，公共治理品牌化就能作为一种补足获得现实的参考空间。

“制度-生活”框架下的上海公共治理指向一种关注公众日常生活的内生性视角，这种视角关注的是微观但处于城市治理与发展之最基础地位的公众普遍利益。对城市的品牌传播活动来说，对外树立良好的城市形象，吸引那些来自外部的潜在利益相关者并培养他们对城市的忠诚度，固然对城市的发展具有重要意义，但在实践中，对外部形象的过度关注反而存在忽视内部治理甚至消磨城市市民信任度的风险，可能导致城市治理的“塔西佗陷阱”。城市建立在人民的信任和理解之上，城市中的广大人民群众代表城市品牌建设与传播的群众基础。城市品牌的本质追求也是群众的能动性参与和这些参与带来的城市深度认同。群众的参与活动、生活状态和作为结果的城市认同也会在个体自主性和传播意愿、能力愈渐发达的新媒介环境中不断助力城市品牌的完善，并发展成为城市品牌的重要组成部分。也就是说，成功的城市品牌建设不仅应包括强调发展的城市对外识别系统之建构，还更应包含对内的城市治理之过程。城市公共治理品牌的建设直接影响微观的市民日常生活而非外部群体的隐性利益诉求，由此，公共治理品牌的建设对城市内部群众心目中的城市形象信念和价值观所进行的反复巩固与优化，才显得尤为重要。

总之，城市品牌的建设在兼顾宏观与中观考量的同时，也要囊括作为城市内部利益相关者的广大群众，激发多方主体的积极性，进而凝聚城市整体性的共识与共情，促成自下而上、由内而外的公共治理品牌的建设与“人人参与”的城市软实力建设格局。唯其如此，更具现实意义的公共治理与公众对城市品牌的深刻共情才能得到真正落实，进而推动公共治理与品牌化成为自我证明式的良性循环。公共治理品牌也将随着微观公众满意度和公共治理程度的提升，自下而上、由内而外地将全新城市形象扩散至更广大的外部利益相关者乃至更宏观的层面，实现在抗疫常态化的新背景下助力城市品牌与软实力可持续发展的目标。

（二）上海公共治理品牌的构成元素

作为城市品牌建设的一条新路径，“上海公共治理品牌”瞄准的是由广大上海市民及其日常生活实践所构筑的“公共治理”在城市品牌建设过程中自内而外的扩散过程。在这一过程中，公共治理品牌并不追求前疫情时代大力开展对外宣传活动以求迅速获取外部大众认可的品牌建设模式，而是基于城市软实力提升视角，暂时放下城市对外的神话塑造，转而向内挖掘那些在城市公共治理中对生活和城市制度作出贡献的个体及其内生力量所指向的市民文化底蕴。公共治理品牌的核心价值便体现在其构造出比之对外的宣传更具公众认同度的城市品牌传播资源，并促成公共治理与品牌化的循环反证，实现城市发展与治理之和谐的能力。

要深入理解作为品牌的上海公共治理，我们不妨先了解上海公共治理品牌的构成要素。“上海公共治理品牌”与“公共治理”本身作为一种城市治理策略触及广泛多元的城市群众生活之间，以“母-子品牌”的关系进行架构，其构成要素即公共治理所触及的人、事、物三者。基于此，品牌化的公共治理才得以实现与群众生活的勾连，进而实现城市公共治理品牌建设理念的贯彻。

第一，在“人”的层面上，广泛参与到城市公共治理的上海市民构造的是上海城市活力、民主制度精神和市民生活幸福感的品牌化传达，指向基于人本主义思想的公共治理子品牌，代表公共治理品牌的基础精神。2022 年上半年上海疫情期间，以“逸流公寓”为代表的一系列由市民自发组织起来的基层治理组织及相关公共活动对城市内外展现出的便是“艰苦卓绝，刻骨铭心；功不唐捐，玉汝于成”的中国民众气质，对城市内外不同受众都起到了极为可信、可感的品牌效应，形成“人人都是城市故事传播者”的软实力建设氛围。这不仅为处于公共安全事件中的人们带来借鉴和鼓舞的价值，更对长远意义上的城市公共治理品牌建设有着重要的启发。正因公共治理品牌中作为多元利益主体的“人”在其日常生活实践中所不断生产出来的经验、情感和信息的交流,公共治理品牌的活力和效用才能被反复创造出来。

第二,在"事"的层面上,公共治理品牌也是根植于"制度-生活"框架,并由具体的公共治理事件与公众实践参与结合起来的结果,而非某种先验的城市形象标准。作为公共治理实践的产物,那些伴随着公众参与而产生的具体且可感的治理实践案例将作为公共治理品牌的示范性内容与重要组成部分融入公共治理品牌的内涵中。作为特大城市,上海城市内部充斥着多元利益群体及其代表的多样化诉求,公共治理触及的事件和社会治理问题也因而具有极为广泛的代表性。在公共治理事件的品牌化运作中,上海所面临的实际也是全社会在城市化过程中的普遍问题,因此,被品牌化了的治理事件完全可以在实用层面树立公共治理的品牌可信度,让不同群体眼中的上海城市形象更加具体可感,进而催生更广泛的城市认同。以具体事件为中心,公共治理的积极影响将被完整再现,形成比大众传媒所营造的城市神话能更进一步唤起人们共情的力量,并促成城市多元行动者网络中信任关系的构建。

第三,在"物"的层面上,移动互联网、大数据等新兴技术构成了现代城市公共治理的纲骨,这些技术性要素既伴随城市治理的需求而发展起来,又作为治理的成果被反馈到市民日常生活和公共治理实践中。技术要素一方面促成公共治理的智能化发展,为公共治理品牌的建设提供底层的技术与平台支撑;另一方面也凭借上海在技术方面的深厚积淀,成为上海公共治理品牌向内整合市民城市认同、向外扩张城市影响力的重要手段。最终,技术要素在物的层面上成为公共治理品牌的重要部分,"智慧城市""便民平台""政务微信"等作为城市公共治理智能化、品牌化在物质层面的直接技术载体,也以最实用的、最贴近市民生活的物质形式造就最直观可感的品牌效应——公共治理成为物质上的事实而非虚幻的承诺。由此,公共治理品牌便从人、事、物三个层面架构起品牌基础精神、核心内容表现与品牌传播之纲骨,成为城市品牌建设的重要一极。

(三)上海公共治理品牌的发展趋势

"上海公共治理"品牌的建设与发展,是以人的日常生活为视点的"制度-

生活”框架发展起来的。“以人为本”是其发展的基础，也是后疫情时代城市软实力提升与品牌建设的关键着眼点。其发展趋势也将围绕着参与公共治理的广大上海市民而非传统上作为传播主体的上海政府或官方组织展开，以“新宣传”的面目助力城市品牌的建设。

在公共治理得到发展和重视之前，城市品牌的建设与传播往往归属于自上而下的政治宣传范畴，依赖一元的政府权力。随着社会转型的现实需要、公民意识的觉醒和技术赋权的推动，以多元行动者参与为特征的城市公共治理在城市品牌建设和传播等的过程中显露愈加重要的作用，正如塔尔德所言，群众的时代过去而公众的时代来临。如今，公众不再是无组织、无意识的“群氓”，而是开始觉醒且受到技术赋能，以网络节点的方式生存的理性公众。受传统消极受众观念影响的传者中心主义观念式微，城市品牌的建设与传播不得不跟随受众的进化向“新宣传”做出转变。

“新宣传”的目的不在于说服所有的受众或形成对外的可信度，而是向特定的细分受众寻求支持，保持自己的正当性。① 在“新宣传”的观念下，城市品牌传播不需要主动地、广泛地利用大众传媒针对与“政府”角色二分的无差别的“社会”大众进行运动式的宣传与推广，而是朝细分化的方向发展。具体到公共治理实践中，就是针对城市中那些与城市发展有着直接利益相关的广大市民公众进行城市品牌的传播。在这一过程中，公共治理不仅仅只是城市建设的一种模式，更拥有针对市民受众的媒介属性。人们通过公共治理参与到城市品牌建设中，以参与性的视角重新看待自己的城市，进而获取或重塑对城市品牌的认同，促成城市品牌之正当性的确认。在技术赋能的新媒介环境下，市民群众成为节点化生存的网民，其传播意愿和传播能力显著提升，不再受时间和空间的约束或现实社会关系的限制，那些由公共治理成果所触发的城市认同感便可以通过网络实现二次传播，最终实现公共治理品牌“自内而外”的二阶段传播目标。

总而言之，公共治理品牌将致力于激发市民与城市品牌的“共情”，并在

---

① 张涛甫：《传播格局转型与新宣传》，《现代传播》（中国传媒大学学报），2017，39(07)：1—6。

保持城市品牌建设正当性的同时借助新技术向着建设与传播并行的新宣传方向发展。由此,参与公共治理的广大市民会成为城市品牌的战略性资源,用以推动人与城市之“你中有我,我中有你”的“共建共享共治”关系的最终形成。

三、上海城市品牌建构:成就与缺憾

(一)上海城市品牌的建构与取得成就

对城市经济总量迈入了全球城市前列的上海而言,决定其发展的已经不仅仅是有形的城市硬实力层面的增长,更是无形的城市软实力之竞争,上海在软实力层面仍有较大的提升空间。相对于硬实力而言,软实力是城市生存与发展所必需的“无形有质”的精神文化力量①。因此,在持续增强硬实力的同时,上海城市建设也须关注软实力的提升,而作为一个抽象概念,软实力也必须借助作为物质载体的城市品牌获取现实提升路径。

城市品牌的建构旨在从精神层面构造关于城市的神话,进而实现城市形象的自我确认与可持续发展。城市品牌可以理解为商品品牌概念在城市管理向度上的延伸,即城市可作为一种品牌进行经营,成为人们辨认和区分城市的独特标识②。

作为中国改革开放与城市化建设的排头兵,上海对城市品牌的建构始终有着深刻的认识,并且已经形成了一系列的品牌建设实践。早在2017年,上海市委就确立了上海当好全国改革开放排头兵、创新发展先行者,在新时代坐标中追求卓越的发展取向,并确立了“上海服务”“上海制造”“上海购物”与“上海文化”四大品牌的发展战略。2018年,上海城市品牌的“四大品牌”推进大会召开,强调全市上下增强行动自觉、把握主攻方向并凝聚合力,提高“上海服务”品牌的辐射度,彰显“上海制造”品牌的美誉度,增强“上海购物”品牌

① 马志强:《论软实力在城市发展中的地位和作用》,《商业经济与管理》,2001(04):28—31。

② 嵇晶晶:《城市文化品牌建设中的地方政府行为研究》,电子科技大学硕士学位论文,2014,第6—7页。

的体验度，展现“上海文化”品牌的标识度。

时至今日，上海城市品牌的建构已经实现了由务虚到落实的转变，市发改委、市商务委、市经信委、市委宣传部分别就“上海服务”“上海购物”“上海制造”与“上海文化”四大品牌，出台了相关政策，推动上海城市品牌建设形成“四大品牌”的架构。其中，“上海服务”作为核心发挥统领作用，为“上海制造”“上海购物”与“上海文化”提供基础服务；“上海制造”为购物提供产品支撑；“上海购物”则吸收服务和产品，为“上海服务”与“上海文化”提供消费机会；“上海文化”则在文化层面反哺“上海购物”与“上海服务”。总而言之，在上海“四大品牌”架构下，上海城市品牌的建构实际上与上海多维度的产业结构形成了战略层面的勾连，在更深层次上发挥了上海作为特大城市的产业优势。在品牌运营的模式下，这种基于产业优势的品牌建构则会反复强化关于上海的城市神话，从而推动外部不断认同上海，并回报式地促进城市软实力的持续提升与影响力的扩大。

（二）上海城市品牌建构的缺憾与思考

城市品牌是一个多因素构成的复合体系，它不仅是城市依据产业优势所能提供的各种产品、服务等的总和，还包括那些基于各个方面所传递的信息所衍生出并为城市品牌之受众所感知的关于城市的联想、感受以及利益承诺的期许。它一方面受城市产业经济优势的保障，是城市硬实力的直接体现；另一方面又扎根于人民群众，以实现城市受众“近悦远来”为目标，体现城市软实力建设的要求。

就是说，在实现城市建设与经济持续发展的直接目标之外，城市品牌的建构在根本上所指向的是以城市市民群众为主的人民日常生活幸福程度。城市品牌的建构并非仅仅是城市管理者总结性地针对城市产业优势和城市形象、特点的抽象概括，也同样应是一种衔接着城市发展战略与市民生活幸福感知程度的中介变量，在理论上具有城市发展之导向策略与针对群众之利益承诺的双重定位。

在上海城市“四大品牌”的建构实践中，依托城市产业优势而开启的品牌化模式却几乎始终把注意力置于城市品牌与经济发展层面的建设活动上，存在品牌的对外性、经济性之建设有余而内生性、精神性之传播力度不足的缺憾。“四大品牌”总体以一种笼统而缺乏受众针对性的大上海品牌面貌出现，泛在而抽象的受众指向使其在建构城市品牌过程中缺乏内生性的坚强动力。在网络时代，品牌的建构也早非是单纯的建设问题，明确的受众与品牌的传播对品牌的成功建构将起到几乎决定性的作用。由此，当前上海城市品牌建构之“四大品牌”格局显然需要一种更具操作性与受众指向性的新的品牌定位加入补足。

对城市品牌来说，虽然来自外部的城市认同几乎等同于狭义的品牌形象，但其发展在根本上还是源于市民群众的城市日常生活实践，并在最终的目标层面上指向对广泛市民群众幸福感的追求。落实到当前的新媒介环境，一方面，那些与城市密切相关的城市内部市民群体显然比之愈发不定型的外部受众更具现实的关注价值；另一方面，在强调受众流动性的网络传播时代，针对城市内部受众的传播实践也极易通过网络节点，迅速地扩散到更广阔的外部群体，促成“自内而外”的城市品牌传播格局之形成。

四、上海城市品牌建设的“第五极”：上海公共治理

城市品牌的建设是上海发展城市软实力，壮大对人才、资金等资源吸引力的重要方法，意在于推广城市形象的过程中获取社会大众认可，让天下英才“近悦远来”。对上海来说，“四大品牌”指向的笼统泛化的社会大众所带来的认可固然重要，但就城市品牌可持续发展目标而言，城市内部群众相对和谐统一的价值观和生活状态仍是塑造上海城市品牌形象的重要前提。“上海公共治理”品牌拥有“以人为本”的价值取向，其内涵、外延都具有强烈的参与性、贴身性与亲民性，理应成为市民感知、参与城市品牌建设的渠道与平台。也就是说，在上海城市品牌建设的上海服务、上海制造、上海购物、上海文化“四极”格局之外，还存在融入“上海公共治理”品牌以补足城市品牌建构过程“对内传播”之缺憾的可能性。

（一）“上海公共治理”品牌与“四大品牌”的关系

要理解作为“第五极”的“上海公共治理”品牌与目前上海城市品牌建设之“四大品牌”间的关系，首先必须从城市品牌概念入手，对其元素组合及结构进行探讨。一方面，城市品牌之“品”不仅在语序上处于整体概念的起点，在意义上也处于整个城市品牌之建构流程的始发位置。“品”代表着城市内部已有的或不断发展着的内部力量所衍生的能被外界所感知的城市之品质、品性、品格，是一种隐性层面的元素呈现及组合方式，在城市整体品牌的构建流程中起到基础性的支撑作用。另一方面，城市品牌之“牌”是则受“品”的支撑，以外在显性的元素呈现及组合方式对外表现出来的具体意象。“牌”既是城市品牌对外的直接表现形式和城市品牌建构的直接目标，也在合目的性的同时成为一种现实意义上的独特城市资源，以城市品牌资产的形式反馈回城市之“品”的内部可持续性再生产中，表现为城市标识系统、城市产业等。在这一思路下，城市品牌的构建就可以理解为城市之“品”与城市之“牌”二者相互交融、协同发展的动态流转过程，最终实现对内与对外双重意义上的普惠性城市建设目标。

基于对城市品牌内部之“品”与“牌”的双元素组合与彼此间“支撑-反馈”的独特结构视角，“上海公共治理”就有了融入当前“四大品牌”格局的现实路径。不难看出，现有的上海城市“四大品牌”格局基本对应着城市品牌由“品”到“牌”的“支撑-反馈”结构逻辑，其中“上海制造”“上海购物”与“上海文化”三大子品牌相互勾连，共同推动“上海服务”品牌的对外传播，而“上海服务”则作为核心节点，一方面直接成为城市品牌的对外呈现窗口，另一方面又不断将整合的“服务”反哺回流至“制造”“购物”与“文化”的发展需求上。在这一格局中，“上海制造”“上海购物”与“上海文化”这“三极”的相互关系、发展去向以及受到反哺的模式都得到了高度概括，并最终推动作为外在显性要素的“第四极”——“上海服务”的城市之“牌”定位的凸显。而在“三极”的去向被概括的同时，它们“缘何而来”的问题却在无意中被忽视了，这意味着本该存在的、与“上海服务”这一城市之“牌”相对应的城市之“品”的基础节点将处于悬置的状态。由此,有必要引入一种与“上海服务”这一城市之“牌”互为“支撑-反馈”关系,且比之“三极”更深层且能代表城市内生性力量的城市品牌建设之“第五极”。

一旦把前文所述的“上海公共治理”品牌作为“第五极”加入到现有的上海“四大品牌”之格局中,城市品牌建构的动态流程便能得到进一步的补全。在新的格局中,“上海公共治理”将与“上海服务”一起构成城市品牌的双核心,并通过“上海制造”“上海购物”与“上海文化”进行衔接,形成纺锤状的城市品牌建构关系,如下图所示。

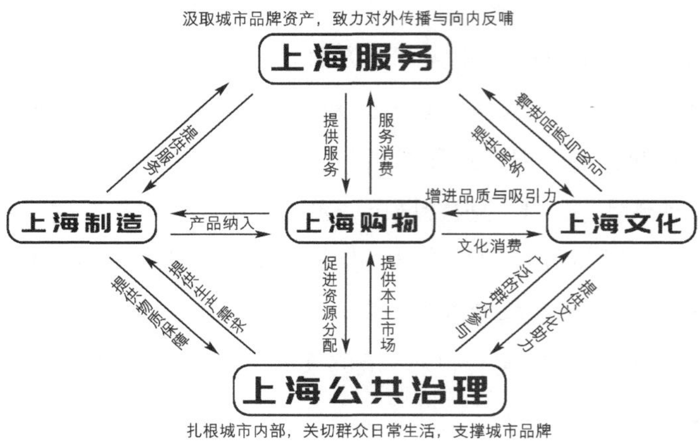

加入“上海公共治理”后的城市品牌建设格局

首先,“上海公共治理”在“制度-生活”的框架下汲取了城市内部利益相关者即最广大的城市内部群众的多元诉求,成为根植于城市内部的城市之“品”,为城市品牌的整体构建提供内生的正当性与支撑其发展的基础性动力。其次,在公共治理品牌完成面向城市内部的城市价值观整合与城市品牌信念的传播活动后,“上海制造”“上海购物”与“上海文化”便能在公共治理品牌所提供的稳定而更具传播活性的城市内部品牌传播氛围中进行对应的发展,具体表现为:其一,“上海公共治理”为“上海制造”提供广阔而多元的生产需求,后者则反之为前者提供城市品牌对内建设与传播所需的物质保障,二者构成整个城市品牌建构过程的物质基础;其二,“上海公共治理”为“上海购物”提供由庞大的多元行动者网络所构筑的本土市场,使城市本土资源能为后者充分利用，助力其品牌化的长足发展，而“上海购物”也能为公共治理过程中的资源分配提供帮助；其三，“上海公共治理”为“上海文化”提供更广泛的群众参与氛围，使红色文化、海派文化、江南文化在扎根群众的基础上谋求传播质量与广度的提升，而“上海文化”也能为前者提供文化层面的助力，促进“公共治理文化”“人民群众文化”等文化理念的发展。最后，“上海服务”在原“四大品牌”的格局中所处的核心位置仍然存在，并作为城市之“牌”承担着将来自城市内部与中层的品牌资源及积累转化为城市的对外服务性品牌资产的重任，一方面促进城市品牌的对外传播，另一方面则继续反哺“上海制造”“上海购物”与“上海文化”，最终回流至“上海公共治理”中，从而构筑城市品牌建构与城市发展“人民城市人民建、人民城市为人民”的循环可持续格局。

总而言之，在加入了“第五极”的全新城市品牌建设格局中，“上海公共治理”面向并扎根于城市内部最广大人民群众的日常生活，成为基础性的支撑；“上海服务”吸收城市内部品牌资产并进行对外传播，成为外向性的皮肤；“上海制造”“上海购物”与“上海文化”则作为中层的中介要素，在动态的过程中双向协调“上海公共治理”与“上海服务”内外双核心，构成更稳固的城市品牌建设格局。

（二）上海城市品牌“第五极”的诞生与发展趋势

上海城市软实力的提升、城市品牌的深层建设都离不开包括城市内部群众在内的利益相关者自下而上的参与，城市内部群众即广大的上海市民、外来务工人员、短期租户、大学生以及由这些多元行动者所组成的各种社会组织、社团以及意见群体等等，他们是整个城市品牌建设、传播与实现可持续发展的群众基础。城市品牌的目的是助推城市软实力的建设，而城市软实力建设的最终指向则是培育上海城市发展的精神文化力量，使在上海者引以为豪、来上海者为之倾心、未到过上海者充满向往。在现有的城市品牌格局中，中层的“上海制造”“上海购物”与“上海文化”品牌的建设发展离不开作为城市直接利益相关者的内部群众之配合，而“上海服务”所指向的城市品牌对外传播也离不开内部群体的参与及其广阔的日常生活实践。对城市的发展而言,城市内部群众的日常生活实践与状态不仅是城市品牌建设的基础性资源,还是城市品牌建设成果与品牌形象的直接反映,是城市制造、城市购物、城市文化与城市服务反哺回流的最终目的地。因此,城市品牌的建设与发展在最终意义上也就是动用城市内部群众的实践力量,反复扩充城市品牌资产以服务于城市本身及其内部群众生活状态改善的过程。

在关切城市内部群众的基础上,城市品牌对内传播的重要性与必要性便得到凸显。作为城市品牌建设的重要环节,对内传播的目的是持续地生产品牌发展的内生动力,为群众创造适合生活与居住的良好环境,进而在影响城市内部群众的态度、价值观等的基础上完善城市品牌形象,形塑更具可持续性和长远价值的品牌建设生态。而在分析现有"四大品牌"的城市品牌建设格局时,却发现存在偏重对外传播而忽视城市品牌对内传播的危险,由是,引入一个能连接城市品牌对内传播与已有的外向型品牌建设模式的"第五极"——"上海公共治理"便成为完善、补足城市品牌建设格局的应有之义。

作为城市品牌建设中以补足性面目出现的全新一极,"上海公共治理"品牌的发展趋势与未来走向将扎根于城市内部群众的日常生活实践,而非"四大品牌"所指向的笼统而泛化的外部受众。从融入"第五极"开始,城市品牌的建设便不会单纯地使用单向的城市宣传组织力量,而是把城市品牌的建设与城市治理过程中"共治共建共享"的理念相结合,通过公共治理的方式把城市内部群众纳入到城市品牌建设的整体话语体系中。作为结果,"第五极"一方面会巩固城市内部群众对城市品牌的信任感与认同感,为"上海服务""上海制造""上海购物"与"上海文化"提供城市品牌建设的基础设施;另一方面则在"公共治理"的理念引导下提升城市品牌建设中城市内部群众的参与感,让城市品牌建设的主体从原本一元的行动主体扩展至多元行动者网络式的广泛参与。总而言之,在融入"第五极"之后,城市品牌的建设将会形成"内外协同,双向发力"与"一元主导,多元参与"的全新发展趋势。

(三)公共治理品牌建设的"第五极"融合定位

作为"第五极"的公共治理品牌建设不仅是城市品牌建设格局中具有"补

足性”的全新一极，更是具备“融合定位”的重要一极。在“四大品牌”融入“第五极”——“上海公共治理品牌”的这一全新的趋势下，城市品牌建设与城市治理的终极目标——“人民城市人民建、人民城市为人民”也将具有更现实的实现路径。

一方面，在“制度-生活”的社会发展视角下，人民群众的日常生活与相对稳定的品牌建设制度并非二元对立，而是以辩证式的循环可持续姿态有机地进行着发展。在全新的城市品牌建设格局中，“第五极”将事实性地融合起原先相对独立破碎的品牌格局，使之在逻辑上更具整体性的价值。

另一方面，公共治理品牌的建设将再次强调城市内部群众即人民的重要性，从而融合了人民日常生活与宏大的城市品牌建设之间的区隔。在城市品牌建设与传播工作的推进中，最重要的往往并非城市之制造产业、购物消费以及地标等外化的彰显，这些能直接为人们所感知的符号往往只是城市品牌建设的环节之一，而非最重要的节点。在城市品牌的战略与策略性的设计中，必须秉持“以人为本”的价值取向，促使作为城市之根本的人民群众形成从“无我”到“有点我”，再到“有我”，最终到“你就是我、我就是你”的参与性认知，即必须通过扎实的、具体的工作推进，打破城市品牌建设之宏大叙事与人民群众微观日常生活之间的障壁，创造包括普通市民在内的独特的城市品牌文化体验。

正如习近平总书记所言，江山就是人民，人民就是江山，将人民性的价值理念贯彻到城市品牌建设中来，无疑就是“城市品牌就是人民，人民就是城市品牌”。一座城市最美的是这个城市的人民，总而言之，在上海市已有的城市品牌建设之“四大品牌”的格局下，引入以人民为关切重心的“上海公共治理”这一具有融合定位性质的“第五极”城市品牌，定能将城市品牌建设与抗疫特殊时期城市软实力的提升带向一个更令人期待的发展方向。

文化与数字化深度融合，助力新时代上海人民城市建设

秦迎林　向思凤　张姝瑶[①]

摘　要　依托数字驱动，打造城市文化品牌，为新时代上海城市文化建设探新路、升能级、增活力。上海积极响应发展社会主义先进文化的时代要求，大力开展文化数字化转型探索，持续优化文化产业发展结构，深入落实文化惠民政策。本文从城市文化与数字技术融合发展的视角出发，界定上海文化数字化转型的内涵，梳理上海文化数字化建设现状，通过借鉴国内外典型大都市文化数字化转型经验，提出推进上海人民城市文化数字化发展、助力上海打造社会主义国际化大都市的对策建议。

关键词　文化数字化　人民城市　上海文化

习近平总书记在党的二十大开幕会上指出，要繁荣发展文化事业和文化产业，以人民为导向，建立健全现代化公共文化服务体系。2022 年 5 月，中共中央办公厅、国务院办公厅印发了《关于推进实施国家文化数字化战略的意见》，强调各地要把推进实施国家文化数字化战略列入重要议事日程，因地制宜制定具体实施方案，相关部门要细化政策措施[②]。2020 年 9 月，上

---

① 秦迎林，上海工程技术大学副教授，硕士生导师；向思凤，上海工程技术大学研究生；张姝瑶，上海工程技术大学研究生。基金项目：上海市哲学社会科学规划项目“新时代上海人民城市文化建设”(2021XRM009)。

② 中共中央办公厅、国务院办公厅：《关于推进实施国家文化数字化战略的意见》，2022 年 5 月。

海市委宣传部等联合印发《上海市关于促进文化和科技深度融合的实施意见》，以打造上海文化品牌、建设具有全球影响力的国际文化大都市为指导，大力推动文化数字化转型，深化文化和科学技术的有机融合，全面提升文化科技创新水平，加速文化产业的转型升级，培育发展新型文化业态，提高上海人民的幸福感和获得感①。在科技发展日新月异的今天，数字资源为上海文化软实力的提升提供了强力支撑，通过营造多元主体文化协同氛围，满足市民多样化的文化需求。

一、上海文化数字化转型的内涵与现状

"数字化"与"信息化"紧密相通，是数字时代的主要驱动力。狭义上，"数字化"是利用信息系统、机器视觉等技术对现实世界中具体事物、业务和场景经由数字设备转化加工的过程。广义上，利用大数据、人工智能等新兴技术，对各类主体的多层面活动进行变革的过程，都被视作"数字化"。无论是过去的"数字化生存"还是近年出现的"数字产业化""元宇宙"等概念，都把"数字化"定位为虚拟与现实的融合。"文化数字化"是数字技术在物质、精神、制度等文化领域进行数字化变革的具体实践，现有对"文化数字化"的解释为"将科技与文化、技术与艺术有机结合"②。

上海利用区块链、云计算、人工智能、大数据、5G 等科技成果助推文化数字化转型升级，增强对文化相关领域的前瞻性研究，力图更大程度上发掘文化内在价值。通过转型赋能文化衍生产业，提升产业自主革新能力，注重文化内容高品质、快传播，助力文化产业供给侧结构性改革，有利于上海加强文化内容的丰富化、多样化建设。在人民城市文化建设过程中，围绕文化"十四五"规划，做好数字文化产业顶层设计，大力促进优秀文化资源与高新技术

---

① 上海市委宣传部、市科委、市委网信办、市经济信息化委、市文化和旅游局联合印发《上海市关于促进文化和科技深度融合的实施意见》，2021 年 8 月 13 日。

② 金勇：《以大数据建设为抓手 开启重庆文化数字化新征程》，《中国文化馆》，2022(01)：8—10。

静安区

静安区在过去文化数字化建设的基础上，加快构建“文创+科创”双引擎驱动格局，大力吸引创新型企业总部落地扎根，打造综合性开放型科技创新中心和新时代文创、科创产业园区，推动大宁商圈升级为智慧文化商圈，不断增强区域整体竞争力和发展软实力。

青浦区

青浦区将关注点放在全市最关心、青浦最有优势、最有前景的领域，围绕建设文化强区和国际文化大都市特色功能承载区目标，建设更加完善、更加智能的公共文化设施布局，优化现代文化创新产业体系，并提升智慧旅游服务能级。

黄浦区

黄浦区通过促进在线新文旅发展、文旅商深度融合及网络立体营销、创新公共文旅服务手段等方式，提高文旅市场精细化治理能力，为推进黄浦区新时代文化数字化建设提供了动力与活力。

杨浦区

杨浦区紧抓“创新”这一要素，在加快布局数字文化产业、建设文创产业高地等方面，建立一系列具有创新文化特色、充满数字活力的立足点和支撑点，深入贯彻上海“文创50条”，重点发展数字文化产业，践行“文化+”战略。

长宁区

长宁区通过加快媒体融合向纵深发展、持续提升公共文化服务水平、大力实施“文化+”战略，促进现代化文化产业繁荣发展，创造高品质生活，力争在上海人民城市文化建设中展现新作为、作出新贡献。

嘉定区

嘉定区依托丰富的红色文化、海派文化、江南文化和汽车文化资源，着力推动现代化公共服务提档升级，积极推进各类文化设施建设，不断助推文化产业创新发展，全面提升嘉定作为江南历史文化名城的城市文化包容度、影响力和创新创造活力。

徐汇区

徐汇区为充分发挥徐汇文化建设对上海城市形象的提升作用，通过提升数字公共服务、创新公共文化设施建设，大力提高城区文化软实力、竞争力和影响力，深化文化数字化改革，培育高水准生活，实现徐汇区的繁荣发展。

松江区

松江区始终坚定文化自信、文化自觉，秉持新发展理念，大力弘扬红色文化、海派文化和江南文化，深入挖掘历史文化资源，着力培育精品旅游发展路线，借助G60科创走廊产业建设充分发挥影视、科技特色优势，不断提升城市品质、丰富人文松江内涵。

闵行区

闵行区通过实施“一轴双核、一带三芯”文化发展空间布局，构建南北国际文化发展轴，打造东西智慧双创文化带；依托文化云平台，挖掘数字化传播优势，加速文创与其他产业的深度融合，不断增强闵行区文化的创造力、传播力和影响力。

虹口区

虹口区积极推动产业转型升级，构建高质量发展的现代产业体系，充分发挥“文化三地”特色优势，推进文旅产业在线经济发展，全力推进上海人民城市文化数字化建设进程，努力满足区内人民日益增长的美好生活需要。

奉贤区

奉贤区致力于打造成为环杭州湾发展廊道上独一无二、实力强劲的综合性节点地区，并且着重培育城区文化创意发展、数字文化产业、产品消费新业态等潜力领域。奉贤区着力促进文化与其他功能的融合提升发展，加快文化创意产业发展。

金山区

金山区在推进上海人民城市文化数字化建设过程中，实施文化产业数字化战略，培育发展新型文化企业、文化业态和文化消费模式，强化文化服务供给能力；加强数字图书馆、数字博物馆和数字文化馆等数字化场馆建设，提高公共文化服务能级。

浦东新区

浦东新区积极培育文化产业发展的新业态和新模式，不断提升城市治理科学化、精细化、智能化水平，持续提升公共文化的现代化服务品质，不断推进新时代人民城市文化数字化建设，提高人民生活水平和质量。

宝山区

宝山区始终积极围绕红色文化、海派文化、江南文化进行新时代文化建设，不断加强网络文明建设，发展积极健康的网络文化，推动融媒体纵深发展，积极提升城市文化形象，全面提升文化软实力，在国际文化大都市建设中彰显宝山气质。

普陀区

普陀区文化建设以习近平新时代中国特色社会主义思想为指导，积极推动公共服务体系数字化升级、大力培育在线文旅产业、不断改进文旅市场监管方式，并对各类优质资源进行智能化整合，使得普陀区的文化软实力逐步加强。

崇明区

崇明区自觉践行“人民城市人民建，人民城市为人民”的重要理念，利用数字化技术不断健全生态惠民体系、创新社会保障体系，不但有助于提高政府行政效率，也有助于降低崇明人民办事成本，全面提升人民生活幸福感。

图 1　上海各区文化数字化建设的主要措施

融合发展，建立和完善数字文化产业发展的制度与框架①。上海各区充分结合自身特色发挥区域文化优势，积极落实相关建设安排，持续促进文化数字化转型落实到基层，全面开展文化数字化转型政策宣传，加深人民理解，减少实施阻碍，不断发掘其独特的文化内涵和精神气质，进一步构建起具有独一无二、鲜明特色的文化产业优势。

二、上海文化数字化转型的优劣势与需求分析

上海在城市建设过程中高度注重文化发展，2021 年 9 月，上海市委、市政府发布《上海市社会主义国际文化大都市建设"十四五"规划》，提出把上海建设成为社会主义国际文化大都市，在城市整体规划中深入体现文化建设的重要性②。随着移动互联网发展进入快车道，上海充分利用各类资源，巩固转型优势，同时尚需思考不足，全力改进措施。

（一）上海文化数字化发展的优势所在

上海围绕人民城市建设要求，支持科技赋能文化，推动文化元素融入城市建设，培育新型文化事业与文化产业，构筑文化发展新版图，持续发挥上海文化数字化转型优势。

第一，利用战略性经济地位，充分汇聚多元化数据资源。上海常住人口近 2 500 万人、实有人口超过 3 000 万人，经济总量排全国第一，数字流量丰沛、高质，为文化数字化转型创造了良好基础。截至目前，累计开放公共数据 5 200 个，打造 10 余个试点项目，于 2016 年成立"上海大数据交易中心"，2020 年数据流通总量超过 30 亿条，峰值日流通量超过 1 亿条，将数字资源高效投入文化建设，充分发挥所长，为全国文化建设提供示范③。

① 肖宇、夏杰长：《我国数字文化产业发展现状、问题与国际比较研究》，《全球化》，2018(08)：70—86，134。

② 上海市委、市政府：《上海市社会主义国际文化大都市建设"十四五"规划》，2021 年 9 月 2 日。

③ 李治国：《超大城市数字生活啥样》，《经济日报》，2021 年 7 月 27 日。

第二,借助智能化基础设施,全面营造数字化文化场景。从家庭场所到大型场馆,上海各类基础性和综合性场所一应俱全,便于开展多视角、同频次的文化数字化转型,及时发现并着力解决转型过程中的痛点与难点。注重总结转型经验,打造综合性试验基地,积极推广优秀案例,打造转型标杆。

第三,协同高水平科研基地,深度利用创新性科研资源。推进通信技术、人工智能、脑智工程等高精尖领域研究,助推科技产业聚合协作,发挥科技的引领支撑作用,推动文化和科技跨行业、跨部门渗透融合。持续创新并拓展产业链,不断改造传统业态,催生新业态,优化文化数字格局。

第四,凭借全覆盖通讯网络,全力打造头部数字化基座。上海现已建成5G和固定宽带"双千兆"第一城,室外5G基站超4万个、室内5G基站超6.4万个,部署超400项5G应用①。高速化通信网络的全面贯通,综合增强城市数字化水平,全力支撑文化革新,协助文化一体化平台建设,高效整合城市文化资源,促进区域内沟通交流,增进协同效益。

第五,凝结各领域人才智慧,合理建立专业化人才梯队。上海高校林立,人才基数庞大,涵盖各行业各领域。上海5G研发人才占全国50%以上,集成电路人才占40%,AI人才占33.7%,人才汇聚为城市建设提供基础力量②。充分凝结人才智慧,发挥人才优势,探索更富新意、更加科学的转型方式,以期达到可持续创新发展的目标。

(二)上海文化数字化发展的不足之处

大数据、人工智能等数字技术的迅猛发展,为文化的数字化转型提供了有力支撑,上海文化转型与科技赋能进入关键阶段。面对科技发展的新机遇及国内外文化品牌竞争激烈的新挑战,上海在文化数字化转型过程中仍存在一些短板,具体表现为以下几个方面。

---

① 中国信息通信研究院、宽带发展联盟:《上海"双千兆宽带城市"发展白皮书》,2020年11月11日。

② 吴金城:《全力打造人工智能创新发展的"上海高地"》,《张江科技评论》,2020(04):1。

1. 转型工作的政策支撑急需完善

新一代科学技术支撑的数字化不断赋能传统文化业态，文化发展进入以数字化为主要特征的新时代。上海文化数字化转型相配套的政策机制仍不健全，尚未形成完善的文化发展监管体系。以“制度 + 技术”为双驱动，在广泛应用新技术的同时，注重相关法治法规的制定落实，有利于实现更大范围、更高效率、更加规范的文化发展。制定标准化、规范化、科学化的监督与保护体系，全面实施数字化转型监管工作，对上海深入开展文化建设具有重要意义。

2. 各方主体的配合力度有待加强

“打破界限、多方合作”的建设思维是推动文化数字化转型的重要前提。各方沟通不及时、不到位，尚需优化相关机构沟通协作的工作体系。既有文化数字化转型方案主要集中于区域管辖范围内的文化智能化建设，文化场所的多元数字化应用涉及不深的问题；又有区域之间的数据融合、信息交流和共享程度不高，集约化融合度较弱，跨界联动较差的问题，因此，各大主体在文化数字化转型过程中的参与积极性亟需调动。

3. 广大市民的参与意愿仍需提升

在人机交互技术、智能系统研发技术高度发达的背景下，如何让广大人民更好地了解文化数字化转型的内涵与价值有待思考。积极宣传数字化转型具体内涵及必要性，引导市民发现文化的数字化转型带来机遇及其蕴含的深远意义，进一步加强对文化的内在价值的重视程度。帮助建立整体性思维方式，调动市民主动探索的意愿，提升上海市民在数字化转型建设中的参与感、互动感、主体感。

4. 文化企业的内生动力尚待增强

数字化转型具有资金消耗大、回转周期长、经营风险高等特点，企业转型内生动力不足，缺乏主动性。文化内在价值难以估量，企业转型投入需求大的同时，产出回报率不够明确，转型效益不显著，大多数企业主要以试点方式做转型探索，相关工作开展不够深入。有待形成综合连贯的产业结构，开展系统化、长期化的转型工作，形成规模优势，积攒企业经验，推动企业乐意革新、自主革新。

5. 海外影响的传播广度亟待扩大

相较于其他全球城市，上海城市文化的国际影响力仍处于养成阶段，文化资源的开发利用仍需加深。电影行业面临好莱坞的强力竞争，动漫、漫画相关产业主要集中在东京、首尔等城市，上海文化影视品牌生存空间狭窄，传播途径受阻。上海市内大部分戏剧场馆被拆或者改做其他用处，缺乏原有的历史光彩和特点，未能形成具有城市特色的全球知名品牌，文化产出内容难以挤进全球高端市场，不利于全面推广转型工作。

（三）上海文化数字化的转型需求

2018 年 1 月，上海市人民政府发布《上海市城市总体规划（2017—2035 年）》，重点指出“文化 + ”发展战略全面贯彻的必要性，针对公共开放空间、历史文化风貌区、公共文化场馆等提出 2035 愿景目标①。2022 年 5 月，中共中央印发《关于推进实施国家文化数字化战略的意见》明确，到“十四五”时期末，基本建成文化数字化基础设施和服务平台，形成线上线下融合互动、立体覆盖的文化服务供给体系；到 2035 年，建成物理分布、逻辑关联、快速链接、高效搜索、全面共享、重点集成的国家文化大数据体系，实现中华文化全景呈现，中华文化数字化成果全民共享②。积极落实相关政策安排，不断挖掘城市文化内涵，保留城市历史记忆，推进文化品牌创新创造，持续提升城市的文化软实力、吸引力。发挥文化元宇宙的生态优势，将文化创意与技术、云计算、人工智能等高度结合，形成文化数字化的全新时空生态③。在社会和技术情境的要求下，文化数字化转型的机遇与风险并存。

① 上海市人民政府：《上海市城市总体规划(2017—2035 年)》，2018 年 1 月。

② 中共中央办公厅、国务院办公厅：《关于推进实施国家文化数字化战略的意见》，2022 年 5 月。

③ 臧志彭、解学芳《中国特色元宇宙体系建设：理论构建与路径选择》，《南京社会科学》，2022(10)：137—147，158。

三、国内外典型大都市文化数字化建设经验与启示

推进新时代上海人民城市文化数字化转型彰显“上海文化”特色，以更广泛的视野，总结借鉴国内外城市文化数字化建设的经验，辨析和预测未来上海全球城市文化建设的发展方向，陶铸上海城市精神和城市品格，为上海发展成极具世界影响力的社会主义现代化国际大都市贡献力量，增强城市文化软实力，提升人民城市建设过程中市民的获得感。

（一）国外城市的文化数字化发展模式经验借鉴

1. 伦敦：紧跟数字时代发展要求，激发文化创意活力

2016 年，英国文化、媒体和体育部发布《文化白皮书》，提出关于全面开展“数字文化项目”建设的规划[①]。2018 年，英国发布“文化即数字”的发展战略，旨在通过数字技术来扩大文化受众的范围，增强文化领域中的数字技能、数字参与和数据释放能力。2022 年 6 月，英国出台新版《英国数字化战略》，强调创意与创新是文化相关行业的中心，促进文化内容生产者和数字平台的连接[②]。政策法规等一系列制度保障措施营造了良好的社会环境，有利于伦敦加速发展文化数字化建设。

伦敦倡导数字和文化领域的深层融合，号召文化发展基金申请者将数字化元素纳入文化发展计划。制定数字文化代码和数字成熟度的新指标，评估数字技术在艺术、体育和文化等领域应用的成熟程度，促进文化产业与科技的有机结合。投入大量资金以提高数字设备和基础设施建设水平，创新文化体验，成立线上馆藏工作部门，提供数字化馆藏在线资源。支持本国创作者使用数字平台进行电影、电视节目等文化产品的创作与生产，并出台了相关配套激励措施，保留原创 IP、减免部分税收。与此同时，搭建数字平台，培养

---

① 英国文化、媒体和体育部：《文化白皮书》，2016 年 3 月。

② 英国政府：《英国数字化战略》，2022 年 6 月。

公民数字技能,将公共图书馆作为公众提升数字化水平的重要途径。

2. 柏林:助推文化数字协同发展,打破各方沟通壁垒

2013 年,柏林城市发展与住房部公布 2030 年城市发展规划方案,计划在 2030 年将柏林打造成艺术、文化、旅游、体育中心,乃至世界创意中心,为市民提供多样化、便利化、现代化的城市生活。2021 年 7 月,德国文化与媒体国务部出台《数字变革中的文化:联邦政府对传播、理解和沟通的认识》①,提出文化部门应全面了解数字化与文化活动之间的联系,打破文化机构与其他行业部门之间的壁垒,建立数字和文化创意并存的桥梁,加强合作与互惠。

新冠疫情下,政府文化部门从艺术家、组织、机构以及文化公司的角度出发,解决不同主体的数字化转型问题与难点,实现数字与文化创造性共存。强调打破文化产业各个主管部门之间的障碍壁垒,实现数据共通共享、协同合作、互惠互利,并支持文化数据资源对外开放。促进线上公共文化服务发展,消除时间、空间、社会阶层障碍,为广大群众提供接触、传播和交流文化的机会,促进民主化、多元化的文化参与。与此同时,大力发展线上公共文化教育,推进公共文化机构的馆藏数字化工作,搭建云端艺术品展览交易平台,提供电子图书的获取渠道,并进一步完善公共文化服务机构门户网站,为民众提供更加丰富的数字文化教育资源。

3. 巴黎:规划文化资源整合平台,保障公众文化权益

2017 年,法国文化部出台《文化部门公共数字信息开放与利用指南》②,点明加速文化领域的数字化进程的必要性,力图提升法国文化内容的使用率。2021 年 9 月,法国文化部发布《文化数据与内容路线图》,推进大数据建设,提升法国文化获取与传播能力,优化文化数据结构,增强公共文化服务水平,在疫情下帮助文化与经济组织借助数字资料获得恢复和重新发展的机会。

巴黎通过"文化在身边"数字资源平台整合展览、电影、视频、课程、游戏

---

① 德国文化与媒体国务部:《数字变革中的文化:联邦政府对传播、理解和沟通的认识》,2021 年 7 月。

② 法国文化部:《文化部门公共数字信息开放与利用指南》,2017 年。

及研讨会等文化内容，便于文化资源的管理归纳，促进民众文化资源获取便利化。针对民众要求，不断提升开放资源品质，引导经典文化产品与市民生活相协调。重塑公共文化数据结构，摸索新方式促进文化产品重复利用，充分发挥文化内在价值。加强文化管理数字化，不仅将数据用作信息手段，更将其作为提升文化管理水平、实现文化创新、促进文化产业经济发展的有力措施。

4. 东京：强力发挥动漫产业优势，打造“智慧东京”

1996 年 7 月，日本文化厅以《21 世纪文化立国方案》为文，正式确立并推行日本文化立国战略。2020 年 2 月，东京制定《“智慧东京”实施战略》，面向 2040 年“智慧东京”的发展目标提出了城市数字化转型的措施与途径，希望借助此战略提高城市乃至整个国家的文化竞争力和国际影响力。2020 年 9 月，日本内阁将数字化转型确立为重要国策，强调文化数字化转型对城市发展的重要作用。

东京政府率先提出“未来东京”战略概念，为东京未来的产业发展及城市道路指明了方向。根据 2021 年 3 月日本动画协会发布的《日本动画产业报告 2021》，2020 年日本动漫产业规模达 2.4 万亿日元，全世界播出的动漫作品中有 60%来自日本，欧洲播出的动漫作品超过 80%来自日本[①]。作为全球最大的动漫生产方和输出方，日本充分利用数字技术不断提升动画制作水平，形成以动漫制作委员会为中心，覆盖小说、漫画、动画、游戏、衍生品的全产业链的成熟 IP 开发体系形成系统化的商业模式，实现更高品质的呈现方式，借助动漫载体，持续扩大日本文化的影响范围。

5. 国外典型城市文化数字化建设启示

随着数字全球化成为主流发展趋势，文化竞争已经进入数字赛道，数字技术逐渐成为全球文化发展新的“发动机”，借助科技手段推动城市文化走向世界舞台是加强文化国际传播力的重要引擎。通过上述分析，国外典型城市文化数字化转型的实施过程有以下特点：(1)积极响应文化数字化发展相关

① 日本动画协会：《日本动画产业报告 2021》，2021 年 3 月。

战略,深化文化与科技的融合,大力提升城市文化竞争力、号召力与影响力;(2)灵活应对转型过程的突发事件,察觉文化发展的"差异性"和"敏感性",避免政策安排均质化;(3)着力提升城市居民文化参与程度以及文化服务水平,在公共文化数字化服务方面取得重大成就;(4)巧妙融合文化与城市特色产业,寻求新的经济增长突破口。

(二)国内城市的数字化发展模式经验借鉴

1. 北京:促进文化与数字化融合,建设全球数字经济标杆城市

2021 年 7 月,北京市社会科学院出版《北京文化发展报告(2021—2022)》,显示 2021 年全市文化企业中文化新业态特征较明显的 16 个行业小类,如动漫、游戏数字内容服务、数字出版、互联网广告服务等实现增加值 16 251.9 亿元,比 2020 年增长 13.1%①。2021 年 8 月,中共北京市委办公厅、北京市人民政府办公厅发布《北京市关于加快建设全球数字经济标杆城市的实施方案》,提出北京将根据其未来发展需求以及世界前沿技术发展水平,加强数字技术和实体经济的相互渗透,加速建设全球数字经济标杆城市,实现文化与数字化的深度融合,推进北京市文化建设的数字化发展②。

随着文化新业态的兴起,北京市不断推动文化产业纵深发展,提升文化的竞争力和影响力。借助丰富的历史古建资源、悠久厚重的文化底蕴,利用 AR、VR、3D 等数字技术营造全新沉浸式场景,促进传统文化迎合数字经济浪潮,依托文化活力,拉动城市文化新消费。北京市通过持续推动政策创新和业态创新,把数字创意和内容版权作为文化数字化转型发展的两大主攻方向,借助互联网技术、5G 发展、AR/VR 等技术,推进北京文化建设,进一步完善遗产资源数据库,打造传统 IP 和以"传统文化 + 科技"模式,为北京建设全球数字经济化标杆城市提供发展新动力。

---

① 北京市社会科学院印发:《北京文化发展报告(2021—2022)》,2021 年 7 月。

② 中共北京市委办公厅、北京市人民政府办公厅:《北京市关于加快建设全球数字经济标杆城市的实施方案》,2021 年 8 月。

2. 深圳：发展城市文化智能化建设，打造便民利民的智慧城市

2018 年 7 月，深圳市人民政府发布《深圳市新型智慧城市建设总体方案》，在城市建设过程中主打“六个一”的总目标，聚力打造便民利民的智慧城市①。2021 年 1 月，深圳市人民政府正式出台《深圳市人民政府关于加快智慧城市和数字政府建设的若干意见》，明确提出深圳市未来打造智慧城市的总体目标、时间节点表和实施路线图，有目的、有规划地开展深圳市城市数字化建设，以全球视野打造数字中国城市典范，在国际新形势下建设智慧城市标杆②。

近年来，深圳智慧城市建设工作始终处在第一梯队，坚持以国际化视角建设新型智慧城市标杆的目标，在 2021 年的政府工作报告和深圳市第七次党代会报告中，更是把将深圳打造成为国际新型智慧城市标杆直接写入了总目标。深圳市围绕优化文化产业政策升级、扶持多元文化产业发展和聚力打造惠民工程三方面，把握人民对智慧城市的需求，提升现代化公共文化服务体系，通过完善智慧城市的数字化与智能化体系建设，建造有温度的人民城市。深圳市在智慧城市建设的过程中，不断增强文化创新力、文化辐射力和城市人民的凝聚力。

3. 广州：促进文化与科技深度融合，助力城市文化数字化建设

2017 年 10 月，广州市人民政府办公厅印发《广东省人民政府关于印发〈广东省推进文化创意和设计服务与相关产业融合发展行动计划（2016—2020 年）〉的通知》，提出推动广州市依托新兴技术，提高产业设计能力，鼓励文化创新，发展创意型文化产业，从而推动广州文化产业高质量发展，增强核心竞争力，助力城市建设③。2021 年 3 月 4 日，广州市花都区文广旅体局发布《花都区加快数字文化产业发展扶持办法（试行）》，强调优化提升文化产业布局，大力推进 5G + 4K/8K 超高清视频、电子竞技等文化新业态新模式，深化

① 深圳市人民政府：《深圳市新型智慧城市建设总体方案》，2018 年 7 月。

② 深圳市人民政府：《深圳市人民政府关于加快智慧城市和数字政府建设的若干意见》，2021 年 1 月。

③ 广州市人民政府办公厅：《广东省人民政府关于印发〈广东省推进文化创意和设计服务与相关产业融合发展行动计划（2016—2020 年）〉的通知》，2017 年 10 月。

文化与其他产业的融合发展,推动人民城市建设①。

广州市以建设成为科技实力雄厚、经济水平高、文化特色鲜明的国际一流城市为目标。打造广州文交会、中国(广州)国际纪录片节等城市名片,文化创意发展势头良好。支持微信、网易游戏、虎牙直播、酷狗、荔枝FM、有米科技、百田科技等企业发展,助力广州市文化的数字化转型。通过强化文化创意设计,形成开放多元、更深层次的产业融合发展格局,以核心平台和创新节点为依托,建成连接广州、深圳及东莞的广深科技创新走廊,形成创新示范区,增强科技产业的国际影响力,推动中国城市建设不断向前发展。

4. 杭州:推进文化数字化转型,建设文化产业新业态

2019年7月,中共杭州市委、杭州市人民政府印发《关于加快发展杭州文化产业的若干意见》,强调以高新技术为支撑,融合文化产业与信息产业,发展现代传媒产业,充分凸显杭州市文化产业的经济支柱作用。2021年12月,杭州市人民政府办公厅发布《杭州市数字经济发展"十四五"规划》,提出借助杭州高水平研究型大学的核心创新功能,培育一批满足转型要求的文化人才,建设创新型人才队伍。培育科技型企业,打造创新孵化基地,活跃城市创新创业氛围,建设国家自主创新示范区②。

以数字经济引领创新发展,建设新型智慧城市,增强杭州综合竞争力。随着电子商务的蓬勃发展,文化领域全面应用互联网和数字技术,为杭州向世界展示创新特色与魅力提供便利条件。依托数字资源,大力发展新媒体业、数字出版业,积极推进影视产业建设,通过动漫产业带动衍生品开发,在游戏业中融入优秀文化元素,不断完善产业链条,拓展产业发展空间,打造文化产业新生态。遵循人民城市建设规律,以人民为中心,发展城市特色文化,逐步扩大数字化文化规模,提升质量,增强文化品牌影响力。

5. 成都:打造智慧公共文化体系,激发天府文化新活力

2019年,中共成都市委出台《关于弘扬中华文明发展天府文化加快建设

① 广州市花都区文广旅体局:《花都区加快数字文化产业发展扶持办法(试行)》,2021年3月。

② 杭州市人民政府办公厅:《杭州市数字经济发展"十四五"规划》,2021年12月。

世界文化名城的决定》，要求逐步推动文化创意产业成为重要的支柱产业，建设具有全国引领力、全球竞争力的世界文创名城①。2022 年，成都市委宣传部牵头编制《成都市数字文化创意产业发展“十四五”规划》，着力激发城市智慧文创活力，引进一批具有鲜明形象和吸引力的数字化文创产业，打造一批具有创新示范、辐射带动作用的数字文创平台，建设一批具有鲜明创新效应的新型数字文创产业集群园区（基地），实现成都文化数字化的转型发展。

成都市正走在城市文化数字化发展的前列。搭建“智慧公共文化体系”，促进天府文化的数字化转型，推动文化场馆、书店体系的创意设计与智能化升级，构建全民线上共享的天府文化体系，推进成都文化生态良性发展。引导“文化＋”产业模式发展，推动智慧文体全方位、多层级的数字化升级。打造天府文化云服务功能，不断推进天府文化线上线下有机融合，实现精准供给。推进直播及短视频渠道赋能文化产业发展，激活“短视频＋直播”“非遗＋现代设计”的发展活力，加大电商平台对文创产品的影响力。抓好产业数字化，促进文化与科技的融合发展，依托云端化、平台化、智能化的文体服务方式，满足城乡群众通过网络共享文体服务需求，促进文化建设便民利民，让人民在家享受文化成果。

6. 国内典型城市文化数字化建设启示

随着我国城市化进程已进入高速化发展阶段，物质文明和精神文明建设互促共进，文化建设已成为彰显城市气质的重要举措。汇总上述五个城市的文化数字化转型经验发现：(1)在国家转型政策的牵引下，结合自身城市特点，出台具有针对性的政策法规，推进文化产业实现系统化转型，寻求新的产业增长点，更好彰显城市精神；(2)大力推进数字化设施在文化场所的应用，打造智能化场所，通过云旅游、云观展、云阅读等措施增强人民文化体验；(3)依托城市科技建设与产业优势，结合城市文化内涵，推动相关产业快速成长，吸引更多资源进入文化领域，利用文化资源创造经济效益，综合提升城市魅力。

---

① 阎星、尹宏、刘文帅：《大力发展文化创意产业，加快建设世界文创名城》，《成都市文化创意产业发展报告(2020)》，2021(05)：1—24。

四、上海人民城市文化数字化建设的思考与建议

上海与其他全球城市相比,在文化管理、各方合作与国际影响力等方面仍存在提升空间,尚需依托地域和资源优势,集聚高水平科研机构和文化相关领域人才,做大做强现有文化数字化产业,进一步推动文化、科技深度融合,助推社会主义国际化大都市建设。

(一) 全面构建政策法规体系,完善文化数字化治理

围绕市民实际需求,构建全方位、全覆盖政策法规体系,做好数字文化发展顶层设计,大力促进优秀文化资源与数字技术融合发展,建立和完善文化数字化转型的框架和制度。通过出台相关的政策法规,积极应对数字化边界不够清晰、合规化问题突出、文化产权模糊等问题对文化数字化建设提出的挑战,进一步规范转型过程,调整转型方向,为文化发展注入新活力。以上海人民城市文化建设主基调为依托,健全文化发展法治体系,提升文化数字化治理水平,实现建设社会主义现代化国际大都市的发展愿景。

(二) 激发文化组织工作活力,推动科学式文化管理

深入落实"管行业也要管数字化转型"的新理念、新要求,推动管理方式、管理理念变革①。借助上海市城市文化数字化转型工作领导小组的工作优势,不断充实领导小组工作力量,建立健全统筹规划、任务协调和有序推进的工作机制,落实重大政策举措合规化推进,加强任务进展的考核评估,促进跨区域、跨部门、跨层级的组织联动②。搭建文化数字化转型专家咨询平台,吸纳社会化成员参与,加快应用促进中心建成落地。各区、各部门要强化责任落实,充分整合、归并原有的相关领导机制和议事协调组织,参照成立本地

① 上海市市委、市政府:《关于全面推进上海城市数字化转型的意见》,2021 年 1 月。
② 吴在存:《全面推进北京城市数字化转型》,《北京观察》,2021(06):14—15。

区、本部门数字化转型工作领导小组，加强工作专班，通过深入开展大调研，制定科学的工作方案，全力保障转型所需的各类生产要素，推进工作统筹规划、任务分步展开、项目稳步推进，避免转型工作的低水平。

（三）发挥各方主体多元优势，助推文化资源新发展

强化动态调整和供需匹配，形成政府引导、全社会共同参与的文化数字化转型工作格局。发挥政府号召力和引导力，广泛调动各方资源，发挥统筹优势，为文化数字化转型提供资源保障。依托国家文化专网①，着力构建互联互通文化数据网络，整合文化数据信息，探索跨界融通的数据流通和协同治理。建议政企联合，增进信息互通，打造高水平、高质量、高竞争力的上海独特文化集聚群，将本土优秀文化和现代科技高质量融合，进一步推动社会主义先进文化发展。打破行业壁垒，催化数字创意企业、科研机构、高校等主体协动参与，促进数字文化产业可持续健康发展。

（四）全力促进文化产业升级，实现高品质文化发展

以推进新技术广泛应用为重点，大力提升城市文化创新能级。发挥物联网和互联网等技术优势，将其深度融入文化产业链建设，形成以大数据为支撑手段、网络为共享平台的智慧体系，加快文化产业转型升级。强调文化产业数据统计工作，加强对文化产业的大数据分析，助力研发中心、科研院校、智库机构等第三方机构建设全面、详细的数字文化产业数据库，整合数据资源，为文化产业的纵深发展提供数据支持。加快教育、艺术、旅游、体育等领域的数字化转型，推动“互联网 + 文化”贯通发展，实施文化贸易数字化战略行动，提高文化产业发展的安全性、稳定性和可持续性，进一步扩大数字文化精品服务供给。

（五）优化公共文化服务体系，探索多样化供给方式

基于城市数字底座，全面赋能城市智能公共文化服务系统。统筹推进国

① 中共中央办公厅、国务院办公厅：《关于推进实施国家文化数字化战略的意见》，2022 年 5 月。

家文化大数据体系、全国智慧场馆体系和公共文化云建设，提升非遗场馆、公共图书馆、博物馆、艺术馆、音乐厅等文化场所公共数字资源供给与利用水平，持续提升公共文化数字服务的供给能力。借助基层公共数字文化服务网络，搭建文化数据公共服务平台，拓宽服务范围，促进服务普惠应用，增进公共文化服务的便捷性、及时性，满足市民对美好生活的向往。利用数字化优势推进城乡公共文化服务一体化，建立规范化管理标准，扩大文化数字化的应用面。探索公益电影多样化供给方式，加快城乡书屋数字化建设，打造智慧化公共阅读和艺术空间，丰富市民的精神文化生活。

（六）调动人民群众参与意愿，助力数字化转型升级

把牢人民城市的生命体征，打造普适化、精细化、智能化的城市文化新范式①。文化数字化转型是在文化产业基础上的理念创新，更是将文化深入应用到社会生活各方面的重要实践，兼具复杂性与挑战性。建议相关单位通过强化组织领导，积极开展丰富多彩、各具特色的活动，鼓励市民参与，提升临场感与体验度，减少转型阻力。利用电视、网络、短视频等途径提高全社会对转型的学习了解，让市民直观感受转型带来的文化便利，调动人民群众参与文化建设的主动性。坚持广大人民群众在城市建设和发展中的主体地位，积极践行全过程人民民主，让人民成为城市建设的参与者和受益者②。

（七）加大专业人才扶持力度，强化高质量人才支撑

加快吸引具有国际视野的高素质专业人才的推进工作，激发上海文化创新活力。拓宽人才发展平台，打造场景空间，积极调动文化领域领军人物参与，推动文化数字化转型集思广益。着力推动艺术类、管理类等高等院校建设，加大对文化数字化相关领域青年人才的扶持力度。引进和培育人才，建立规范化评价标准，保障人才多样化需求，激发人才创意创新活力，不断优化

---

① 上海市市委、市政府：《关于全面推进上海城市数字化转型的意见》，2021 年 1 月。

② 刘阳：《浦东开发开放 30 周年庆祝大会隆重举行 习近平发表重要讲话》，载新华网 http://www.xinhuanet.com/politics/leaders/2020-11/12/c_1126731550.htm，2020 年 11 月 12 日。

城市人才结构，持续提高人才工作计划的科学化水平。大力开展文化数字化转型工作，鼓励兼具文化背景与知识储备的文化人才，为文化转型打造强力支撑，助推转型实现新飞跃。

（八）立足城市文化资源优势，扩大上海国际影响力

以上海特有的元素为核心，依托网络媒介，全面打响“上海文化品牌”，打造有影响力的时代标杆，塑造城市品牌形象。支持各区因地制宜，构建一批综合性强、带动面广的应用场景，打造文化数字化转型样板。结合海派文化优势，提升文化供给产品品质，把特色文化做精做强。积极开展推动上海文化“走出去”的系列活动，搭建对外文化交流数字平台，对外讲好上海故事，展现真实、客观、全面的上海形象，进一步加强海外文化影响力和竞争力①。

提升城市格调，加强与世界城市对话，上海正在以更加自信的姿态拥抱世界。高度重视文化数字化转型工作，加速文化渗透现代生活，借助区域优势，勇于尝试、注重总结，积极协调人民物质与文化需求，加快文化产业链建设转型升级，寻求文化增益新突破。“十四五”期间，上海文化数字化转型工作取得了阶段性成果，但与其他全球典型城市相比，存在政策支撑急需完善、各方主体配合力度有待加强，文化企业内生动力不足等弱点。数字技术的突破创新、社会各界的全力支持以及丰厚资源的强效保障，推动了文化产业新业态的形成，文化数字化发展正朝向规范化、智能化、科学化稳步迈进，上海文化终将展现光彩，立于国际前列。

① 程海燕、管荣华、张译方、向颖：《上海文化品牌在国际社交媒体上的传播效果研究》，《新闻传播》，2022(09)：9—11。

传承和激活文化资源
打响上海五大新城城市品牌

凌 燕①

摘 要 城市竞争力作为综合性的社会经济概念，反映的是城市在城市间竞争中的优势以及其本身可持续发展的综合水平。“十四五”开局之年，上海明确提出，今后五年，上海要加快构建“中心辐射、两翼齐飞、新城发力、南北转型”的空间新格局，把嘉定、青浦、松江、奉贤、南汇五个新城，打造成独立的综合性节点城市。“独立”“综合性”“节点城市”三个关键词非常明确地将五个新城发展定位为与中心城区并驾齐驱的综合性城市。如何打造新城城市品牌和产业定位，提升城市核心竞争力，文化是重要来源和强大支撑，解码文化资源基因尤为关键。本文通过对五个新城文化资源的梳理和比较，分析并提出上海五大新城在文化资源开发利用和提升城市文化竞争力的对策建议。

关键词 上海五大新城 文化资源 城市竞争力 品牌

“十四五”开局之年，上海明确提出，今后五年，上海要加快构建“中心辐射、两翼齐飞、新城发力、南北转型”的空间新格局，把嘉定、青浦、松江、奉贤、南汇五个新城，打造成独立的综合性节点城市。从规划蓝图转入谋定快动、乘势而上、全面发力的重要阶段，“五大新城”如何打造自己新的城市品牌和

---

① 凌燕，上海社会科学院上海品牌发展研究中心副主任，上海社会科学院经济法律社会咨询中心有限责任公司副总经理，上海市注册咨询专家，《经济咨询》编辑部主任。研究领域为品牌战略、品牌与知识产权、文化产业、社会治理等。

产业定位，提升城市竞争力是关键。

城市竞争力作为一个综合性的社会经济概念，它反映的是城市在城市间竞争中的优势以及其本身可持续发展的综合水平。一般包括四个方面：①某城市比竞争对手具有创造更多财富的能力；②通过提供经济、文化、自然和制度等良好条件，某城市比竞争对手能够吸收、聚集和利用更多的促进其经济和社会发展的资源要素；③与区域内其他城市相比，某城市具有吸引更多人流、物流和辐射更大市场空间的能力；④与其他城市相比，某城市具有更高的创造财富或推动地区创造更多财富的现实和潜在的能力。

城市竞争的层次是按照资源竞争、人力竞争、产品竞争和品牌竞争逐层递进的，品牌竞争的高阶是文化、价值观竞争，就像耐克的“just do it”，阿迪达斯的“impossible is nothing”，苹果的“think different”，索尼的“make believe”企业品牌一样，这些有着核心价值观的品牌，仿佛一个个有思想的人，它们会让消费者在购买这些实实在在的产品的时候，不仅获得功能利益价值的体现，还有情感利益，而这份情感利益就包含在文化价值中。城市品牌化的目标正是基于这个理论，通过提高城市利益相关者对城市的认同感和满意度，从而凸显城市核心竞争力。一座城市最有味道、最有魅力的就是文化，文化是一个城市发展的灵魂，是城市核心竞争力的重要来源和强大支撑。文化建设离不开文化资源，文化资源不仅具有重要的文化价值，更储藏着巨大的经济价值，对文化资源的合理开发与利用是城市蓬勃发展的关键所在。

一、上海五大新城文化资源梳理

文化资源是人们在历史发展过程中所创造、积淀的物质及精神财富，具有精神与物质的双重价值，在经济社会的发展中发挥着重要作用。首先，文化资源凝聚了城市文化和价值取向，能够潜移默化地树立城市居民积极的价值立场、价值取向和价值判断；其次，丰富多样的文化资源，能够提高人民审美，促进文化自主创新，在经济层面上，文化资源具有提供生产加工对象，通过有形载体，可以转变为文化资本，实现经济收益。但是值得注意的是，文化资源优势并非天然就是区域的发展优势,只有当珍贵的文化资源被有效开发利用,才能发挥其潜在的经济、文化价值。对于文化资源类别,学界普遍采取依托文化资源的载体与构成层次进行分类,如下表①。

序号	组成部分	涵盖内容
1	技术层面的器物	历史遗址遗迹文化、艺术品等
2	组织层面的制度	现代社会中现行的法律法规、社会制度等
3	行为层面的习俗	人类社会的民风民俗、生活习惯、行为性格等
4	心理层面的观念	有影响力的思维方法、倾向及认识、世界观等
5	表达层面的语言	表达符号、语言表达、肢体语言等

根据以上五个层面,我们将其分为两个维度:一是有形的物质资源,一是非物质资源,并以此作为梳理五大新城文化资源的方向和思路。

(一) 有形的物质资源

有形的物质资源是文化产业的基本载体,大致包括:一是富有特色的自然生态景观,如植被、湖泊、名山大川、园林、地质公园等;二是富含历史文化内涵的遗址和文物,如名胜古迹、陶瓷、器皿、碑刻、历史人物故居及祠墓、各类纪念地等;三是具有鲜明民族、地方特色的工艺、饮食文化资源,如四大绣品、八大菜系等;四是文化设施与设备资源,如图书馆、博物馆、体育场馆、电影院及其他各种公共娱乐文化设施设备等。

1. 嘉定新城

嘉定建县于南宋嘉定十年(1217),历史文化源远流长,嘉定老城拥有嘉定孔庙、古漪园、州桥老街、秋霞圃等古迹文旅资源,以及嘉定竹刻、徐行草编、南翔小笼等非物质文化遗产10余类种。嘉定新城擦亮人文、汽车、田园三张旅游名片,打造"远香湖会客厅"文旅融合示范样板。

① 李树榕、王敬超、刘燕:《文化资源学概论》,东南大学出版社,2014年,第29—66页。

自然生态景观	历史遗址文物	工艺饮食文化	文化设施与设备
远香湖	嘉定南翔古镇	嘉定竹刻	上海汽车博览公园
江桥黄家花园	南翔砖塔	江桥羊肉	上海汽车博物馆
百佛园	云翔寺	徐行草编	上海国际赛车场
汇龙潭公园	嘉定州桥老街	马陆竹篾	华亭人家
古漪园	嘉定孔庙	南翔小笼	环球乐园
秋霞圃	吴觉农纪念馆		黄渡公园
檀园	陆俨少艺术院		安亭公园
嘉定紫藤园	留云禅寺		美国梦幻乐园
上海嘉定叶池	法华塔		上海高尔夫俱乐部
嘉定千年银杏	嘉定城隍庙		四海壶具博物馆
古树公园	吴兴寺		嘉定竹刻博物馆
外冈蜡梅园	安亭老街		相东佛像艺术馆
浏河岛度假村	顾维钧生平陈列室		嘉定图书馆
上海宏泰园	菩提禅寺		嘉定博物馆
马陆葡萄主题公园	黄淳耀墓		嘉定区革命烈士陵园
	登龙桥		
	明忠节侯黄二先生纪念碑		
	陶庵留碧碑		
	王敬铭住宅		
	太平永安桥		
	德富桥		
	思贤堂		
	聚善桥		
	熙春桥(登瀛桥)		
	嘉定普济桥		
	许苏民墓		
	沈家祠堂		
	秦大成住宅		
	夏采曦故居		

资料来源：上海市嘉定区旅游景点介绍，上海市嘉定区旅游景点列表(bytravel.cn)

2. 青浦新城

青浦文旅资源丰富。全区有国家A级景区9家,其中国家4A级旅游景区6家,3A级景区3家。

自然生态景观	历史遗址文物	工艺饮食文化	文化设施与设备
曲水园	朱家角古镇	奘(zhuàng)糕	东方绿舟
上海大观园	陈云故里	练塘茭白	崧泽遗址博物馆
古塔公园	金泽古镇	练塘草编	青浦现代农业园区
淀山湖风景区	福泉山遗址	青浦水印版画	徐泾镇国防教育基地
联怡枇杷生态园	青浦万寿塔	芡实糕	青浦区档案馆
珠溪生态大道	泖塔	朱家角扎肉	东乡革命烈士陵园
金龟岛养生基地	万安桥	练塘糕团	西乡革命烈士陵园
四季百果园	迎祥桥	练塘(评弹)	中国兵器博览馆
寻梦园	寺前村古文化遗址	白鹤(沪剧)	上海中华印刷博物馆
朱家角野生动植物湿地公园	刘夏古文化遗址	盈浦(龙舟)	朱家角人文艺术馆
课植园	骆驼墩古文化遗址		永升江南农家乐园
朱家角大千生态园	福寿园人文纪念公园		上海国际高尔夫球乡村俱乐部
珠溪园	金山坟古文化遗址		上海菲尼克斯生态园
太阳岛度假村	北大街、放生桥		青浦图书馆
	青龙塔		益友斋美术馆
	青龙镇遗址		上海翰林匾额博物馆
	王昶纪念馆		大千生态庄园
	圆津禅院		青浦任屯血防陈列馆
	庄严寺		青浦博物馆
	青浦城隍庙		
	报国寺		
	福泉山古文化遗址		
	崧泽遗址		
	普济桥		

资料来源:http://www.bytravel.cn/view/index1392.html

3. 松江新城

松江区历史文化悠久，旅游资源禀赋优异，有着“上海之根、沪上之巅、浦江之首、花园之城、大学之府、科创走廊、制造重镇、旅游胜地”的美誉。

文旅项目进展迅速，成功打造了广富林文化遗址、广富林郊野公园、佘山世茂洲际酒店、蓝精灵主题乐园等一大批重大项目；府城、仓城、泗泾下塘历史文化风貌区等文化旅游项目建设步伐加快；佘山旅游综合服务中心、“横云山居”民宿群、城市休闲绿道“慢行”系统等休闲体验类项目有序推进。

自然生态景观	历史遗址文物	工艺饮食文化	文化设施与设备
上海辰山植物园	广富林文化遗址	松江布织造	泰晤士小镇
东佘山园	松江唐经幢	云间八大碗	松江大学城
西佘山园	方塔园	浦南“硬八样”	思鲈园广场
佘山国家森林公园	松江醉白池	叶榭软糕	枫泾暴动史料展陈列室
松江农庄度假村	佘山天主教堂	叶榭竹编	欢乐谷
雪浪湖度假村	松江清真寺		月湖雕塑公园
松江天马山深坑	福田净寺		上海影视乐园
上海浦江之首旅游景区	延寿寺		上海世茂精灵之城主题乐园
荷花公社	李塔		松江区档案馆
上海天马山	秀道者塔		松江烈士陵园
浦江源三角渡	颐园		月湖美术馆
昆秀湖	资庆寺		松江城市规划展示馆
新城中央公园	陈公祠		松江美术馆
松江天马山深坑	松江明砖雕照壁		上海中国留学生博物馆
佘山月湖	兰瑞堂		中国会计博物馆
上海伟盟生态林	上海松江护珠塔		松江博物馆
佘山森林百鸟苑	夏允彝、夏完淳父子墓		松江科技馆
松江生态水利风景区	云间第一楼		上海农业科普馆松江馆

(续表)

自然生态景观	历史遗址文物	工艺饮食文化	文化设施与设备
日月湖	兴圣教寺塔		程十发艺术馆
青青旅游世界	陈化成祠		思贤公园
横云山公园	陈子龙墓		西游记迷宫
小昆山园	方塔天妃宫		泗泾公园
	佘山天文台		佘山锦江漂流世界
	知也禅寺		上海天文博物馆
	史量才故居		佘山月圆园艺术园
	云间第一桥		欧罗巴世界乐园
	西林塔(圆应塔)		上海地震科普馆
	平原村古文化遗址		云间会堂文化艺术中心
	姚家圈古文化遗址		
	汤庙村古文化遗址		
	华亭老街		
	杜氏雕花楼		
	松江古城		
	泗泾古镇		
	西林禅寺		
	马相伯故居		

资料来源:http://www.bytravel.cn/view/index704.html

4. 奉贤新城

奉贤地处上海南部,相传孔子南方弟子言偃曾到此讲学,奉贤也因“敬奉贤人”而得名。奉贤文旅资源丰富。全区共有A级景区5家,其中3家为4A级,2家为3A级;乡村旅游示范点16个;挂牌乡村民宿10家,其中1家为市级五星级,3家为市级四星级;市级工业旅游示范点3个;市级“休闲好去处”7处;市级3A级最美旅游厕所1个;“中国体育旅游精品景区”“中国体育旅游十佳景区”和“中国体育旅游精品赛事”各 1 处。

自然生态景观	历史遗址文物	工艺饮食文化	文化设施与设备
花米庄行景区	沈家花园	奉贤乡土纸艺	赵天鹏烈士纪念碑
玉穗绿苑	东海观音寺	鼎丰腐乳	奉贤区档案馆
上海奉贤小木屋度假村拓展基地	洪福寺	奉贤滚灯	包畹蓉中国京剧服饰艺术馆
上海都市菜园	二严寺(佛阁)	庄行羊肉	海湾女子民兵哨所
奉贤海湾旅游区	奉贤华亭海塘	奉贤庄行塌饼	奉贤区烈士陵园
海湾国家森林公园	万佛阁	菜卤蛋	奉贤区少年军校
上海农工商现代农业园区	南桥佛阁月城	艾草青团	李主一烈士纪念碑
花果山百枣园	柘林古文化遗址	灶头菜饭	中国菇菌博物馆
奉新海滩	东海普陀寺		上海六小龄童艺术馆
申隆生态园	庄行古镇		上海知青博物馆
	华亭东石塘		上海农垦博物馆
	上海西塘		奉贤区博物馆
	庄行老街		庄行暴动烈士纪念碑
	奉城老街		
	南桥古华园		
	通津桥		

资料来源：http://www.bytravel.cn/view/index1391_list.html

5. 南汇新城

2021 年，上海市文化和旅游局与中国(上海)自由贸易试验区临港新片区管理委员会签署战略合作协议。未来，将充分发挥文旅综合赋能作用，全面集聚文旅优势资源，确保南汇新城未来文旅建设案例和实践，符合城市发展新趋势和新理念，成为中国文旅集聚投资、配置资源、创新发展的世界级平台。

自然生态景观	历史遗址文物	工艺饮食文化	文化设施与设备
滴水湖	南汇古城墙遗址	鸟哨	川沙公园
滨海森林公园	古钟园(古钟)	周浦羊肉	上海野生动物园
南汇桃花村		上海清蒸大闸蟹	中华民族大观园
南汇东滩湿地		粢饭	东海影视乐园
大团桃园			浦东射击俱乐部
南汇新城海滩			滨海高尔夫俱乐部
南汇嘴观海公园			上海海昌海洋公园
			中国航海博物馆
			临港当代美术馆
			大隐湖畔书局
			临港当代美术馆
			中国名家主题雕塑园
			南汇博物馆

（二）非物质资源

非物质资源包括：第一，优良的精神传统资源，如创新精神、大量的历史传说和故事等；第二，通过文化艺术体现出的艺术审美资源；第三，民俗风情资源，如生活生产习俗、社交礼仪习俗、岁时节令习俗和信仰习俗等；第四，品牌资源；第五，人类口述和非物质文化遗产资源。

1. 嘉定新城

民间传说故事	民俗风情资源	品牌资源	非物质文化遗产
徐公酒坊与小囡桥	画灶画	嘉定教化城	嘉定竹刻
铁匠父女与汇龙潭	吃蒸糕	嘉定法宝	徐行草编工艺
闵士籍与古猗园	嘉定锡剧	嘉定德宝	南翔小笼馒头制作工艺

（续表）

民间传说故事	民俗风情资源	品牌资源	非物质文化遗产
割龙身与葛隆镇	小青龙舞龙会	太太乐	上海道教音乐
“毛猴”太子和剃头师傅的黄绫幌子	龙舟赛会	海螺	药斑布印染工艺
白鹤南翔传说	南翔灯谜	凯泉泵业	马陆篾竹编织工艺
		威派格	嘉定传统民居营造技艺
		上海连成	明清风格家具制作技艺
		上海沪工汽车电器	江桥羊肉
		华荣科技	郁金香酒酿造工艺
		上海仪电科仪	文玉和酱制品制作技艺
		上海亚明	江南丝竹
			苏绣
			压金丝嵌宝工艺

资料来源：嘉定|关于嘉定的这些民间神话故事，你听过几个？_上观新闻(jfdaily.com)
https://sghexport.shobserver.com/html/baijiahao/2020/10/26/285360.html
https://sghexport.shobserver.com/html/baijiahao/2021/09/16/540007.html

2. 青浦新城

民间传说故事	民俗风情资源	品牌资源	非物质文化遗产
青浦城的故事	扎肉提香	青浦江南风	青浦水印版画
淀山湖传说	阿婆茶	上善之城	土布染织技艺
陈知县微行金泽镇	江南丝竹	市民文化节	练塘茭白叶编结制作技艺
陆洞浜美谈	七夕丢巧针	朱家角江南水乡音乐节	练塘糕团制作技艺
三姑祠的传说	青浦田山歌	白鹤草莓节	青浦烙画
青龙塔与白鹤江	摇快船	练塘茭白节	徐泾汤炒
九龙江和杨舍的传说	拜香舞	淀山湖文化旅游购物节	青浦宣卷
不倒的泖塔	青浦船拳	书香门地	
		圆通速递	
		国家会展中心(上海)	

(续表)

民间传说故事	民俗风情资源	品牌资源	非物质文化遗产
		孝情驿站	
		百联奥特莱斯	
		寻梦源薰衣草节	

资料来源:https://mp.weixin.qq.com/s/6_1hFrLv7dEeSI9PcUDbWw
https://www.shqp.gov.cn/tv/gzdt/20200602/658377.html
https://mp.weixin.qq.com/s/jhLVqCX0WTLMB7un4dwUlw
https://mp.weixin.qq.com/s/9xO2ChNnTulo_Rm5cBxfhg
https://mp.weixin.qq.com/s/Tp_MPbK3a2LkxYGsH9EAtg

3. 松江新城

松江区坚持打响“上海文化品牌”,高起点谋划“江南文化”,叫响了“上海之根,人文松江”的口号,“佘山大境界 问根广富林”的旅游品牌形象开始彰显。

民间传说故事	民俗风情资源	品牌资源	非物质文化遗产
佘山兰花笋	春节吃糕	上海之根,人文松江	上海米糕制作技艺
佘山马蹄笋	松江舞草龙	佘山大境界 问根广富林	广利粽子制作技艺
卧子投江	烧八寺香	松江“好邻居”	“一合酥”制作技艺
秀野桥松江四鳃鲈鱼的传说	松江四鳃鲈鱼文化	人文松江	张泽青龙饺制作工艺
陈子龙和柳如是的爱情故事	花篮马灯舞	张泽羊肉	张泽羊肉制作工艺
卧子瑗公续相伴	泗泾十锦细锣鼓	瀚艺 HANART	泗泾豆腐制作技艺
孟姜女坐石	余天成堂传统中药文化	播 broadcast	阿六汤圆制作技艺
十鹿九回头	新浜戏剧	龙笛 LONDEE	李塔汇豆制品制作技艺
	丝网版画	林清轩	
		来伊份	

资料来源:https://wenku.baidu.com/view/92dbef5d8d9951e79b89680203d8ce2f00666585.html?_wkts_ = 1667405851041&bdQuery = % E6% 9D% BE% E6% B1% 9F% E6% B0% 91% E9% 97% B4% E4% BC% A0% E8% AF% B4% E6% 95% 85% E4% BA% 8B

4. 奉贤新城

民间传说故事	民俗风情资源	品牌资源	非物质文化遗产
称土还粮	奉贤菜花节	奉贤贤者地	奉贤滚灯
奉贤由来	庄行羊肉烧酒民俗	文明之城·美在奉贤	江南孙氏二胡艺术
三女冈的传说	庄行土布染色经布工艺	五贤文化	奉贤清音
	奉贤山歌剧	东方美谷	乡土谜语
	奉贤乡土纸艺	自然堂	鞭杆技艺
	白杨村山歌	MERCURY	杜瓜粉制作技法
		森蜂园	书画修复技艺
		上药牌	江南渔技
		晨光	金银细工
		鼎丰	珍珠霜传统制作技艺
		KAI BAO	描金彩绘
		金力泰	红木瓜果桃盒小件制作技艺
		大白兔	王氏疔疮膏药制作技艺
		爱森	
		奉贤黄桃	
		柘中	
		美迪科	
		北欧E家	
		庄行羊肉	

资料来源：https://mp.weixin.qq.com/s/rs1jaVoR3A5GSXccGvLIQA

5. 南汇新城

民间传说故事	民俗风情资源	品牌资源	非物质文化遗产
王老太太	南汇灶花	南汇海湖韵	鸟哨吹奏技巧
三借庐笔谈	南汇桃源民俗村	南汇蜜梨	渔具制作和捕捞技艺
	南汇婚嫁习俗	南汇文化艺术节	南汇锣鼓书

(续表)

民间传说故事	民俗风情资源	品牌资源	非物质文化遗产
	惠南镇城隍庙会	南汇桃花节	南汇打莲湘
			琵琶艺术
			江南丝竹
			沪剧

二、五大新城文化资源开发利用现状

通过对五大新城文化资源的梳理，我们发现五大新城在打造城市品牌、提升城市核心竞争力进程中，对本区域文化资源的开发和利用的特点主要集中在战略目标的确立、文化阵地的建设、文化产业及文旅融合发展，以及文化人才的建设这几个方面。

（一）明确文化战略目标

新城产业高质量发展是坚持聚焦实体经济、聚焦协同发展，围绕先进制造业和现代服务业，高起点布局高端产业，高浓度集聚创新要素，从五大新城的新名片——嘉定教化城、青浦江南风、松江上海根、奉贤贤者地、南汇海湖韵来看，嘉定新城的战略定位是“汽车文旅、魅力之城”，青浦新城是“江南水乡、生态之城”，松江新城是“上海之根、人文之城”，奉贤新城是“东方美谷、创意之城”，南汇新城则是“世界海岸、未来之城”。可见，五大新城战略目标的确立都基于自身产业发展的基础和优势，各有侧重。嘉定、青浦、奉贤三城的战略目标都有相应的成熟产业基础作支撑——嘉定新城的汽车产业，青浦的“最江南”生态人文旅游业，奉贤的美丽健康产业集聚。相较而言，松江、南汇的战略目标与其匹配的产业基础发展相应薄弱，但有可增长的发展潜力——松江有松江大学城作为文化基地、佘山风景区作为自然旅游基地，南汇有海滨的地理优势和自贸港的承载优势。

各大新城产业基础与战略目标基本保持一致，可以集聚发展力量。从短期来看，各城产业发展的成熟度虽会影响本城建设的发展速度，但并未导致自身资源分裂城市竞争力的情状。从长期来看，五大新城的战略目标互不重叠，不构成内部竞争，可以错位分工、协同发展。

（二）强化文化阵地建设

城市文化资源的利用和发展离不开城市客观存在的联系，必须要以文化阵地作为强有力的存在基础，系统整合城市文化资源，才能高屋建瓴将城市的具象物质与城市抽象的文化精神形象对应起来。五大新城都在积极建设各自的文化阵地，通过以社会主义核心价值观为核心的文化阵地建设塑造新城文化特色。

在挖掘文化价值方面，嘉定的三个名片——“人文”“汽车”“田园”，相较于汽车和现代人文发展势头良好，对历史人文的挖掘和整合宣传相对较弱，活力尚未完全释放。“最江南”是青浦的文化特色，青浦文化阵地建设应以尊重和保护自然水脉与城市文脉为前提。青浦地方文化资源尚未充分挖掘，需要用好用活江南文化、海派文化、红色文化资源；青浦古文化、水文化、江南文化底蕴尚未完全激活，需要创建多样化的文化载体，繁荣文旅市场。

相较于其他四城的深厚的发展基础，南汇位于上海郊区，原有的文化基础设施资源薄弱，所以南汇加强文化事业和文化产业发展，推进文化设施网络建设，规划建设区级图书馆、剧场等文化设施。在“十三五”期间，南汇商文体旅初具特色，商业设施建筑面积 45 万平方米，上海天文馆、冰雪之星等重大项目加快建设，滴水湖迎新跑等活动形成品牌效应，游客年接待量达到 500 万人次。可见，南汇短期多是打造重大特色项目，文化阵地建设周期相对较长，需要提升建设速度才能不被其他新城落下。

（三）重视文化资源的宣传引导

整体来看，五大新城虽然进度不同，但均已开始对文化资源进行整合，并大力宣传引导。不过尚未形成具有广泛认知度和影响力、与城市整体发展完全契合的高品质文化品牌。

嘉定新城仍是以汽车大工业产业为重要支柱，文化产业能级有待提升。嘉定作为“人文教化地，智慧汽车城”，近年来全力响应“上海文化”品牌塑造政策，参加“长三角文博会”，举办“文化和自然遗产日”宣传展示系列活动，不断激发嘉定文创产业发展新动能，焕发新生机。嘉定古称疁城，围绕嘉定特色植物紫藤 IP 设计开发的“艺品疁芳”新兴的文创品牌，如今已形成包括研发、展示、销售，形成完整的文创产业链。而嘉定新城更是依托“艺品疁芳”文创品牌聚力发展，设立了线下展销和文创体验，深植“非遗”符号，推动嘉定本土文创设计新生力量。

青浦文化资源的转化推介有待加强，青浦会商文旅体农联动发展不足，旅游设施老化、产品单一，多数景区仅以观光游览类景点为主，附加值、影响力和吸引力不高。青浦悠久的历史和深厚的底蕴尚未转化为高品质的文化产品和有影响的文化 IP，青浦特色文艺精品研究创作水平不高，古镇民宿发展空间有待提升。文化产业创新、创意、创造成果不够丰硕，整体特色尚不突出，文化领域宣传推介力度不大，品牌标识度、产业影响力和市场竞争力不强。

奉贤新城发掘“贤美文化”时代内涵，建成“文化新地标、演艺新殿堂”，塑造江河韵、贤美风、未来感齐鸣的艺术之都，绘就“百里运河、千年古镇、一川烟雨、万家灯火”的新江南水乡景致，实现上海“一江一河”的别样再现。如以九棵树未来艺术中心为核心，布局建设言子书院、“海之花”市民活动中心等一批文化设施，引入形式多样的文化创意功能和文化研究机构，打造奉贤品牌，举办上海国际音乐周、灯光秀、花海美妆音乐嘉年华、东方美谷国际花展，东方美谷艺术节，提高文化软实力、影响力。

松江是“上海之根”，是“江南文化重要发源地”，拥有丰富的历史文化资源。松江自然资源禀赋优异，上海佘山旅游度假区是国务院批准建立的 12 个国家旅游度假区之一。在文化设施布局上，深入挖掘人文历史，建设一批体现“书香之域、书画之城、文博之府、影视之都”特色的展示馆、陈列馆、体验基地，打造 3～5 个艺术家驻留集聚区。

南汇作为滨海新城，文化产业的规划和建设相当于从零发展，在未来具有无限可能，所以南汇文旅目前的宣传定位多是“未来之城”“先锋阵地”。未来在文化资源的宣传引导上，还需要大力培育和宣传中华优秀传统文化，使“国际风、未来感、海湖韵”成为城市靓丽的名片，打造最具特色的滨海新城。

（四）文旅产业融合发展

文化产业是城市经济发展的新动能，也是城市聚集人才的聚力器，五大新城在文化产业发展上，积极发挥“文化+”作用，创新文旅融合，发展文化产品。

嘉定打响“3+1”旅游品牌，丰富“旅游+”新内涵，开发特色工业旅游项目，打造体旅融合项目，推出红色旅游精品路线。此外，数字化赋能智慧旅游，支持数字酒店建设，深入推进旅游领域数字化、网络化、智能化转型升级。但嘉定文化事业、文化产业和旅游业发展不平衡、不充分的矛盾还比较突出，旅游品牌竞争力有待提升，文化和旅游工作的组织体系和工作机制有待进一步完善。“十四五”期间，嘉定将旅游业纳入全区发展大局，将其作为各部门、各街镇、各单位的工作重点，加快构建形成政府引导、市场主导、社会参与的旅游发展格局，凝集旅游业发展的广泛共识和工作合力，更好地满足人民群众需求，实现高质量发展。

青浦文化旅游项目的开发做到产城融合。青浦项目建设有待加快，青浦公共美术馆、非物质文化遗产展示中心、崧泽遗址绿地公园、福泉山文化遗址公园等列入“十三五”规划的重大文化设施尚未立项，街镇文化活动设施普遍存在未达标、被占有或拆除等现象。

松江从资源禀赋出发，打造出了多样化的旅游产品体系，以生态度假游、文化遗址游、乡村休闲游等产品为主的复合旅游体系逐步形成，旅游产品体系建设成就突出，产品体系日趋成熟。但各部门、各街镇对文旅发展的力量聚焦、责任压实、推进力度还不平衡；在重点项目建设推进过程中，对标严要求、高标准、快速度的聚焦还不充分；市场资源的整合和市场主体能动性的发挥还不足。

奉贤塑“新江南文化”，着力打造南上海文化地标群，将以美丽健康之名进入全域旅游的新境界。当前,围绕长三角品质休闲名城、国际滨海旅游胜地的建设目标,奉贤正以重大旅游项目为依托,加快推进全域旅游。现有多个亿级在建文旅项目,如一川烟雨、在水一方、庄行郊野公园、美谷美宿以及碧海金沙提升项目等。

南汇以文体旅产业新发展驱动城镇振兴,塑造新片区高品质、国际化、特色化的城市形象。南汇正紧锣密鼓地推进项目开工建设。南汇将以特殊经济功能塑造为核心,以独立的综合性节点滨海城市建设为支撑,正实现从规划图向施工图、实景图的大步迈进。

(五) 加强人才队伍建设

在人才建设方面,五大新城都面临提升城市对人才吸引力的难题,其次是文化人才建设水平不高、数量和结构待优化的问题。

嘉定文化和旅游人才队伍建设水平还不够高,人才的数量和结构有待进一步增加和优化。有待进一步优化发展环境,当前嘉定基础设施配套不够完善,无论是文化娱乐、餐饮、教育卫生,还是商业配套等方面均存在短板;高端人才缺乏,由于地处郊区,基础设施及配套设施不够完善等问题,导致企业招聘优秀人才难,留住优秀人才更难。此外,其他相关保障体系还有待进一步完善,包括产业规划与运行机制、企业投融资等在内的相关问题。

青浦新城人才结构有待优化,基层文化服务人才力量相对薄弱,A 级景区专业性管理人才和技能型人才偏少,公益性文化志愿者队伍总体数量不足,文创产业群体领军人才稀缺,缺少文化和旅游类中高等院校。对照建设独立的综合性节点城市的目标,青浦新城的图书馆、博物馆、美术馆以及演艺场馆等高品质、特色化的公共文化设施能级还不高,覆盖面还不广,辐射性还不强,人均面积还不足,部分重点区域缺乏住宿、交通、咨询等旅游服务设施。街镇、村居普遍缺乏标准化文化广场和演出舞台,基层文化供给仍然不够平衡、不够充分,群众获得感不强。青浦新城基层文化服务人才力量相对薄弱,A 级景区专业性管理人才和技能型人才偏少,公益性文化志愿者队伍总体数量不足,文创产业群体领军人才稀缺,缺少文化和旅游类中高等院校。

奉贤、南汇的人才建设主要分为两个方面：一是文化人才引进和集聚，二是本城文化人才培育。南汇实施人才全方位导入计划。为了做好非遗活态传承，奉贤巩固“非遗在社区”试点成果，深入推进非遗展示传习场所功能提升，做好非遗人才培养和非遗保护，提高非遗传承人传承能力，推动非物质文化遗产传承人“扎根”社区文化活动中心、居村综合文化活动室等基层公共文化空间，营造“人人都是非遗传承人”的良好氛围。

三、五大新城文化资源开发利用存在的主要问题

总的来说，五大新城积极开发和运用地区文化资源的实践已经取得了阶段性的成效，目前来看，在运用文化资源发展新城文化产业上主要存在以下问题。

（一）文化资源挖掘不够深入，缺乏文旅融合和区域资源的整合

嘉定新城以汽车工业为基础，发展汽车文旅，同时挖掘历史人文资源。目前以打造“远香湖会客厅”文旅融合示范样板为主，远香湖作为人工湖，湖畔分布着保利大剧院、嘉定图书馆等热门打卡地，通过智慧交通，联通了智能汽车产业。嘉定新城的三个名片——“人文”“汽车”“田园”，相较于汽车和现代人文发展势头良好，对历史人文的挖掘和宣传相对较弱，活力尚未完全释放。

“最江南”是青浦的文化特色，需要充分挖掘地方文化资源，用好用活江南文化资源、海派文化资源、红色文化资源，繁荣文旅市场。青浦悠久的历史和深厚的文化底蕴尚未转化为高品质的文化产品和有影响的文化 IP，青浦特色文艺精品研究创作水平不高，文化领域宣传推介力度不大，品牌标识度、产业影响力和市场竞争力不强。

松江的文旅项目和产品体系非常丰富，文旅融合的意识逐步增强，文旅融合的氛围逐步形成。但由于受目的性认识所限，加上体制机制方面的束缚，全区文旅的融合度还不够，致使一批优秀的区域特色文化旅游产品未能

成功打造,松江区的文化旅游魅力未能得到充分彰显,文旅融合亟需全面激活。

奉贤新城目前的区域资源和文旅尚未达成有效融合。奉贤新城围绕“东方美谷”,延展美丽健康产业体系,但其文化名片是“奉贤贤者地”,美丽健康产业和文化产业二者在定位上存在一定偏离,但奉贤新城塑造的“森林极核、疏朗有致、九宫簇芯”的城市意向,其自然原生的生态文化和美丽健康产业有一定的重叠和内在脉络延展。奉贤古以三冈成陆,现已发现的柘林古文化遗址、江海古文化遗址证明,奉贤有着深厚的历史文化积淀。未来奉贤新城如何整合历史人文、产业资源,齐聚“贤者地”集中力量打响美丽新江南的名片还需进一步探索。

南汇新城(临港新城)脱离市区后需要形成自身的城市文化生态,其自然生态景观资源、文化设备和配套设施资源相对完备,历史遗址文物等资源较少,其文化产业发展受地理位置的影响,对交通的依赖程度重,相应的商业配套还未建设,目前是一个以现代化旅游为主的城市。南汇新城的战略也是以“旅”兴城,建设世界级目的地,构建旅游产业体系,整合旅游生态资源。未来,南汇新城要发挥自贸区政策优势,打造海洋文化特色的文体产业。

(二) 文化产业能级不高,治理能效有待提升

五大新城虽然均有众多文化资源,但为人所知、形成品牌影响力和辐射力的文化资源屈指可数。

嘉定新城仍是以汽车大工业产业为重要支柱,文化产业能级有待提升。2021 年,嘉定三次产业结构比重为 0.1 ∶ 58.8 ∶ 41.1,现有影院 27 家、影厅 185 个,座位数 26 197 个,放映电影 31.4 余万场,观影 316 万余人次,实现票房收入 13 876 万元。青浦新城会商文旅体农联动发展不足,旅游设施老化、产品单一,多数景区仅以观光游览类景点为主,附加值、影响力和吸引力不高,古镇民宿发展空间有待提升。文化产业创新、创意、创造成果不够丰硕,整体特色尚不突出。文化产业社会化参与程度不高,尚无独立的招商引资政策,社会力量投资的重大文旅设施项目进展缓慢。文旅设施与商业综合体、

公园和住宅区有机集成的力度不大，兼具博物、文化展示、休闲等功能的“文旅＋”业态相对偏少。受制于环保、土地、房屋性质等审批要求，公益性文化设施及部分文旅融合业态难以落地或注册。实施先照后证备案改革之后，由于法律法规滞后等因素，导致文旅市场事中事后监管执法存在一定盲区。

松江是“上海之根”，是“江南文化重要发源地”，拥有丰富的历史文化资源。松江自然资源禀赋优异，上海佘山旅游度假区是国务院批准建立的 12 个国家旅游度假区之一。但“上海之根”“江南文化”以及佘山国家旅游度假区品牌的整体认知度与影响力还不足，尤其是在全国及全球范围内缺乏知名度与影响力。2021 年，松江全年三次产业增加值比重为 0.3：51.0：48.7。品牌赋能的效应还远远不够，在提升影响力与辐射力方面还需要做更多努力。此外，旅游服务功能不平衡问题还比较突出。松江大学城片区、松江老城片区、影视文化片区、浦南乡村片区及周边区域旅游发展相对薄弱，服务设施配置的覆盖面、结构及功能等都还存在不足，旅游公共基础设施不够完善，特别是在旅游交通基础设施建设方面存在明显的不足。区内旅游专项设施配置不足，包括餐饮、购物综合体、文艺演出、夜间经济复合体等。缺乏一站式、大时段、综合性、高品质的融合型休闲度假网红人气产品，旅游服务能级有待进一步提高。

相比之下，五大新城中的奉贤新城文旅赋能“东方美谷”品牌影响力，通过政府主导、市场主体，运用商业化逻辑，释放新的消费场景。打造“东方美谷”产业地标，不仅仅在于吸引人才、留住人才，更在于创造新的城市进化动力。

（三）文化供给品质不高，人才结构有待优化

当前嘉定基础设施配套不够完善，无论是文化娱乐、餐饮、教育卫生，还是商业配套等方面均存在短板；高端人才缺乏，由于地处郊区，基础设施及配套设施不够完善等问题，导致企业招聘优秀人才难，留住优秀人才更难。此外，其他相关保障体系还有待进一步完善，包括产业规划与运行机制、企业投融资等在内的相关问题。

对照建设独立的综合性节点城市的目标，青浦新城的图书馆、博物馆、美术馆以及演艺场馆等高品质、特色化的公共文化设施能级还不高，覆盖面还不广，辐射性还不强，人均面积还不足，部分重点区域缺乏住宿、交通、咨询等旅游服务设施。街镇、村居普遍缺乏标准化文化广场和演出舞台，基层文化供给仍然不够平衡、不够充分，群众获得感不强。青浦新城基层文化服务人才力量相对薄弱，A 级景区专业性管理人才和技能型人才偏少，公益性文化志愿者队伍总体数量不足，文创产业群体领军人才稀缺，缺少文化和旅游类中高等院校。

松江新城创新发展文旅新产业，可以充分利用松江大学城资源，积极与高校开展合作，注重复合型人才培养和高新技术研发，加大文创产品设计创新力度，举办文创纪念品设计大赛，增强文化创意转化能力。奉贤新城高品质运营九棵树、博物馆等文化地标，以九棵树未来艺术中心为载体，引进重大演出、重大赛事，打造南上海演艺新殿堂。立足国际化、大众化、个性化，体现人民性特质，充分发挥“名人、名品、名馆”等效应，引入高品质文化演艺项目，深化“东方美谷艺术节”“奉贤的日子・花开的样子”等系列品牌活动，打造人民的节日、艺术的盛会，拉近世界和奉贤的距离。

四、改进文化资源开发运用的对策思考

（一）深入挖掘文化资源，以经济发展带动文旅融合

经济实力是文化发展的基础助力。五大新城要以城市经济实力带动文化竞争力的提升，以产业融合形成独具特色的文化产业经济优势，创新城市“文化 + ”产业模式。目前嘉定、奉贤两区正在往这个方向发展，嘉定是“文化 + 汽车工业”，奉贤是“文化 + 美丽健康产业”，松江、青浦、南汇还需要努力提高文化产业能级，提升治理效能。

以资源创新性开发激发文化活力。历史遗迹、自然景观、文化风俗等资源对于城市文化竞争力的优势影响是先天性的，同时亦是基础性的，绝大多数文化建设活动的开展都是以文化资源为基础的，因此需要在资源保护的前

提下进行创新性开发，以激发出源源不断的文化活力。一方面，实现内容的创新，即以现有资源创造出更具多样化与独特性的文化产品以捕获受众。可通过传统文化元素与创意产业的融合，将文化元素融入城市景观设计、城市建筑规划之中，南汇作为滨海新城，正在加快重大项目的开工，实施过程中应将南汇的文化资源和战略目标相结合，融入到规划之中。另一方面，可以丰富文化呈现形式，运用现代网络技术，凭借现场展演、数字化复原等多样媒介，实现场景再现。在创新过程中，要保持文化主位，最终目的是将城市核心文化呈现出来，以核心文化提升城市文化影响力。

（二）提升文化供给品质，提高城市对人才的吸引力

五大新城同步推进提高城市文化竞争力和文化人才建设，才能治标又治本，长久留住人才。城市文化竞争力以城市为载体，定然会受到城市环境的影响，城市的经济、政策、科技、生态环境都在一定程度上形塑着城市形象，并从宏观层面对城市文化竞争力产生影响。

以政策支持完善文化管理。其一，完善文化市场的监督与管理；其二，实现公共文化服务的高质量供给；其三，加强文化创新人才的管理，以政策优势吸引更多的创新人才进入文化领域，并制定详细的人才培养规划，以培养更多学科人才，以“文化名人”“文化团队”提升城市整体文化竞争力。

五大新城可以通过制定人才激励政策、保障住房、打造人文宜居、生态宜居环境等措施全方位综合提升城市对人才的吸引力。坚持人才优先，优化文旅人才发现、培养、使用和激励机制，打造一支结构合理、数量充盈、素质优良的文化和旅游人才队伍。培育和吸引一批文化和旅游领域的名人专家、急需紧缺人才、高技能人才，留住和用好从事文化和旅游工作的中坚力量，夯实基层人才队伍，使管理、专业、经营等各领域人才各展其长。以更公平、更有温度、引领可持续的高品质生活为原则，适度前瞻、高标准导入公共服务资源，以“微更新”为重点手段补足基层服务短板，兼顾常住人口与区域服务，鼓励多元主体、复合化、针对性供给，建立多层次公共服务网络。

(三)做好文化品牌建设规划,延续城市品牌核心文化

以科学规划促进文化品牌建设。第一,五大新城要着眼于自身现有知名度和文化发展方向的同时做好文化品牌建设工作。一方面,在城市品牌建设方面要注重系统性,契合城市市情,例如奉贤新城在文化品牌建设方面可以基于城市发展实际巧妙运用资源优势,从奉贤自然原生的生态文化、历史文化积淀到美丽健康产业,传统与现代化的结合都能成为城市品牌建设的基石;另一方面,五大新城品牌定位要做到明确性,通过品牌定位确立城市在顾客心中的个性与特性,使其能够区别于其他城市,同时还要保证城市品牌的延续性。第二,多样化品牌宣传渠道。在城市品牌宣传方面要有整合性与创新性。如手机直播、VR等虚拟仿真技术,将微观城市文化元素广泛传播,实现整体城市品牌宣传的作用;再如奉贤在虹口北外滩白玉兰广场举办"想休闲 到奉贤"旅游推介会,开展旅游推介情景剧《奉贤欢迎你》、非遗木雕、迷你铜艺、庄行格子等文艺表演,吸引400余名市民游客参加。

嘉定延续教化之城的文脉,持续推进国家公共文化服务体系示范区建设,推进嘉定图书馆、文化馆总分馆建设和"我嘉书房"发展,提升全区四级公共文化服务质量和服务效能。推动红色资源深度发掘、系统开发,推进嘉定早期党组织红色印迹、"五抗"斗争纪念馆、夏采曦故居旧址等保护利用。加强本土优秀传统文化的挖掘、整理及传承,推进全区不可移动文物的修缮和保护,加快推进嘉定镇、南翔镇历史文化名镇的保护传承,不断挖掘历史文化资源内涵,全面提升历史文化品位。巩固中国曲艺名城创建成果,提升嘉定竹刻、徐行草编、南翔小笼等国家非遗品牌效应。发挥保利大剧院等优质资源优势,打造具有嘉定特色的红色文化、海派文化、江南文化和汽车文化。

青浦强化"最江南"、强化"都市水乡"的文旅IP,营造全域旅游体验。借助多元形式的历史文化特色资源挖掘和活化路径,围绕"一环两廊诉千年,五区一带显亮点"的核心文旅空间,复原重要历史节点,联动朱家角、金泽和练塘三个古镇,着力提升新城的旅游集散能力与服务水平。立足地方民俗的演绎与拓展,推出文化节庆、特色赛事、民间集市等国际性地域活动品牌,鼓励

根植本土的文化创意产业发展，形成“全年有活动、四季有亮点”的文旅体验。支持上海古文化走廊、全域旅游集散中心等文旅地标建设，鼓励社区文化中心举办地方文化传承相关活动，结合常态化主题教育活动等，扩大区域知名度和影响力。

奉贤在教育、节庆赛事、社区级公共服务设施配置方面仍需进一步完善高品质公共服务供给，满足人民群众对美好生活的向往。有利的一点是，奉贤文化阵地建设可以在一批高等级公共服务设施已投入使用的基础上，连点成面。以九棵树未来艺术中心为核心，布局建设言子书院、“海之花”市民活动中心等一批文化设施，引入形式多样的文化创意功能和文化研究机构，打造最特别的奉贤品牌，举办上海国际音乐周、灯光秀、花海美妆音乐嘉年华、东方美谷国际花展，办好东方美谷艺术节，提高文化软实力、影响力。

松江深化人文松江建设，创新发展文旅新产业，可以充分利用松江大学城资源，积极与高校开展合作，注重复合型人才培养和高新技术研发，加大文创产品设计创新力度，举办文创纪念品设计大赛，增强文化创意转化能力。

南汇打造世界级文旅先锋地。一是以“旅”兴城，塑造世界级旅游目的地，包括建设世界级目的地、构建旅游产业体系、整合旅游生态资源。二是以“文”塑城，打造世界级文旅先锋地，包括打造文化特色品牌、打造先锋文化集聚地、培育文化产业新亮点。三是以“融”促城，推动文旅产业改革创新，包括创建国家文化产业和旅游产业融合发展示范区、积极推动旅游业创新、持续探索制度创新。四是以“智”暖城，完善文化旅游公共服务体系，包括提升智慧文旅能级、丰富公共文化供给、加强旅游服务设施建设。

总的来说，打造五大新城品牌，提升城市竞争力能级，必须有效开发利用区域文化资源，构建各具特色、错位竞争的产业体系，才能实现新城品牌、产业品牌、园区品牌的有机统一。

新常态下上海文化遗产保护与公众参与创新机制研究

曹晓华①

摘　要　“人民城市人民建”，强化基层治理，聆听群众意见，汲取群众力量，集聚群众智慧，是上海展现城市韧性、重塑人文关怀、增强国际影响力的关键。加强社会参与，推动公众合法、有序参与到社会治理和城市建设中，既需要自上而下的行政赋能和减负，也需要激活自下而上的人民主体活力和能动性。上海作为超大城市，经过疫情的考验，已经初步积累了“化整为零”、网格化管理的能力，但同时也要把握公众参与的本质，厘清国内外公众参与的概念异同，继而在实际操作层面总结已有的国内外经验，形成符合国情、行之有效的社会治理思路。

关键词　公众参与　上海　城市治理　文化遗产保护

中国共产党上海市第十二次代表大会上的报告（以下简称“十二大报告”）指出，超大城市治理必须发挥人民主体作用，打造人人都能有序参与治理的城市。十二大报告提炼出“五个人人”的关键词，即“人人都有人生出彩机会、人人都能有序参与治理、人人都能享有品质生活、人人都能切实感受温度、人人都能拥有归属认同”。十二大报告对于社会治理和社会参与的重视和强调，与2021年中国共产党上海市第十一届委员会第十一次全体会议通过

---

① 曹晓华，上海社会科学院文学研究所助理研究员，上海社会科学院城市文化创新研究院“城市与性别书写”工作室负责人，主要研究方向为中国现当代文学与文化。

的《中共上海市委关于厚植城市精神彰显城市品格全面提升上海城市软实力的意见》(以下简称《提升上海城市软实力的意见》)相比,既有继承发扬,又有完善提升。中国共产党上海市第十一届委员会第十一次全体会议指出,坚持"人人展示软实力",紧紧依靠群众、充分发动群众,广泛动员社会力量,有效运用市场机制,让城市软实力全方位展现。"人人都是软实力"与"五个人人"相互诠释,标志着新时代社会主义现代化城市治理迈上新台阶,明确了新阶段社会治理工作的努力方向。

新常态下如何把握我国公众参与的本质,在实际操作层面总结已有的国内外经验,从而形成符合国情、行之有效的社会治理思路,已成为紧迫的现实命题。本文将从分析中外公众参与理念的异同入手,结合历史文化遗产保护等相关案例讨论国内外公众参与的实践和局限,由此引申至上海社会参与机制的现状和问题,并提出相应的对策建议。

一、中西方"公众参与"的概念溯源

(一) 西方的"公众参与"

"公众参与"(public participation),也称"公民参与",是广义上"社会参与"力量的重要构成。现代社会治理中涉及的"公民"一词最早起源于古希腊城邦。当时在神坛祭祀和公共庆典中享有参与权的人即为最早意义上的"公民"。需要注意的是,"公民"概念的生成虽是西方民主制进程的重要原点,但对于古希腊城邦而言,"公民"群体同时又是城邦中少数的特权阶层①。"公民"在当时享有的民主权利,是一种需要小心维护的民主"特权"。这意味着西方"公民"概念在一开始即蕴含着矛盾。资产阶级革命之后,西方的"公民"概念得到强化。近代"公民"逐渐摆脱了之前对于身份、地位的强调,更倾向于国家成员的身份认同。

在经济全球化的过程中,"冷战"后出现的移民潮进一步激化了"归化公

① 秦馨、黄义英等:《社会转型期中国公民政治参与》,广西人民出版社,2005 年,第 1 页。

民”和“原住公民”之间的矛盾,由此带来的身份认同困境和社会角色转型一度造成了区域动荡。人群差异导致的权力斗争和权利矛盾,似乎又将人们带回了西方古代“公民”概念的初生阶段。从宏观层面来看,进入新世纪以后,阵营分化、边境冲突、局部战争、新冠疫情等“黑天鹅”事件层出不穷,致使西方的公民价值体系始终在地缘政治的框架中打转。在这样的历史背景下,不难理解西方“公民参与”在某种程度上特指“公民的政治参与”,在一般语境中带有极为强烈的参政议政倾向,有时还与少数族裔的政治权利紧密相连。而后文涉及的历史文化遗产保护等公共参与项目,是“公民参与”与社区社群文化结合后的产物,其政治属性虽然已经弱化,但在具体案例中仍会显示出政治色彩。

(二)中国的“公众参与”

中国“公民”概念的沿革与中国近代以来的革命活动密不可分。和西方古代城邦的“公民”概念不同,中国“公民”概念的前身是清末开始的“国民”观念。“国民”观念的灵感来源于国外的革命运动,在文化本质上与“臣民”及其背后的封建政治话语权力发生“断裂”,是清末知识精英试图挽回国家颓势而进行的政治实践。戊戌变法失败以后,对于“国民”的探讨愈发热火如荼。辛亥革命前后,孙中山的“五权宪法”思想日臻成熟,其中便涉及人民“政权”的内容。然而国民党政府的训政最终却以专制独裁的方式剥夺了人民的权力。此时的“人民”参政归根结底未能摆脱清末以来“国民”概念的影响,在英美法系三权分立基础上建立起来的“五权宪法”也未能适应中国的具体国情。

中国共产党在长期武装斗争的过程中,多使用“人民”概念,以扩大人民阵营、强化革命力量为主线,不断调整“人民”概念的内涵和外延。经过相当一段时间“人民”“民众”“平民”等词汇的混用,直到 1954 年 9 月 20 日颁布的《中华人民共和国宪法》,“公民”一词才真正获得国家权力机构的正式承认。与此同时,中国也确立了人民代表大会制度,作为中国社会主义民主制度最重要的政治制度。人民代表大会制度“是中国人民当家作主的重要途径和最高实现形式”,历经数十年的施行和完善,充分体现和反映了社会主义民主最本质的要求。2021 年 11 月,党中央印发《关于新时代坚持和完善人民代表大会制度、加强和改进人大工作的意见》,这是全面贯彻落实习近平新时代中国特色社会主义思想、推动新时代人民代表大会制度建设和人大工作高质量发展、加强社会主义民主政治建设的重要举措。2022 年,习近平总书记在中央人大工作会议上的讲话中,用“六个必须”集中概括了坚持和完善人民代表大会制度重要思想的核心要义,即必须坚持中国共产党领导,必须坚持用制度体系保障人民当家作主,必须坚持全面依法治国,必须坚持民主集中制,必须坚持中国特色社会主义政治发展道路,必须坚持推进国家治理体系和治理能力现代化。

我们要在坚持和完善人民代表大会制度的根本前提下,扩大公民有序参与政治,探索人民民主的多种形式。其中,社区治理及公众参与是城市化进程加速背景下,公民自觉、自愿、自主的民主实践。在自上而下和自下而上两种力量的相互作用下,公民合法有序参与社区治理也成为政府权力渗透社区“毛细血管”的政策实践。20 世纪中叶开始,西方学界已经注意到以社区为基础的公众参与,相关议题的讨论从 20 世纪 90 年代开始成为学界焦点。在西方学界对于社区治理与公众参与的讨论中,有一种研究路径是将其放在中西民主进程的比较中加以审视。在意识形态的干涉下,这类研究有一部分沿袭了“冷战”思维,对于中国的社区治理实践加以曲解和误读,某种程度上加重了中国民主制度和城市精神文明建设在外宣过程中的困境。事实上,中国城市社区治理伴随着土地开发和商品经济的发展,已经形成了具有中国特色的治理模式。一些深入研究中国社区治理与公众参与的国外学者,如 Dragan Pavlićević,也在相关著作中指出了在西方“双标”语境中被遮蔽的中国公众参与与国家话语权力之间的耦合关系,即中国的公众参与是国家权力话语权力渗透基层之后的实践,与国家集体的利益之间是“相辅相成”的关系,而非一种对抗性的力量。①

① 参见 Dragan Pavlićević. *Public Participation and State Building in China Case Studies From Zhejiang*. Routledge, 2020.

二、国外公众参与项目的实践经验

2011年,联合国教科文组织在《关于城市历史景观的建议书》中对地方层面应用"城市历史景观"(HUL)方法所需的工具手段进行了明确规定,"公众参与"作为其中的首要途径,"应让各部门的利益攸关者参与进来,并赋予他们权力,让他们能够查明其所属城区的重要价值,形成反映城区多样性的愿景,并确立目标,就保护其遗产和促进可持续发展的行动达成一致。作为城市治理动态的一个组成部分,这些手段应通过借鉴各个社区的历史、传统、价值观、需要和向往来达成,同时应促进相互冲突的利益和群体间的调解和谈判,为文化间对话提供便利"。国外公众参与项目的实践经验较为丰富,伴随着全球化和城市化进程,公众参与也成为推行城市规划、实现城市更新、提升城市形象等进程中的重要组成部分。

在各国公众参与项目的实践案例中,档案公众参与项目发展已经极为成熟。英国、澳大利亚、美国、新加坡等国家档案馆,都已经推出相应的公众参与项目,并由此衍生出诸如"全美历史保护信托组织"、英国"国家档案馆之友"、日本"全国历史街区保护联盟"这样的民间志愿团体,积极参与到不同社区的历史文化保护工作中。档案馆和博物馆等机构面向公众开展档案征集活动,鼓励志愿者通过照片、文字、语音等进行相关街区历史风貌的数字存档,并在项目中让公众直接参与原始资料的采集、扫描、转译、分类等二次加工流程,不仅使公民了解了当地的历史文化,也为保存历史文化贡献了自己的力量。

需要注意的是,国外档案公众参与项目发展到今天,已经与社交媒体高度融合,民众的记录基于社区但也会根据时事"溢出"社区,从而获得一种更加宏观的记录视角。以美国的 Documenting the Now(简称"DocNow")线上档案项目为例,该项目的开源工具鼓励民众在网络和社交媒体上共享自己社区和街道发生的重要历史事件,几乎是每个社区大事记的合集。而这种记录有的以数据包的形式向公众公开,背靠普林斯顿大学等高校的数据处理和分析，深植于推特推文的数据爬取。在最新的数据包中，志愿者搜集了 2020 年 5 月以来国际卡车司机协会及其附属机构的 63 707 条推文，以记录这一行业面临新冠疫情时经历的种种危机。

对于欧美各国来说，由于意识形态和政体差异，公众参与项目多是自下而上的民间志愿者活动。即便有国家博物馆、国家档案馆这样半官方背景的机构背书，项目的策划、运作、评估等环节仍旧极度依赖民间自发行为，且更加强调“无薪志愿时长”。在这个过程中，依靠特殊人群、种族等关系缔结的社区在其中产生了重要影响。少数族裔参与建档的过程，某种程度上转化为了个人史、家族史融入国家史，从边缘出发试图寻找身份认同的过程。当然，也有从社区利益出发，如环境保护，反对政策执行，乃至影响政策落地的情况。近年来，一些前沿的“智慧城市”建设也遇到了困难，如 2020 年 5 月，谷歌母公司 Alphabet 的子公司“人行道实验室”(Sidewalk Labs)宣布放弃总投资逾 13 亿美元的加拿大多伦多湖滨区项目。曾经名噪一时的“未来社区”项目——水岸码头(Quayside)因为民众担心企业通过与政府的深度合作而剥夺普通人的城市自治权力和技术主导权，最终宣告流产。①

除了上述自下而上的公众参与外，日本在历史街区保护方面取得的成就更具有借鉴性，其主要特色在于“官民协作”。20 世纪 60 年代，日本民间开始兴起历史文化街区保护运动，催生了许多全国性的保护历史街区志愿者团体，如 1962 年关东地区成立的“文化保护政策协会”、关西地区成立的“关西文化遗产保护协会”，1970 年成立的日本全国历史风土保护联盟，以及 1974 年成立的“全国街区保护联盟”(全国町並み保存連盟)等。② 在民间运动和政府相关政策的合力下，日本的历史街区保存良好，且民众的历史文化遗产保护意识进一步增强。政府保护措施促进了地方历史文化保护运动的发展，也逐渐形成了较为完善的保护机制。

---

① 为了抗议水岸码头的建设，加拿大民众发起“Block Sidewalk”运动。这是一种颇值得深入研究的数字时代公众参与。相关讨论可参考徐偲骕：《将人带回城市：对国外智慧城市“技治主义”的反思与超越》，《上海文化》，2022(02)。

② 陈建明、曹婷：《日本历史文化街区保护运动的发展及启示》，《人民论坛》，2013(02)：246—247。

日本政府在1966年制定了《古都保护法》,试图对历史遗产和历史文化景观进行全面保护。1974年全国街区保护联盟成立。1975年开始推行传统建筑物群保护区制度。政府、企业、居民三方合作,确保历史街道得到应有的保护。2004年《景观法》颁布,文化财产保护也随之修改,"文化景观"成为文化财产中的全新类别。在日本的街道保护过程中,不仅有街区建筑外观的修缮和复原,居民遵守共同治理保护的相关规章制度。然而,自20世纪90年代以来,由于人口数量减少,税收下降,老龄化导致社保费用增加,政府的财政状况不容乐观,因此鼓励私企赞助历史文化遗产保护的相关活动。与此同时,各地设立了支持以市民为主体进行城市建设的城市专项建设基金,由公私部门合作运营。这在一定程度上缓解了政府的财政负担,使相关的保护措施得以长期实施,也有利于当地居民之间、居民和政府之间、政府和企业之间的良性沟通。

日本城市更新过程极其强调公众参与。其城市建设项目的公众参与程序主要分为两个阶段:决策阶段和项目审批阶段。在城市规划决策阶段,根据《城市规划法》的规定,公开资料查实过程并举行公开听证会。在项目审批阶段,公众参与制定程序,保护自己的土地所有权、地表权、租赁权和其他相关权利。在日本,专家在城市规划过程中的作用仅限于城市规划的技术咨询,尽管他们实际上参与了居民和开发公司的规划建议过程。此外,日本历史风貌精细化保护管理及事项评价反馈机制十分完善。以京都市为例,从2009年开始,为了响应日本《有关维持和提高地区历史性风景的法律》,该市着手制定《京都市历史风致维持向上计划》,并在年度《评价报告》中对相关的工作进行总结评价反馈。在这个过程中,京都市政府引导民众广泛参与。[①] 这样的评价回馈机制产生了深远而广泛的影响,极大提升了京都的国际形象,增强了城市软实力。

---

① 张靓、张相忠、崔园园:《日本历史风貌精细化保护管理及事项评价反馈机制对上海的启示——以日本京都市为例》,选自《活力城乡 美好人居——2019中国城市规划年会论文集(09城市文化遗产保护)》,2019年,第443—449页。

三、上海城市历史文化遗产公众参与的现状和问题

习近平总书记2007年在上海工作期间概括了“海纳百川、追求卓越、开明睿智、大气谦和”的上海城市精神，2018年在首届中国国际进口博览会开幕式主旨演讲中指出“开放、创新、包容已成为上海最鲜明的品格”，强调“这种品格是新时代中国发展进步的生动写照”。习近平总书记提炼概括的上海城市精神和城市品格，是民族精神与城市个性、历史传承与时代进步、内在价值与外在形象的有机统一，是上海发展生生不息的力量源泉，已深深融入这座城市砥砺奋进的发展史、奋斗史。同样在2018年，上海市委宣传部会同全市各相关单位，围绕打响“上海文化”品牌，用好用足上海丰富的红色文化、海派文化、江南文化等宝贵资源，以打造文化品牌优势为重点，形成了《关于全力打响“上海文化”品牌加快建成国际文化大都市三年行动计划》(下文简称“《三年行动计划》”)。《三年行动计划》明确了打响“上海文化”品牌的四层级体系。第一层级为顶层目标，即打响红色文化、海派文化、江南文化三大品牌任务。为了使奋斗目标更为清晰、更为具象，市民的感受度更高，总目标又细化为五个分目标，即城市特质更加彰显、文化事业更加繁荣、文创产业更加发达、文化交流更加频繁、优秀人才更加集聚。

如今上海面对的已经不再是昔日“大拆大建”式的城市更新，而是在更加精细、高效的城市治理中对充满上海特色的海派建筑进行保护，在城市建筑及遗址遗迹的“活化”利用中延续城市文脉。结合“上海2035”国土空间规划的新要求以及全面进入存量更新发展阶段的时代背景，除了独立建筑的修缮维护和改造，成片街区的保护和改造成为近年来上海城市更新中采用的重点策略。自1986年上海被列为第二批国家历史文化名城以来，上海目前已经形成了“点(1 058处优秀历史建筑、文物建筑)—线[风貌保护道路(街巷)和风貌保护河道]—面(44片历史文化风貌区和250处风貌保护街坊)”的保护体系。作为国家历史文化名城，上海还构建了“城—镇—村”空间要素层级体系，包括11个历史文化名镇、2个历史文化名村、10个风貌特色镇、40个风貌特色

村。同时,上海还有约五批共十大类非物质文化遗产,其中,国家级非物质文化遗产代表性项目有55个,上海市非物质文化遗产代表性项目有220个。迄今为止,上海已经先后公布了五批历史保护建筑(优秀历史建筑)。2020年历经三次修订的《上海市历史文化风貌区和优秀历史建筑保护条例》出台。

2021年初,上海“建筑可阅读”春季发布会正式推出了围绕上海历史建筑的全民参与系列活动。事实上,相关的实践在之前已经陆续试点推行,包括在沪上历史建筑外墙或周围设置二维码,主题旅游线路和文创产品开发等等,方便市民、游客扫码并了解建筑历史人文故事。而这次发布会则是历史建筑保护的正式行动宣言,实现了跨界融合的新突破,其最大的特点在于对全民参与的强调,即“全民评、全民讲、全民拍、全民游、全民创”,是对“人民城市人民建”的最好诠释。据报道,“全民评”与美团合作,通过大众点评线上平台广泛征集市民游客对上海城市建筑的游览意见和运营服务建议。“全民讲”和蜻蜓FM合作,邀请市民、游客以上海建筑为载体,通过音频创作与演绎的方式,讲述建筑的故事、人与建筑的故事。“全民拍”与腾讯合作,向市民游客征集上海建筑的摄影作品,挖掘上海建筑蕴含的动人故事和不同特色。“全民游”和小红书合作,结合线上话题资源与线下联动,吸引用户游览上海建筑,发布建筑相关攻略。“全民创”与抖音、大隐书局合作,举办首届“建筑可阅读”伴手礼创意设计大赛,并在抖音平台进行线上展示。①

2022年初,上海市文旅局已经考虑发展人人可以参与的“海派城市考古”,将其作为“建筑可阅读”的延伸,进一步擦亮上海文化名片,提升城市形象。据相关部门负责人介绍,“‘海派城市考古’更多借鉴了传统考古范畴‘价值发现’的功能和意义,但无论在目标、领域和方式上都与传统考古有所不同。它以城市考古为起点,以发现城市、体验城市、分享城市为过程,以推介城市为终点,实现都市文旅资源的再挖掘、都市文旅价值的再发现、都市美好

① 《全民参与!上海以“建筑可阅读”活化历史文化和城市精神》,2021年2月4日,http://whlyj.sh.gov.cn/wlyw/20210204/31b25da9e6ec43ecab31389d453f9cbc.html。

生活的再体验”①。也就是说，相较于传统认知中的考古发掘，这次的“海派城市考古”以上海的人文历史为立足点，面向未来的城市发展。“海派城市考古”的相关活动一度因为疫情停滞，仅在部分网络平台有片段式的回应。2022 年中，疫情稳定后，上海正式启动“海派城市考古”十大新发现征集活动，向公众征集发现上海、体验上海、探索上海的图文、视频以及微旅行线路。上海推动“建筑可阅读”从“扫码阅读”1.0 版，到“开放建筑”2.0 版，再到去年的“数字转型”3.0 版，开放建筑 1 056 处，设置二维码 2 957 处，基本实现建筑的可读、可听、可看、可游。特别是去年，“建筑可阅读”成为举办 32 年的上海旅游节首个文化主题，十二时辰大直播全城联动，当天全网吸引了 2.2 亿人次观看。②

（四）现阶段公众参与项目存在的不足

1. 基层权力有限，自上而下的政府引导方式难以深入社区肌理。作为公众项目实施的关键一环——社区街道，缺少必要的组织能力和号召能力，长期处于被动“等米下锅”的工作状态。而疫情导致的网格化治理模式，虽然可以使社区治理更加精细化，但也在某种程度上加剧了不同社区和不同街道之间相互推诿的现象。社区街道的职责能力范围有限，却在特殊时期承担了大量的基层工作，在这个过程中原本较为单薄的群众基础暴露出来，不仅激化了与居民的矛盾，也极大影响了上海“重启”阶段各项活动的公众参与热情。

2. 公众参与项目缺少综合评价反馈机制。目前上海乃至全国的公众参与活动，在某种程度上依然以响应、配合相关政策为主，具有鲜明的时效性，却缺少筹备、开展、评估以及可持续推广的系统化和标准化流程。以致于在一段时间内热火朝天的公众项目，一旦结束便销声匿迹，无人关注，App 也不再更新维护，造成大量行政和社会资源的浪费。而公众对于相关活动的意见

① 《上海：发展人人都可参与的海派城市考古》，2022 年 1 月 23 日，http://sh.xinhuanet.com/2022-01/23/c_1310436367.htm。

② 《上海：发展人人都可参与的海派城市考古》，2022 年 1 月 23 日，http://sh.xinhuanet.com/2022-01/23/c_1310436367.htm。

建议缺少向上反馈的畅通渠道，长此以往，公众参与流于形式，极大限制了其受众面和影响力。

3. 参与历史文化遗产保护的社会民间力量相对单一，多方协作的可能性还有待挖掘。我国社会民间力量参与历史文化遗产保护的途径有限。与西方将相关工作交于民间组织托管或是日本政府筹集民间建设资金不同，我国的历史文化遗产保护工作虽然也有“社会参与”，但大部分是政府大包大揽。在城市更新的过程中，政府、专家和开发商的话语权大于普通民众的话语权，久而久之也导致了百姓习惯凡事依赖政府的思维惯性。

四、相关对策建议

党的二十大报告指出，超大城市治理必须发挥人民主体作用，打造人人都能有序参与治理的城市。要坚持问计于民，常态化开展大走访、大调研，搭建更多线上线下民意“直通车”，充分汲取群众智慧。强化基层社区建设，按照实有人口配置社区力量，加强社会动员，发挥社会组织作用，强化区域资源统筹和多方主体联动，提高社区治理数字化、智能化水平。加强社会参与，推动公众合法、有序参与到社会治理和城市建设中，既需要自上而下的行政赋能和减负，也需要激活自下而上的人民主体活力和能动性。而上海作为超大城市，经过疫情的考验，已经初步积累了“化整为零”、网格化管理的能力，但同时也要兼顾“化零为整”，统筹兼顾不同人群的精神文化需求，全面提升城市实力。在强调城市综合数字化治理的今天，如何合理高效运用各种数据平台和数字资源，提升城市数字治理能力，擦亮城市文化名片，都是亟待解决的问题。

据现有社会参与的实践经验和上海城市文化遗产保护的实际需求，提出对策建议如下。

1. 完善街道社区文化工作考评反馈机制，强化社区基层建设。社区街道是联结政府和百姓的桥梁，既是相关政策落地的最后环节，也是体察民意、反映舆情的第一线，起着承上启下的重要作用。在坚持重心下移，推动各类执法力量、专业力量、服务力量下沉基层的同时，应完善社区工作的岗位责任制，将所辖范围内居民们的真实评价作为社区工作考评的一部分。对城市历史建筑保护中的公众参与部分，不仅要把以整体城市规划为蓝本的项目进度作为参考系，也要充分考虑将项目评估融入社区街坊，降低视角，从百姓的“微观”视角考评相关项目的执行情况，重视“过程”而非“结果”。充分发挥每个片区代表性建筑的文化“溢出效应”，依托250处风貌保护街坊，彰显建筑的人文活力的同时，通过社区公共文化服务，增强百姓的历史建筑保护意识。

2. 考虑超大城市流动人口的特殊性，将历史文化教育融入社区肌理，增强邻里互信，多层次多角度宣传、阐释海派“乡愁”。在推进历史建筑保护时通常提及的“乡愁”或是“上海记忆”，只对上海部分年龄群体有效。“乡愁”和“怀旧”的宣传很容易产生实践上的受众“错位”，即对于流动人口和年轻群体来说，“老上海”情节是较为淡漠的。因此，应以“纳旧融新”为主要的宣传导向，借助社区邻里氛围的共建，将特定群体的上海记忆转化为新旧上海人共同的记忆，重新定义“家园”。疫情之后失去大量流动人口的上海，更需要加强人与人之间的缔结和沟通，以人文温度提升城市吸引力，让越来越多的人向往上海、来到上海、留在上海、喜欢上海、宣传上海。

3. 丰富历史文化遗产数字保护的技术手段，重视中老年群体的参与。软实力建设是事关人人的“人心工程”，必须充分激发方方面面参与的积极性、主动性、创造性，最大限度凝聚全社会共识和力量。来自市老龄办、市卫健委和市统计局的联合调查数据显示：截至2021年底，上海60岁及以上老年人口达542.22万人，占总户籍人口的36.3%。此外，本市人口预期寿命提高至84.11岁，每10万人中拥有百岁老人23.5人。上海作为我国老年人口最集中、老龄化程度较深的城市，应鼓励老年人的社会参与，激发老龄社会活力，积极帮助老年人跨越“数字鸿沟”。在数字治理城市的今天，不应仅将老年群体限制在智能看护、医疗护理、无障碍出行等基本生活物质需求上，而应配合“社区养老”，鼓励老人积极参与智慧城市的精神文化生活。目前，上海元宇宙产业正在快速发展，2022年7月8日，国内首个政府级元宇宙方案《上海市培育“元宇宙”新赛道行动方案(2022—2025年)》发布。数字孪生等技术已经试点运用于历史建筑保护，而上海老人的记忆和上海城市经验，是另一种意义上的“数字孪生”；他们的精神世界也是交织着海派精神之根、却被逐渐遗忘的“元宇宙”。

上海作为超大城市，想要提升城市软实力，彰显上海城市精神风貌和文化品格，必须发挥人民主体作用。“人民城市人民建”，在新常态下强化基层治理，聆听群众意见，汲取群众力量，集聚群众智慧，是上海展现城市韧性、重塑人文关怀、增强国际影响力的关键所在。

城市韧性的文化维度：身份认同、自组织与空间记忆

朱恬骅①

摘　要　随着城市韧性的概念愈加深入人心，其中包含的文化维度也日益显现。基于对城市韧性概念的生态学渊源及与文化韧性等相关概念的比较，本文尝试一个认识城市韧性文化维度的框架，其由身份认同、自组织和空间记忆构成。结合近年上海的相关文化实践，本文对这三个维度加以解析，并就城市数字化转型中如何丰富文化维度、助力城市韧性提升给出启示性建议。

关键词　城市韧性　城市文化　身份认同　自组织　空间记忆

疫情发生以来，"城市韧性"（urban resilience）的概念得到了愈加广泛的传播和认同。尽管对于"城市韧性"的定义，国内外研究尚未达成统一界定，但在研究中已呈现出对于气候变化的高度关注和聚焦，所提出的关于"城市韧性"的种种论说可以概括为"稳健性、可复性、冗余性、智慧性和适应性"等五大特征。② 而在当前，城市韧性更是寄托了人们对于城市稳定性的追求，即无论发生何种紧急情况，城市都能以最小的代价、最快的速度，恢复正常生产生活。基于对城市韧性概念的生态学渊源及与文化韧性等相关概念的比较，本文尝试提出一个关于城市韧性文化维度的分析框架，并结合近年上海的相关文化实践予以

---

① 朱恬骅，文学博士，上海社会科学院文学研究所助理研究员。主要研究方向为计算机艺术与美学、艺术人类学。

② 陶希东：《韧性城市：内涵认知、国际经验与中国策略》，《人民论坛·学术前沿》，2022(21)：79—89。

解析。随着城市数字化转型,城市韧性的重要作用日益凸显,文化维度如何在这一数字化过程中继续得到丰富和发展,本文也将在最后作出几点回应。

一、生态韧性、城市韧性与文化韧性

“韧性”原本是一个物理学和工程材料学上的概念。20 世纪 60—70 年代,以加拿大生态学家霍林(C.S. Holling)为代表的一些学者,开始将“韧性”从物理学和工程学概念向“生态韧性”的方向拓展。到 20 世纪末至 21 世纪初,国际组织倡导地区可持续发展国际理事会(ICLEI)正式提出了“城市韧性”的概念。

在“城市韧性”概念的起源过程中,“生态韧性”是一个重要的节点。正是由于韧性被引入到对生物群体构成的生态系统的语境中,它才能进一步应用于城市这一由人、自然与技术物共同构成的复杂系统中。与此同时,城市化的快速发展让城市和自然的交界面增多,带来了更多发的城市自然灾害;气候变化形势愈发严峻,给城市特别是沿海城市带来了巨大风险。这也是 ICLEI 选择从防治城市灾害的角度引入“城市韧性”概念的原因之一。在城市规划中,韧性城市的建设也主要体现为城市吸收自然灾害,如通过自然植被吸收暴雨,或是将堤防、排水等灰色基础设施改造为与绿地系统等相结合的“灰绿基础设施”,在沿河岸区域分阶段设置具有不同常规用途的泄洪区域等。它们都区别于以往单向度地利用“灰色基础设施”抵抗或调动水流的工程性做法。

上述对“城市韧性”的一般观点,实际上同生物学家谈论的“生态韧性”已经有所区别。在 1973 年的报告——《生态系统的韧性与稳定性》中,霍林将“韧性”定义为“生态系统内部关系的持久性,是衡量系统吸收状态变量、驱动变量和参数变化的能力,并且在吸收变化之后仍能持续存在。在这个定义中,韧性是系统的属性,其结果是持存或灭绝的概率”①。与之相对,稳定性则

① C. S. Holling. “Resilience and stability of ecological systems,” *Annual Review of Ecology and Systematics*, vol. 4, (1973), pp. 1—23.

是指一个系统经历暂时干扰后返回到平衡状态的能力，波动越小、恢复越快就越稳定。霍林强调，韧性具有不同于稳定性的内涵，二者不应混同。按照他所举的例子，在那些发生极端气候事件的地区，森林中昆虫的数量会经历剧烈的波动。但是，这些极端气候并没有让当地的昆虫灭绝，这些种群也表现出很强的吸收周期性极端波动的能力。相反，在气候温和的地区，种群吸收极端气候的能力要小得多，但是它们数量上的波动也较小，因而具有较高的稳定性。

相较之下，当今的"韧性城市"概念在两个方面呈现出了此类生态意义上"韧性"同"稳定性"的融合。首先，对于生态系统而言，一个种群的数量大小并不是它"关心"的议题，相比之下，生态位的完整协调显得更为重要。但在城市中，居民的数量反映的是城市作为人们建设的产物是否能够有效地保护人的生存。这时，保障人基本的生命安全，就成为韧性城市有其必要性的根本立足点。因而在韧性城市的建设中，人们更倾向于通过灵活调配局部的物力条件，甚至在必要的情况下分级逐步地牺牲一些物力条件（如暂时牺牲滨水空间的部分设施，任其被大水淹没），来保障人居条件。这样，生态学意义上的"稳定性"——减小生物种群的数量波动，实际上就成为了"城市韧性"概念应有的题中之义。

其次，城市韧性也需要从效率的方面追求恢复原有平衡的速度。对生物种群而言，其韧性表现为经历各种灾难而仍顽强生存上。但是对于城市而言，"人们来到城市是为了生活，人们居住在城市是为了生活得更好"。[①] 这对城市的突发状况应对提供了更高的要求，使其务必将人类以外因素的稳定性也一并纳入考虑范围内。灾难过去，城市是否能很快恢复正常，还是必须经历一段漫长的重建过程？不得不因突发事件而暂时牺牲的城市功能，需要多大代价才能获得重建，在此过程中对于城市正常生活的影响又有几何？在当前对于城市韧性的研究中，这些方面的问题探讨也占有相当比重，它们正是

① "城邦的长成出于人类'生活'的发展，而其实际的存在都是为了'优良的生活'"，［古希腊］亚里士多德：《政治学》，吴寿彭译，商务印书馆，1983 年，第 5 页。

“稳健性、可复性”等特征的显现。

从霍林的定义中可以看出,生态韧性更关注系统内部的“关系”,而稳定性则关注系统的整体。越来越多关于“城市韧性”的研究也开始注意到生态韧性的这层含义。尽管可复性是城市韧性中的一个重要维度,但是这种可复性并不应追求恢复到突发事件的冲击到来之前的状态,不如说是一种“回弹”(bouncing back),即吸收、学习、适应、改变,在冲击中动态、灵活调整策略,以塑造适应新情势的城市,体现为“拥抱变化”。①

但是,生态韧性的内部关系维度,在某种程度上仍被城市韧性所忽略。尤其是,当人们关注城市如何通过技术手段和制度安排来提高稳定性意义上的“城市韧性”时,关注的焦点往往是城市内物质条件之间的主次级别和人与物的相对关系;然而,人与人之间的相互关系同样是城市这一复杂系统中的一个部分,甚至可能是最重要的部分,却没有在相关论述中得到充分的显现。毕竟,在应对冲击时,人们并不像别的物种那样只是遵循本能予以应对,而是在事件发生前能有所预见、有所预备,在事件发生过程中依靠个人和团体的力量保存自己、保护他人,在事件结束后不仅致力于恢复日常生活,而且对刚刚过去的事件有所反思、从中学习。这些都离不开城市中人与人之间的互动。人既理应是城市物质条件服务的中心,人与人之间的关系,也就是城市的文化,同样构成了城市韧性中的重要一环。

上述观察将我们引向了文化韧性。相比城市韧性的概念,文化韧性较为晚起,它有两种定义方式。一种是心理导向的文化韧性,即考虑文化背景(包含文化身份认同、价值观、语言、习俗等)如何帮助个人和群体克服逆境;②它实际是从发展心理学和心理病理学的角度发展出韧性概念的,所关注的焦点在于个体,寻求是什么原因使得某些具有原生家庭问题的儿童反而能够拥有较好的心理素质,克服他们成长中遇到的障碍,以及如何发展这种心理上的

---

① Cornelius Holtorf. “Embracing change: how cultural resilience is increased through cultural heritage,” *World Archaeology*, vol. 50, no. 4 (August 2018), pp. 639—650.

② Caroline S. Clauss-Ehlers ed., *Encyclopedia of Cross-Cultural School Psychology*, Boston, MA: Springer US, 2010, p. 324.

韧性。按照这种定义，韧性是对逆境的适应，它是一个持续的、动态的过程。个人的性格特征、文化背景、价值观，及其收受到的来自家庭和社会文化环境的支持，共同支撑了这一意义上的“文化韧性”。也因此，关于这方面的研究主要集中在心理、教育领域。

另一种则是社会导向的文化韧性，即考虑文化本身如何应对多元的挑战——既包括来自其他文化的，也包括来自自然环境、军事安全等领域的威胁对文化产生的连带冲击。① 相比于心理导向的文化韧性，社会导向的文化韧性虽然具有议题的多样性，涉及面也十分广泛，但主要的研究还是集中于从文化遗产的角度来应对不同文化的交流融合，尤其是旅游业发展带来的本地（少数）文化与强势文化之间的冲突。② 近年来，随着数字化手段在文化遗产和旅游业中的广泛应用，也有一些研究注意到数字化档案对于保持文化韧性的潜在价值，③但在整体上，这类研究也未能突破文化遗产的总体范畴，其语境仍然是以传统、少数、土著和乡村为关键词。

正如托德·克兰（Todd Crane）所指出的，文化实际上是社会生态系统中一个具有非常重要地位的构成因素。探究社会意义上的“韧性”时，不仅应从实证的视角关注可被计量的经验数据，而且也要顾及文化的规范性立场，使二者协调一致。④ 实际上，当城市发生灾难和突发事件时，文化韧性也是帮助人们度过难关的重要因素。城市中人与人之间、内在于系统的关系，可以也应当通过文化的视角来予以补全。它对人的影响既包括心理层面让人们以更好的心态来应对生活中的各项挑战，也包含在社会层面上提供更加丰富、更有包容性并因而更有凝聚力的文化内容。这一文化维度在城市韧性中的

① Ladan Ghahramani, Katelin McArdle and Sandra Fatorić. “Minority community resilience and cultural heritage preservation: A case study of the gullah geechee community,” *Sustainability*, vol. 12, no. 6 (2020), p. 2266.

② Huong T. Bui et al., “The adaptive resilience of living cultural heritage in a tourism destination,” *Journal of Sustainable Tourism*, vol. 28, no. 7 (2020), pp. 1022—1040.

③ David E. Beel et al., “Cultural resilience: The production of rural community heritage, digital archives and the role of volunteers,” *Journal of rural studies*, vol. 54, (2017), pp. 459—468.

④ Todd Crane. “Of Models and Meanings: Cultural Resilience in Social-Ecological Systems,” *Ecology and Society*, vol. 15, no. 4 (November 2010).

体现,主要可以概括为如下几个方面。

其一是身份认同。身份认同是城市文化得以在突发状况中持存的重要标志。人们对城市还保有认同,就说明还对城市的发展抱有希望;人们拥有共同的身份认同,也是展开对话、协调人际信任的前提和基础。可以说,身份认同既是城市韧性在文化上的体现,同时也是其逻辑上的前提:有了身份认同,城市文化才能持久地得到发展,城市生活才有可能产生足以抗衡突发事件、吸收巨大变化的能力而维持不变。

其二是自组织。城市社会中,自组织能力是遇到突发情况时,城市生活方式作出相应调整的动力之一,也是联系微观层面具有身份认同的个体与宏观层面作为一个复杂系统的城市的关系形态。从城市的发源来说,最早的人群聚集就具有自组织的特点,而城市空间形态的发端,也是人群自发而无意识的自组织行为的结果。如果说"他组织"即理性的规划设计是一种事先规划,那么自组织就是一种事中和事后的灵活变化。当今城市发展中,自组织与他组织体现了相互结合的趋势,①前者作为后者动态的、遍在的补充而发挥作用。而从结果上看,自组织的结果也和"突创"(emergence)相联系,是适应新形势、新格局,推动城市变革中不可忽视的一支力量。

其三是空间记忆。城市的空间并不是纯然的几何学或物理学空间,而是带有人的社会性,并因这种社会性而展开的空间。这种社会属性不仅存在于公共空间,如纪念碑、纪念馆或标志性区域,而且还存在于城市居民的方寸之间。它们在文化上最为突出的表现形式之一就是城市空间记忆。它提供了关于城市形态、功能及其意义形成过程的认识,也是人们"关于城市和城市生活内化了的意象"②。

身份认同是城市韧性具有文化维度的标志和前提,自组织是城市韧性在文化维度上推动各个阶段发展的动力要素,空间记忆是对城市韧性予以文化上的历史综观的结果。它们形成了一个连贯统一的序列,从文化上启发、推

① 罗跃、段炼:《城市规划语境下城市自组织及其系统探讨》,《现代城市研究》,2010,25(08):56—61。

② 柳长兴:《城市发展建设中的"城市记忆"问题研究》,《城市观察》,2013(05):187—192。

动和彰显了城市的韧性。本文结合近年来上海的相关实践，具体说明身份认同、自组织和空间记忆三个方面城市韧性文化维度的构成作用。

二、融合“线下”“云端”，营建城市身份认同

2022 年 3 月，上海多家公共文化机构联手搭建了一个名为“艺起前行”的内容矩阵，借助各种互联网平台将大量专业、优质的文化内容推送到“云端”，让很多平日里鲜有机会走进剧院、音乐厅、报告厅的人得以观看芭蕾舞、话剧演出，聆听学术讲演，了解艺术新知。这些形式多样的活动，促使“云观赏”成为疫情时期公共文化生活的新样式和新风尚。中国互联网络信息中心的统计数据显示，近三年来，全国范围的网络直播、网络视频用户数均屡创新高。其中，直播用户数从 2018 年 12 月的 3.98 亿猛增至 2021 年 12 月的 7.03 亿，网络视频的使用普及率也由 87.5%提升到 94.5%。数量增长的同时，视频与直播的内容也不断拓宽。除了已有的娱乐用途之外，“云展览”“云讲座”无疑彰显了专业性和知识性的加持；“云观赛”“云游览”等新内容形态，则将“万事皆可云”的前景初步呈现在世人面前。它们用现场原声、实景拍摄、现场直播等方式尽可能地还原“在场感”，一定程度上弥补了观众无法亲临现场的遗憾。“云端”的出现，赋予了城市超出地理空间甚至历史时间的可能性。人们不仅能够在家中欣赏音乐厅里的演出，也能够穿越历史，与历史人物、文化遗产的数字化形态对话。近年来，无论是“数字梅兰芳”虚拟人物的粉墨登场还是“数字兵马俑”博物馆的“开门迎客”，都将城市丰厚的历史底蕴以可见的形式变为“云端”城市可访问的内容。

值得注意的是，在“艺起前行”在线直播活动中，有这样一组特殊的“慢直播”——每天傍晚，上海音乐厅上线“从日落开始”系列直播，镜头对准音乐厅建筑物外夕阳的余晖，画外音播放着悠扬的乐曲声，直到夜幕降临。上线首日，“从日落开始”创下了 50 万人共同观看的纪录。如此多的人一起从同一个角度观看夕阳，在城市空间中几乎是难以想象的。多位观众在留言中写道，看着好像再寻常不过的景象出现在屏幕上，心中涌起了莫名的感动。这种感

动来自人们对城市的认同感。虽然身处不同地点,但知道有人和自己正在观看同一道街景,城市的风景就成为了一种象征,提醒隔离在家的人们并非独处一室、与世隔绝,依旧与我们身处的城市保持着密切的联系。在这个意义上,“云观赏”不仅精心营造了空间意义上的在场感,还借助视频直播等互动方式让人们感知到自己与他人的“共同在场”,由此提供了在社会意义上的在场感,为人们的自身处境提供了社会性的确认。

1988年,传播学者、哲学家威廉·弗鲁塞尔就已颇具预见性地指出,随着城市不再局限在一个固定的地理范围之内,城市的功能与界定将发生改变。[①] 他特别提及,由于计算机的普及和人工智能的发展,当代人的社会关系将在越来越大的程度上依托数字图像的形式产生。它们将成为人们感知世界、抒发情感、洞悉规律的主要方式。而从反方向来说,人们构想出的新观点、新主张,所做出的种种决策,也将更多以数字图像的形态在世间流传。当数字图像以数据流的形态奔流不息,同样也体现了素不相识的人们正在彼此对话,交流思想、情感、意图和知识,逐渐形成紧密的社会联系,拓展了社会联系的广度。而在不同的网络平台上,人们能够选择不同的参与模式;既可以是默默无闻的过客,热心捧场的观众、听众,也可以努力经营自己的“频道”和“角色”。这让人们在既有的身份之外,获得了更加多元的“数字身份”。人们看到,一位消防英雄同时也是在网上为人解忧的心理咨询师,一名在居民楼里奔忙的年轻“楼长”同时是有近300万粉丝关注的视频博主……陌生人之间的相遇产生出新的社会身份,这在过去只能在城市提供的地理空间中实现,而今却在“云端”片刻不息地发生。通过“云端”而实现“共同在场”,推动城市认同,使得我们看到数字化场景并不能止步于对城市本身的“原样复刻”,而是应当赋予城市新的生长维度。谈论过去的城市,人们会想到地标建筑,它们给城市的地理空间提供了“坐标”与“原点”。因此,在量变的同时,“云端”的出现也给城市生活带来了一定的质变。人们在“云端”建构的数字身份诞

---

① Vilém Flusser, Stefan Bollmann ed., *Medienkultur*, Frankfurt am Main: Fischer Taschenbuch Verlag, 2008, p. 175.

生于自发的行为，是共同的兴趣和追求所产生的结果。相比于地理空间中的聚集，这种基于共同兴趣乃至“共同活动方式”的聚集，更加突出地体现了人的主动性。如果说地理空间中的城市是由不同功能用途的建筑组成的大型聚落，那么“云端”的城市则是在社会交往中具有强大吸引力的节点，是人们借形形色色“数字身份”主动认同的对象。随着“云观赏”向其他领域拓展并逐渐形成更普遍意义上的“云参与”，人们在“云端”的相遇，不仅仅是对个人自我认知与身份定位的再认识、再塑造，而且形成了一种新的凝聚力。人们将在“云端”更加深入地参与到城市的各项活动之中，在情感、行为等方面与城市的现实形成共振。

三、信任邻里智慧，激发城市自组织活力

在新冠疫情暴发之初、进入封城状态的武汉，一份“互助文档”曾传遍全国。市民们在共享文档中发布求助信息，就能得到迅速而有针对性的帮助。而在 2022 年上半年上海的疫情管控期间，组织团购的“团长”也发挥了举足轻重的作用。对于“足不出户”的居民而言，团购“团长”们的消息，或许是他们最为期待的声音之一。有数据统计，顶峰时有 80 万名自发出现的“团长”。他们寻找货源，他们组织拼团，他们协调分发，甚至还要核算账目、安排退货……而随着团购数量的增加、范围的拓宽，团购的工作流程也开始涉及更多的参与者。团购开始形成团队化的运作，而关于团购本身范围、规则、时效等规则，也在居民群体参与的协商中得以制定。[①] “团长”们形成了在传统的“居委会、业委会、物业管理”力所不能及时一种自发而高效的力量，依靠邻里之间的信而自助和互助，解决了居民的燃眉之急。

“互助文档”和“团长”的出现，虽然在很大程度上依托互联网而发挥作用，但他们并不是现成技术选项“依样画瓢”的必然结果，也没有幕后统一的

① 魏浩征：《向上海“团长”学什么》，经济观察网，2022 年 4 月 22 日，http://m.eeo.com.cn/2022/0422/531528.shtml。

协调者和组织者。人们自发地担任了不同的社会角色,发挥了相应的作用,在结果上有效地使人们度过难关。这构成了"自组织"的典型案例。

1947年,英国精神病学家、控制论的先驱者之一的罗斯·艾什比(W. Ross Ashby)发表了《自组织系统的原理》一文,首次提出了自组织的概念。在文中他主张,一个"严格意义上物理—化学的系统"也有可能通过"自身诱导"的内部重组而在行为上发生改变。德国物理学家、协同学的创始人赫尔曼·哈肯(Hermann Haken)则提出:"如果一个系统靠外部指令而形成组织,就是他组织;如果不存在外部指令,系统按照相互默契的某种规则,各尽其责而又协调地自动地形成有序结构,就是自组织。"①有研究认为,在城市语境中的自组织,通常包含三种相关联但有所区别的模式,即自建(self-building)、自治(self-governance)和自协调(self-coordination)。② 它们都是社群内部,相对独立于外部干涉而引入一定秩序的空间性实践(spatial practice)。也有研究者从是否具有正式的决策机制,参与者来源的开放程度,主要动机和成果预期,在空间构想、生产、消费中所处的不同阶段等维度对自组织作出进一步精细化的论断。③ 作为一个术语,它概括了城市中现实发生的群体行为,这些行为左右了建筑空间的营造和使用,并因此具有空间上的形态。这些定义都以城市的空间结构为中心,但其背后的机理存在相似性。

在以自我管理、自我协调为特征的那种自组织模式中,人们所能达成的结果虽然未必在某种外在的指标度量下显得优异,但至少是某种协商下可接受的结果。实际上,从人们自觉或不自觉地将自组织确定为一种"实践"的特征时,就意味着它需要以人为出发点,从中产生的与其说是形式上的(无论是空间形式,还是组织结构,又或是文化内容)的秩序,不如说首先是社群的秩序,是磋商和协调各种实际产生的诉求,寻找到空间上的解决方法的过程。

---

① 屠启宇主编:《上海创新城市》,上海辞书出版社,2013年,第186页。

② Stefano Moroni, Ward Rauws and Stefano Cozzolino. "Forms of self-organization: Urban complexity and planning implications," *Environment and Planning B: Urban Analytics and City Science*, vol. 47, no. 2 (February 2020), pp. 220—234.

③ Efrat Eizenberg. "Patterns of self-organization in the context of urban planning: Reconsidering venues of participation," *Planning Theory*, vol. 18, no. 1 (February 2019), pp. 40—57.

这要求了一种使之能够成立的社区文化：相信“人”，不仅意味着对参与公共事务权利的某种确认，而且首先应当意味着对人的尊重，对群众智慧的信任，对现实存在而非人为设计的多样性的重视。

而在历史上，“自组织”这一术语又进一步与“突创”（也译为“凸创”）等关联在一起，指向了始于 20 世纪中叶的控制论、信息论和系统论。控制论专家海因茨·冯·福斯特（Heinz von Förster）注意到，随机扰动（“噪声”）对自组织的产生具有重要意义：它是一种“噪声中产生秩序”的过程，系统由于受到扰动而得以发生状态的改变，从而转而寻求更强的稳定性。此后，法国生物物理学家亨利·阿特朗（Henri Atlan）也相似地提出“复杂度来自噪声”的观点。数学家 J.H.康威（John Horton Conway）发明的“生命游戏”，为后世谈论自组织提供了更为直观的范例。在由计算机模拟出的网格（像素点）之中，每一个格子上的点随着周围 4 或 8 个点的颜色有规律地改变。在不同的规则和初始状态下，可能出现连续“运动”的结构，由于它们往往沿直线“运动”，被称为“滑翔机”；它并不是某种刻意为之的动画效果，而是由简单的规则所自发产生的。

自组织描绘的是整个系统所具有的特征，而“突创”则将微观上简单而严格的规则，和宏观上突然出现的图案或模式联系了起来。两种现象在概念上有所区别，但在现实中往往相伴而生。一方面，突创可能是自组织发展到某一阶段量变产生质变的结果，自组织也可能是群体从无序活动中突创出某种秩序之后的产物。举例来说，恒温器是一种自组织（自发地导向某个恒定的温度，无需人为时时调整），但它并没有从本身相对简单的结构中突创出某种更加复杂的结构。另一方面，从随机产生的结果中，人们也能够从中获得某些特定的结构并赋予其意义，如约翰·凯奇的《更易之乐》（*Music of Changes*）即是其中的一个案例。

在城市中，自组织与突创的相伴相生，更加不是一种偶然。当人们不断援引城市是一个“复杂系统”而为引入“自组织”与“突创”的概念作准备之时，应当注意到这一“复杂系统”的特殊之处；无论我们谈论的是城市的设施——各式建筑、道路、管线，还是城市的主体——人，这些进一步细分的单位同时仍然是高度复杂的，而且它们相互之间又高度嵌合，关联也同样复杂。在这种境况下，“突创”同“自组织”的可能性是相互渗透的，文化因素则使它们趋于发生。例如，对于人们的交通需要而言，人们从行为上固然只是在道路上以各种方式通行，但每一种通行的方式、起点与终点的设定既是人的某种“交通决策”，也往往具有多于单纯通行的意义：求医的道路争分夺秒，通勤的道路希望可以负担而又不至过于漫长，而游览的道路则希望轻松愉快……这些自发形成了不同场景下人流的运动模式，而在整体上仍能保持有序运转。这样在“突创”中浮现的自组织，势必能够超出单纯对空间层面的规制，蕴含着有关未来城市种种疑惑的答案。

四、重新发现“附近”，增添空间记忆载体

数字化的场景应用赋予了人们足不出户或出“沪”而保持对世界的好奇心，而在另一方面，流动性的下降也重新唤起了人们对周遭、对习以为常的城市空间的关注。“城市漫步”的兴起就是其中的一个标志。它在疫情期间从小众走向了大众，不仅提供了某种替代性的游览方式，也重新唤起了人们对于本地城市空间承载的记忆的追寻。以观察体验历史、文化、建筑等为目的，在城市中漫步休闲，走街串巷，讲述历史变迁、建筑风格和名人轶事。

尤其是在 2021 年，位于市中心的老城厢相关动迁工作新启动 12 个、收尾 8 个以上项目，涉及 2 万余户。作为地块的老城厢疲态尽显，城市建筑破旧、空间布局不合理、经济业态老化、文化资源要素丢失。与此同时，老城厢是江南文化与现代城市结合在当今上海唯一留存较为完整的区域，其范围不仅在中华路、人民路以内，小南门以外、十六铺及老西门周边都受到传统县城发展的影响。当这些事物不得不移除，以及更为重要的——当生活在其中的人不得不离开，过往记忆由谁叙说、如何传承，不仅事关个人或家庭的“代际记忆”，也与这座城市空间记忆的生灭息息相关。这为我们提供了一个观察文化如何彰显韧性、留存记忆的机会：一系列由媒体、公共文化机构、爱好者群体展开的“城市漫步”活动，围绕老城厢和曾在老城厢居住过的人们展开，为

这片即将消失的空间留下了不容抹去的证言。在他们的“漫步”中，老城厢作为上海城市发祥地的形象变得鲜活而立体，关于它的空间记忆显现了城市生活有机的一面。老城厢内曾大量存在体现传统城市零售商业、人口分布格局、文化发展脉络、原生自然环境的街巷，流传下的老地名、地界碑、民间信仰、河流桥梁，与俚语、戏曲等活态的民间文化特质相得益彰，提醒着人们早在近代以前，老城厢就是社会网络丰富多元的文化聚集地。它既体现着江南文化与传统农耕文明的精神，又融入了近代上海移民文化的特质和现代商业精神的浸润。

“城市漫步”代表了一种当代人重拾空间记忆的尝试。通过有关城市建筑、地标、事件的历史掌故，人们不仅积累了谈资，而且不如说更主要是寻找到刻画自身所处境遇的历史坐标。这种坐标以往可以说主要是通过文学作品揭示的：假如没有韩邦庆的《海上花列传》和茅盾的《子夜》，上海近代历史的记忆中就将缺少重要的、具有典型意义的参考系；假如没有人将注定“速朽”的当下转换为某种可以持存的形态，那么所有史书上无法留下姓名的人们，就只有永远消失在历史之中，连一个作为象征的形象也没有。

当然，这样的任务不是轻易就能完成的。尤其是在现下此起彼伏的“城市更新”“旧城改造”潮流中，人们容易陷入非此即彼的极端：一种是以外部的、普遍性的要求，如“现代化”或“风貌保护”，将旧城视为一个完全异质的空间，或者拆除、或者博物馆式地保存起来；另一种则是内生的、个人化的情绪，停滞在对过去的无限追缅，为它赋予过多怀旧的光晕，它在文学上的表现是青年作者无法突破“身边1公里”的局限，来描绘更具一般性但同时又保持鲜明个性特征的城市故事。

空间记忆在文学叙述之外为我们提供了另一种在强调普遍性的外部要求与追求个体性的内生情感之间求取平衡的方式。它不但纾解了城市文学的写作者所面临的难题，也是对城市发展中遭遇文化两难的一种回应。在《回忆空间》一书中，德国学者阿莱达·阿斯曼（Aleida Assmann）分析了歌德在给席勒的书信中提到的两个空间——“我居住的房子”和“我祖父的房子”。她发现，歌德关于这两处地方的描述，虽然是一种个人的记忆，但这种记忆又远远超出个体之外,“与属于这个空间、但已经不在场的那些人交织在一起”,也使得“个人的回忆融入了一个更为普遍的回忆之中”。通过空间、地点,甚而说土地,记忆得到固定和证据,体现出一种超出书面记录或其他人造物的持久性。

而在写给席勒的同一封信中,歌德冷静分析了地价的增长,也无所留恋地描绘了旧宅易手之后遭受的不幸;祖父的房子早已易手并成为瓦砾,这片土地或许也将为某个企业家买下兴建产业。但歌德从中看到的并非童年的消逝,而是废墟之上的未来:“在不止一种意义上,它必将成为这座工业城市中成千上万类似情形的象征,特别是在我的眼前。”(1797 年 8 月 16 日)他没有沉迷于旧日时光与童年回忆的“爱与温存”中,但对这一地点的关心却始终留存;他也没有醉心于工业城市发展的进步,但这一特定个例因其思想的力量而转换为通往普遍性结论的路径,从而显示出这种空间记忆赋予他的一种“韧性”:不以空间本身的生灭为标尺,而以记忆的赓续为意志。

以叙事和创作的名义,这些使用不同媒介的记录者将一段段来自城市、关于城市的记忆投送到文字的海中。未来的人们,将以此捡拾我们这个时代的城市,看到自己从何而来的轨迹:让“乡土”变得崇高的,正是这种将记忆传承而使人得以在历史中定位的功能。不过,与其说落诸笔端的记忆是等待捡拾的漂流瓶,不如说它们更像一盏盏历史的航标灯,从中显现出城市空间记忆的顽强生命力:即便空间中的人已不在场,甚至空间本身成为瓦砾,记忆也不会消亡。当然,要取得这种顽强的记忆,同样需要力量的凝聚,不意味着空间便可随意处置。正是在这一背景下,越来越多的摄影师、艺术家和普通人拿起相机、画笔和手机,开始观察、描绘和讲述自己的故事。从 2016—2017 年第十届上海双年展的“51 人”,到 2018—2019 年第十二届上海双年展的“你的地方”,再到 2020—2021 年第十三届上海双年展的“记忆之流”,与其说是有组织的艺术活动激发了公众留存记忆痕迹的热情,不如说由个人到地方、由有形处所到无形记忆的“渐强演绎”,本身就是城市人重新寻求自身存在的精神“乡土”,最终通达“更为普遍的回忆”的必由之路。在这种集体而自发的,为留住空间记忆动手“做些什么”的过程中,个体的、零碎的记忆得以重新编纂成一种带有时代印记的、集体的空间记忆。

空间记忆是对于土地的情感的基石，是“乡土意识”得以萌发的源头，城市的身份认同因为空间记忆的存在而获得了具体的内容。虽然旧有的生活形态不再(在相当程度上，单是这点本身不足为人惋惜)，但人们仍然需要一个地方，来呼应《繁花》故事结尾时的那一个“此刻”：“嗯了一声，回忆涌上心头。”

结语：立足数字时代，丰富城市韧性的文化维度

城市韧性的文化维度势必要立足数字时代，数字技术在韧性城市中不仅能提供决策资源，如数据和智能算法，来帮助人们更好地预判和规避风险；而且它作为传播媒介所同时允许的“点到面”“点到点”传播，也能为提升城市的凝聚力、动员人们团结一致共度难关，发挥更多更好的作用。从本文所列举的几个方面和相关实例来看，可以得出如下启示。

其一，注重数字基础设施和城市的联系。数字时代依托互联网的虚拟空间，但互联网本身并不是虚拟的。从技术发明与产业推广的角度来看，互联网的发展离不开城市提供的坚实后盾。我国在 1988 年建设的第一个分组交换数据网时，就选择了北京、上海、广州作为节点，沈阳、天津、南京、西安等主要城市接入，这些城市如今也在中国互联网设施的地理版图中发挥着重要作用。实际上，今天全球互联网中重要的枢纽节点，大多同时也是工业产值、交通流量、贸易数额等方面占据重要地位的城市。城市为“云端”提供了物质基础，在这个意义上，“云端”的根基在城市。

其二，发展城市文化生活仍是数字时代城市文化建设的重心。弗鲁塞尔认为，建立在数字图像基础上的“城市”将接替地理空间意义上的城市，成为自我与他人、个体与社会建立连接的重心。从现实的状况来看，不同于哲学家的预言，地理空间意义上的城市并没有随之“消亡”。如“从日落开始”中所表现的那样，人们在“云端”相聚固然依靠数字图像产生出了身份认同，究其原因，仍然是城市地标提供了符号：它将日常的景象转换为了一种象征，给予

人们心理的抚慰。尤其是在疫情之下,人们比往常更加依赖城市空间为自身提供的庇护,更加突出了城市地理空间无法取代的作用。至于由此产生的数字身份,与其说取代了现实中的身份,不如说是对后者的确认和补充。在城市的地理空间中,人们面对家人、朋友、同事,或是身为顾客、乘客、访客,不同的情境赋予了人们不同的职责,也让人们拥有了多重的身份认同。这种身份认同的多重性本就是城市生活的一个重要特征,"云端"的出现则将它进一步放大,使之更加多元、更易转换。二者能够并行不悖、互相补充,组成多向度的人际关联,更为人的多方面发展提供了机遇和展现的平台。

其三,重视城市自组织力量的培育。有专家指出:"城市韧性不仅需要政府自上而下的建设、统筹和调度,更需要社会在面对各种危机时的自组织自适应能力的建设,以及制度上对这种自组织自适应行为的倡导包容与保障。"①疫情发生以来,城市居民互帮互助的事迹不绝于耳,但是,其中也存在一些法律法规未能明确的地带,尤其是在发生纠纷时,造成难以调解的矛盾。另一方面,为在危急状况下予人救助,也曾出现过一些违反当地"通知""规定"而遭到处罚的事件。我们看到,自从《民法典》引入俗称的"好人法",免除见义勇为者的民事责任,有效帮助营造了向善的社会环境。对于这些自组织的力量,同样应考虑在制度层面上进一步明确其法律地位,厘清与其他机构的关系,梳理义务和责任,免除"做好人,行好事"的后顾之忧,引导良性的参与和发展氛围。

其四,积极应对数字化过程中城市空间记忆的挑战,提前布局、长远规划。我们看到,人们对"附近"兴趣的重新唤起则离不开针对"附近"所做的一系列前期设计。2014 年 10 月,在上海召开的首届世界城市日论坛上,就已经提出了"15 分钟社区生活圈"。2020 年,自然资源部发布《市级国土空间总体规划编制指南(试行)》,2021 年,上海发布《社区生活圈规划技术指南》行业标准。这体现了以社区应对城市问题、提供健康人居环境的合理规划,"以市民步行 15 分钟的范围来组织生产生活空间,强调与市民日常生活规律相衔接,

① https://www.thepaper.cn/newsDetail_forward_20189735

实现空间与人的活动相对接”。[①] 可以观察到，人们走进“15 分钟社区生活圈”已不仅是为了满足功能性的需求，同时也在其中积累新的城市生活经验，特别是在“15 分钟社区生活圈”所提供的公共文化设施之中，已日益成为活的“舞台”，书写下一段段城市居民的新故事。它转疫情之“危”为“机”，让人们重新发现了“附近”、重新走进了“附近”，也为将来的空间记忆留存了可能性，而未雨绸缪、合乎城市发展逻辑的提前准备则发挥了很大作用。

城市的物理存在为数字时代奠定了发展的基础，城市的文化存在则为数字时代种下了鲜活的种子。此时，网络也不再只是传递信息的媒介。它使得人们得以重新凝聚起来，从而起到了构建城市身份认同的作用。城市孕育了“云端”，并在“云端”持续生长。这让我们有理由相信，这不仅将丰富城市公共文化的供给，对凝聚城市认同、汇聚城市力量也能作出应有的贡献，从而在日趋数字化、智能化的城市发展过程中，让城市文化更好地持存于世，发挥它凝聚身份认同、激发自组织活力、增添空间记忆的功能，也在整体上为城市韧性贡献更多文化力量。

① https://j.021east.com/p/1639373060049655

比较借鉴

长三角现代化建设的实践样板意义与全球认知价值

何建华①

摘　要　长三角是我国经济发展最活跃、开放程度最高、创新能力最强、中国式现代化建设要素最富集的区域之一，在全国经济社会发展中举足轻重。长三角区域工业化与城市化水平高，人口集聚规模大，发展不充分不平衡、物质文明和精神文明更好协调发展、人与自然和谐共生等发展中的问题不同程度存在。不断推进长三角一体化高质量发展国家战略落地落实，在这片大地上描绘中国式现代化建设新图景、新实践、新篇章，在海内外无疑具有标识性的实践样板意义与全球认知价值。

关键词　长三角　现代化　实践样板　全球认知

---

①　何建华，文学博士，上海社会科学院研究员、原副院长，南通大学长三角现代化研究院院长，中国浦东干部学院兼职教授，上海文化研究中心首席专家，上海作家协会会员。

凝心聚力擘画复兴新蓝图，团结奋进创造历史新伟业。党的二十大开启以中国式现代化全面推进中华民族伟大复兴新征程，在华夏大地描绘人类文明进步史上人口规模巨大、全体人民共同富裕、物质文明和精神文明相协调、人与自然和谐共生、走和平发展道路的现代化文明新形态的美好前景。从人类社会文明形态进程观察，大致可分为三个演进阶段：农耕文明，即以土地等为生产资料，包括农业生产技术及相应的生产关系，以及由此产生的思想观念、生活礼俗、民族心理等构成的社会文明形态；工业文明，即以工业化为重要标志、机械化大生产占主导地位、城市化为基本支撑的一种社会文明形态；现代文明，即从传统经济向现代经济、传统社会向现代社会、传统政治向现代政治、传统文明向现代文明等实现转型的社会文明形态。

新中国成立尤其是改革开放 40 多年来，我们国家迅速从农耕社会进入了工业社会，从农耕文明进入了工业文明。我国用 30 多年快速工业化与城市化“双轮驱动”，走过西方国家用了 200 多年的里程。我们国家目前的产业结构、物质生产、生活水平与发达国家的差距正在逐步缩小，为中国式现代化建设奠定了一定的物质基础。现在进入新时代、新征程，就是要在工业化、城市化基础上，再用未来 30 年时间，把我国建设成为社会主义现代化强国。人类文明是互鉴、共存、共荣的，如果中国式现代化建设获得成功，也就为世界上不同国家树立了根据各自历史、文化、传统、国情等特点，打造自主选择现代化道路的成功样板。

从国家顶层设计的区域协调发展布局观察，长三角一体化发展战略定位概括起来就是“一极三区一高地”：“一极”是要把长三角通过一体化的发展，使长三角地区成为全国经济发展强劲活跃的增长极；“三区”是成为全国经济高质量发展样板区，率先基本实现现代化引领区，区域一体化发展示范区；“一高地”是成为新时代改革开放的新高地。扎实推动长三角地区实现更高质量一体化发展，将这一区域建设成为全国贯彻新发展理念的引领示范区、全球资源配置的亚太门户、具有全球竞争力的世界级城市群，率先形成新发展格局，勇当我国科技和产业创新的开路先锋，成为全国经济发展强劲活跃的增长极，加快打造改革开放新高地，形成高质量发展的区域集群，从而更好带动整个长江经济带和华东地区发展，更好服务国家发展大局。

一、国家战略赋予长三角现代化建设新使命担当

我国幅员辽阔、人口众多，各地区自然资源禀赋差别之大，世所罕见。党的二十大报告指出，深入实施区域协调发展战略、区域重大战略、主体功能区战略、新型城镇化战略，优化重大生产力布局，构建优势互补、高质量发展的区域经济布局和国土空间体系。“千钧将一羽，轻重在平衡。”在广袤的神州大地上实现中国式现代化，统筹促进区域协调发展是重要举措，应当结合当地实际，以现代化建设多维视角谋划定位现代化建设布局与实现路径，写准、写实、写好区域协调发展“一盘棋”这篇大文章。

党的十八大以来，党中央立足于中国区域间发展不平衡这一基本国情，高瞻远瞩用大战略运筹区域协调发展大棋局，审时度势地提出了京津冀协同发展、长江经济带发展、粤港澳大湾区建设、长三角一体化发展、黄河流域生态保护和高质量发展、成渝地区双城经济圈建设等新的区域发展战略，深入推进西部大开发、东北全面振兴、中部地区崛起、东部率先发展。随着这些区域发展战略的实施，从京津冀到粤港澳，从长江之滨到黄河之畔，从东部到中部西部，区域协调发展战略落地生根，推动我国经济社会高质量发展。

在中国式现代化新征程中，资源富集、基础良好、潜力巨大的长三角现代化建设，毋庸置疑具有非常重要的独特地位和功能作用。

（一）在长三角一体化发展的国家战略定位中，赋予“率先基本实现现代化引领区”的使命担当

按照人类文明现代化演进的一般规律，现代化建设的基础是工业化与城市化。当今世界，工业化与城市化“双轮驱动”，由于高速公路、高铁等道路交通基础设施的不断完善，以及无线互联互通信息化、数字化新基建的日益进步，城市化发展进入城市群一体化发展新阶段。城市群是城市发展到成熟阶段的最高空间组织形式，是指在特定地域范围内，一般以单个超级城市为核

心，由至少三个特大城市构成单元，依托发达的交通通信等基础设施网络所形成的空间组织紧凑、紧急联系紧密并最终实现高度同城化和高度一体化的城市群体。城市群是在地域上集中发布的若干特大城市和大城市集聚而成的庞大的多核心、多层次城市集团，是大都市区的联合体。当今世界有公认的五大城市群，即英国伦敦大都市圈、欧洲西北部大都市圈、北美五湖大都市圈、美国东北部大西洋城市群、日本太平洋沿岸大都市圈。中国目前有三个朝着世界级城市群发展的城市群，分别是长三角、珠三角与京津翼，其中长三角城市群具有相对比较优势。

客观公正地讲，长三角是在国内坐标轴上具有相对比较优势，如果置于全球坐标轴上，长三角城市群与世界五大城市群相较则存在明显差距。这种差距至少体现在两个方面：一是劳动生产率，根据世界劳工组织（ILO）2016 年数据，2016 年美国平均劳动生产率为 5.3 万美元/劳动力（2010 年不变价格计算），是长三角城市群的 2.5 倍，其中最高的是荷兰，劳动生产率为 10.5 万美元/劳动力，是长三角的 4.7 倍；二是人均 GDP，根据世界银行 2016 年数据，2016 年美国人均 GDP 为 5.7 万美元（现价），是长三角城市群的 3.9 倍，其中最低的是法国，其人均 GDP 也是长三角城市群的 2.5 倍。与世界级城市群相较，长三角城市群具有倍增的巨大发展空间，这应该是五年前长三角一体化发展上升为国家战略的决策依据之一。五年来，长三角城市群与世界级城市群的比较差距有所缩小，但要达到发达国家城市群的水平能级还有相当长的路要走，应当在中国式现代化建设新征程上奋起直追。顺着这样的思考认知逻辑，“率先基本实现现代化引领区”义不容辞成为长三角区域的使命担当。

（二）地处长三角核心区的苏南地区包括南京、苏州、无锡、常州和镇江五市，于 2013 年春就启动苏南现代化建设示范区的探索与实践

改革开放以来，苏南全面小康社会建设走在全国前列，为率先基本实现现代化奠定了坚实基础。为促进苏南率先实现现代化，发挥对全国现代化建

设的示范引领作用，按照党的十八大精神和国务院要求，国家发展改革委正式印发《苏南现代化建设示范区规划》，标志着中国第一个以现代化建设为主题的区域规划正式颁布实施。规划明确围绕到2020年建成全国现代化建设示范区，到2030年全面实现区域现代化、经济发展和社会事业达到主要发达国家水平的目标，重点推进经济现代化、城乡现代化、社会现代化和生态文明、政治文明建设，促进人的全面发展，将苏南地区建成自主创新先导区、现代产业集聚区、城乡发展一体化先行区、开放合作引领区、富裕文明宜居区。

据常州大学苏南现代化研究协同创新中心首席专家、江苏省政府参事室原主任宋林飞的多年跟踪研究，苏南在率先推进区域现代化，建设自主创新先导区、现代产业集聚区、城乡一体化先行区、开放合作引领区、富裕文明宜居区等方面，取得了全面、重要的进展。从联合国评价一个国家与地区发达程度的"人类发展指数"三个维度，即健康长寿、知识获得、生活水平三方面来看，2020年苏南五市平均预期寿命超过83岁、15岁及以上人均受教育年限11年左右、人均GDP为2.5万美元左右，已经达到了中等发达水平。在比较扎实的发展基础上，苏南率先推进区域现代化建设新目标，开创苏南现代化先行示范新格局，应当推动"创新优势、数字经济、智慧城市、共同富裕、文明宜居"五大特征融合发展，形成新时代"苏南现代化模式"。比如在数字经济发展方面，苏南应当犹如当年"乡镇企业异军突起"一样走在全国前列，使之成为畅通双循环发展的新引擎和新动能。制造业是国家与区域强盛的重要支柱，苏南必须坚定不移建设世界先进制造业基地，使数字化转型升级在先进制造业经济发展中的贡献份额不断提高。应当加速推进移动互联网、云计算、大数据与传统产业融合发展，特别是要加快传统制造业企业的数字化，提高"苏南制造"的国际竞争力。在率先推进人的现代化方面，苏南具有重教厚文的优良传统，在传承"经世致用""天下兴亡，匹夫有责"等文化观念的同时，要进一步普及公共图书馆等公共文化服务，建立"书香苏南"，培养大批愿意"把论文写在祖国大地上"的新时代各领域专业人才。

(三)《中共中央 国务院关于支持浦东新区高水平改革开放打造社会主义现代化建设引领区的意见》(以下简称《意见》)于2021年7月正式发布,浦东这面中国改革开放的旗帜再次高高扬起,在迎接新机遇的同时承担起新使命

在改变中国命运的40年改革开放伟大革命进程中,有两面鲜艳的旗帜:一面旗帜是深圳经济特区,一面旗帜是浦东开发开放。浦东开发开放30年来,从过去农业为主要经济社会形态的区域,变成了一座功能集聚、要素齐全、设施先进的现代化新城,为中国特色社会主义制度优势提供了最鲜活的现实明证,为改革开放和社会主义现代化建设提供了最生动的实践写照。习近平总书记于2020年11月12日在浦东开发开放30周年庆祝大会上发表重要讲话,用"两个放在"深刻阐明了浦东发展的新方位;用"一个引领区、三个成为、三个展示"鲜明确定了浦东发展的新定位;用"五个新"精准指明了浦东发展的新路径。这次发布的《意见》,站高望远、系统全面、精准具体地阐述了浦东未来发展的战略定位、实现路径、政策支持、组织实施等内容,是指导浦东未来发展的纲领性文件。

凡是过往,皆为序章。在启航新征程的奋斗中,浦东在开发开放取得巨大成就的基础上,被赋予高水平改革开放的责任担当,承担起"社会主义现代化建设引领区"核心使命,如何交出令世界瞩目的满意答卷,无疑是重大机遇也是严峻考验。一是战略定位高。明确浦东应当成为高水平改革开放的开路先锋、自主创新发展的时代标杆、全球资源配置的功能高地、扩大国内需求的典范引领、现代城市治理的示范样板,在长三角一体化发展中更好地发挥龙头辐射作用,打造全面建设社会主义现代化国家的窗口。二是发展目标明。按照国家第二个百年的发展阶段划分,第一阶段是到2035年,浦东现代化经济体系全面构建,现代化城区全面建成,现代化治理全面实现,城市发展能级和国际竞争力跃居世界前列;第二阶段是到2050年,浦东实现远大目标,即建设成为在全球具有强大吸引力、创造力、竞争力、影响力的城市重要承载区,城市治理能力和治理成效的全球典范,社会主义现代化强国的璀璨明珠。

三是引领空间广。面向未来发展,明确要求浦东全力做强创新引擎,打造自主创新新高地;加强改革系统集成,激活高质量发展新动力;深入推进高水平制度型开放,增创国际合作和竞争新优势;增强全球资源配置能力,服务构建新发展格局;提高城市治理现代化水平,开创人民城市建设新局面。

由此可见,无论是长三角全域还是苏南的市域,乃至于上海浦东的城域,都承担着中国式现代化建设的神圣使命与责任担当,具有率先、示范、引领的实践榜样意义,成为向世界展示现代化美好图景的观察认知窗口。

从人口规模巨大的现代化特征看,统计数据显示,2021 年,长三角常住人口总量达 2.36 亿人,比 2020 年居世界第五位的巴基斯坦 2.28 亿人口还要多,占全国大陆人口的比重由 2010 年的 16.1%升至 16.7%,这意味着每 6 个中国人就有 1 个住在长三角。到 2025 年,长三角常住人口城镇化率达到 70%。

从全体人民共同富裕的现代化特征看,长三角区域内同样存在发展不充分不平衡制约,比如江苏的苏南与苏北、浙江的浙东与浙西、安徽的皖南与皖北的发展差距,应当在现代化建设中加以疏解。按照长三角一体化发展目标设定,到 2025 年,城乡区域协调发展格局基本形成,中心区城乡居民收入差距控制在 2.2∶1 以内,中心区人均 GDP 与全域人均 GDP 差距缩小到 1.2∶1。

从物质文明和精神文明相协调的现代化特征看,长三角区域历史上属于农耕文明的富庶之地,新中国成立尤其是改革开放以来,工业化与城市化的快速发展,为现代化建设积累了一定的物质财富。这片土地历史深厚、人文荟萃,教育发达、科技创新,具有不断夯实人民幸福生活的物质基础与促进人的现代化的精神丰盈同步发展、实现经济社会全面高质量发展的基础和前提。

从人与自然和谐共生的现代化特征来看,由于工业化与城市化快速推进,长三角一些城乡付出了一定的生态环境污染代价,绿色低碳发展如今成为共识。长三角一体化发展落地落实,像保护眼睛一样保护自然和生态环境,使生态环境共保联治能力显著提升,跨区域跨流域生态网络基本形成,优质生态产品供给能力不断提升,生态环境质量总体改善,守住蓝天碧水净土,坚定不移走生产发展、生活富裕、生态良好的文明发展道路。

从走和平发展道路的现代化特征看,在我国对外开放经历由封闭半封闭到全方位开放、由东部沿海地区开放到中西部全域开放的进程中，长三角一直走在开放尤其是对欧美日西方发达国家开放的前列。我们高举和平、发展、合作、共赢旗帜，在新一轮更高水平、更宽领域的制度型对外开放中，长三角应更主动地发挥自身与世界联通优势，对标国际一流标准，成为联通国际市场和国内市场的重要桥梁与通道。

二、中国式现代化光明前景描绘长三角美好蓝图

中国式现代化新征程，既是一个理论课题，更是一个实践命题，为长三角国家战略展示了光明前景，也描绘了美好蓝图。现代化本质上是人的现代化，其实质与核心，就是人们从传统农业社会共享的知识体系、价值观念、思考方式、行为方式转化到工业社会、信息社会，以及未来智能社会人类所共享的知识体系、价值观念、思考方式和行为方式上来。事实上，我国是用一代人完成了工业化和城市化，工业文明和城市文明改造了我们，未来要走向现代化、融入全球化，如何在中国式现代化新征程中不断创造富足的物质，同时大力提高人的文明素养，就成为摆在我们面前的一个重要命题。无论是不断发展经济促进物质丰富还是推进人的现代化的精神丰盈，长三角一市三省自觉主动承担起中国式现代化新征程上探索与实践、率先与带动、示范与引领的使命。

（一）上海：以排头兵姿态更好地展示中国式现代化光明前景

上海是党的诞生地，也是在党和国家工作全局中具有十分重要地位、承担特殊期许的人民城市。这座城市必须以排头兵姿态，着眼全局、敢为先锋、勇于探索，更加主动探索现代化的路径和规律，积极应对前进道路上的风险挑战，深入把握中国式现代化的内涵特征和本质要求，把推进中国式现代化作为贯穿上海工作全过程的一条主线，在新征程中一步一个脚印推动上海现代化建设取得扎实成效，更好地向世界展示中国式现代化光明前景。新征程中的黄浦江两岸，呈现出多点全面爆发的新布局：全面深化国际经济、金融、贸易、航运中心和具有国际影响力的科技创新中心“五个中心”建设，着力提

升上海大都市综合实力和全球竞争力；聚焦创新型经济、服务型经济、开放型经济、总部型经济、流量型经济“五型经济”，增创经济发展新优势；着力强化全球资源配置、科技创新策源、高端产业引领、开放枢纽门户“四大功能”；将“上海服务”“上海制造”“上海购物”“上海文化”“四大品牌”塑造成为响亮恒久的金字招牌和驰名中外的城市名片；虹桥到2025年基本建成虹桥国际开放枢纽；推进嘉定、松江、青浦、奉贤、南汇“五大新城”，打造成独立的综合性节点城市；浦东到2035年，要建设成为我国社会主义现代化建设引领区。

尤其是浦东，加快推进中央赋予的各项重大战略任务，全力打造社会主义现代化建设引领区，当好更高水平改革开放的开路先锋，努力当好全面建设社会主义现代化国家的排头兵。从特定意义上观察，浦东新区高水平改革开放打造社会主义现代化建设引领区，标志着改革开放3.0翻开新篇章。与深圳一样，浦东是一个创造奇迹的地方。1843年开埠的上海，曾经是一座半封建半殖民地城市，新中国成立后回到人民的怀抱。伴随着中国改革开放的伟大进程，经过30多年发展，浦东发生了历史性巨变，开发开放取得举世瞩目的成就，在一片农田上建成了一座功能集聚、要素齐全、设施先进的现代化新城，有力带动了长三角和长江流域的发展，成为我国改革开放的象征和上海现代化建设的缩影。浦东的经济实力不断跨上新台阶，核心功能不断迈出新步伐，改革开放不断实现新突破，社会民生不断取得新进展，城市和生态建设不断呈现新面貌，以全市1/5的土地、近1/4的人口，创造了1/3的经济总量，诞生的众多“率先”“第一”让全国振奋，让世界惊叹，实现了党中央、国务院对浦东“落子有声”“全国满盘皆活”的开发意图。在上海城市成长的演进发展中，浦东是改革开放以来中国人民艰苦奋斗建设发展起来的社会主义新城区，如今承担起新的核心使命，责无旁贷、任重道远。某种意义上说，浦东未来30年的使命担当比前30年开发开放的使命担当更为重大、更为神圣，可谓是任重道远。浦东在螺旋形上升的更高起点上再出发，在深化改革上，应成为集成贯彻落实新发展理念的新结构改革先行者；在创新发展上，应成为突破关键技术和产业转化的新经济革命引领者；在扩大开放上，应成为衔接国际高标准经贸规则的制度型开放开拓者；在文化建设上，应成为满足人的高品质美好生活的城市软实力彰显者；在城市治理上，应成为体现国家治理体系与治理能力现代化集大成者，努力成为更高水平改革开放的开路先锋、全面建设社会主义现代化国家的排头兵、彰显“四个自信”的实践范例，更好地向世界展示中国理念、中国精神、中国道路。

（二）江苏：高水平奋力建设中国式现代化“强富美高”新江苏图景

作为经济大省、人口大省、文化大省、开放大省，江苏在现代化建设中担负着重要使命。早在2009年，习近平在江苏调研时就指出，像昆山这样的地方，包括苏州，现代化应该是一个可以去勾画的目标。2014年在江苏视察时，习近平总书记又亲自擘画了建设“经济强、百姓富、环境美、社会文明程度高”新江苏的宏伟蓝图，要求江苏在扎实做好全面建成小康社会各项工作的基础上，积极探索开启基本实现现代化建设新征程这篇大文章。迈入新征程，习近平总书记更赋予江苏在改革创新、推动高质量发展上争当表率，在服务全国构建新发展格局上争做示范，在率先实现社会主义现代化上走在前列的光荣使命。从“可以勾画”到“积极探索”再到“走在前列”，习近平总书记的殷殷嘱托为江苏的现代化建设指明了方向，更激发了全省上下逐浪涛头再出发的自觉和勇气。站在新的历史起点，面对我国发展新的战略机遇、新的战略任务、新的战略阶段、新的战略要求、新的战略环境，江苏省委提出，要自觉对标党的二十大精神，深刻把握中国式现代化的中国特色和本质要求，准确把握全面建成社会主义现代化强国“两步走”的战略安排，自觉把江苏现代化建设放在党和国家事业全局来审视和谋划，在提升综合发展实力、人民生活品质、生态环境质量、社会文明程度、共同富裕水平、社会治理效能上不断赋予新的发展内涵，全面推进中国式现代化江苏新实践，在新时代新征程上更好“扛起新使命、谱写新篇章”，奋力建设“强富美高”现代化新江苏，让中国式现代化在江苏大地充分展现可观可感的现实图景。

在具体实践路径上，江苏方向明确、重点突出，提出要坚持以推动高质量发展为主题，完整准确全面贯彻新发展理念，积极服务构建新发展格局，坚守实体经济，坚持把制造业作为高质量发展的根基，深入推进生产性服务业十年倍增计划和现代服务业高质量发展集聚示范工程，把数字经济作为转型发展的关键增量，把农业农村发展摆在优先位置，更大力度补短板、强弱项、固底板、扬优势，加快构建现代化产业体系；坚持科技自立自强，着力强化教育、科技、人才战略支撑，坚持教育优先发展、创新驱动发展、人才引领驱动，加快建设教育强省、科技强省、人才强省，开辟发展新领域新赛道，塑造发展新动能新优势，勇当我国科技和产业创新开路先锋；坚持以人民为中心的发展思想，扎实推进共同富裕，把为民造福作为最大政绩，着力促进增收富民，实施就业优先战略，加快实施积极的人口发展战略和积极应对人口老龄化国家战略，用心用情解决好"一老一幼"等群众急难愁盼问题，深入开展健康江苏行动，健全多层次社会保障体系，在高质量发展中创造高品质生活、在共同奋斗中促进共同富裕；坚持生态优先、绿色低碳发展，牢固树立绿水青山就是金山银山理念，坚持降碳、减污、扩绿、增长协同推进，深入打好污染防治攻坚战，持续加强生态系统保护修复，积极稳妥推进碳达峰碳中和，深入推进美丽江苏建设，努力建成美丽中国的省域范例；坚持文化自信自强，举旗帜、聚民心、育新人、兴文化、展形象，加快建设社会主义文化强国先行区，不断增强实现中华民族伟大复兴的精神力量等，让人民更加安居乐业、社会更加安定有序，确保江苏这艘大船在现代化建设新征程中行稳致远。

（三）浙江："两个先行"展现中国式现代化浙江生动实践

改革开放以来，"敢为人先"的温州现象、"无中生有"的义乌经验等，让百姓创富热情奔涌，开启了大规模人口迅速解决温饱、走向富裕的现代化之路。进入新世纪，"八八战略"擘画实施。诸如"大力推动多种所有制经济共同发展""走新型工业化道路""加快推进城乡一体化""创建生态省""山海协作""建设文化大省"等实践，较早破解"成长的烦恼"，开辟了中国特色社会主义在浙江生动实践的新境界。如今迈上中国式现代化新征程，浙江突出在高质量发展中奋力推进共同富裕先行和省域现代化先行，打造新时代党建高地和清廉建设高地、高质量发展高地、数字变革高地、全过程人民民主实践高地、新时代文化高地、社会全面进步高地、生态文明高地、促进全体人民全面发展高地“八个高地”，为“两个先行”绘制清晰“规划图”“施工图”。这“八个高地”是支撑“两个先行”的具体目标，是一个有机整体。一是体现党建统领，把打造新时代党建高地和清廉建设高地作为首要目标，强调高水平推进以自我革命引领社会革命的省域实践；二是体现以人的现代化为核心，提出打造促进全体人民全面发展高地，这是出发点也是落脚点；三是体现引领数字文明时代，提出打造数字变革高地，这是通向共同富裕和现代化的“桥”和“船”；四是体现“五位一体”整体跃升，提出打造高质量发展高地、全过程人民民主实践高地、新时代文化高地、社会全面进步高地、生态文明高地，奋力谱写中国式现代化浙江篇章。

未来五年发展，浙江锚定“十个着力”主要任务，包括着力推动全面转入创新驱动发展模式、着力推进数字化改革引领系统性变革、着力服务和融入新发展格局、着力塑造引领未来的新增长极、着力推进更高水平城乡一体化、着力发展全过程人民民主、着力推进全域文化繁荣全民精神富有、着力开创民生优享的社会发展新局面、着力推进生态文明建设先行示范、着力建设更高水平的平安浙江法治浙江。这“十个着力”构成推进“两个先行”主要任务安排，有三方面考虑：第一，突出高质量发展，第一到第五个“着力”对应经济发展领域，体现坚持以经济建设为中心；第二，突出系统性跃升，第六到第十个“着力”分别对应政治、文化、社会、生态文明建设和平安法治建设领域；第三，突出牵动性创新性举措，重点阐述牵一发动全身的重大改革、重大政策、重大平台和重大举措，比如提出大力建设具有全球影响力的科创高地和创新策源地，打造世界重要人才中心和创新高地战略支点，推动新时代民营经济新飞跃，全面提升杭州、宁波、温州、金义四大都市区和中心城市能级，努力建设国家经略海洋实践先行区，推进农业转移人口市民化集成改革，探索构建共富型大社保体系等。

（四）安徽：总施工图谱写现代化美好安徽建设新篇章

中国共产党安徽省第十一届委员会第四次全会近期闭幕，全会审议通过了《中共安徽省委关于深入贯彻落实党的二十大精神奋力谱写现代化美好安徽建设新篇章的决定》(以下简称《决定》),形成了安徽省全面贯彻党的二十大精神的总施工图。《决定》稿分为六大板块、26个部分,共24 000余字,提出了"三个进一步"。其一,进一步明确了现代化美好安徽建设的思路目标,即到2027年,加快建设更高质量的创新安徽、共进安徽、美丽安徽、开放安徽、幸福安徽;到2035年,与全国同步基本实现社会主义现代化,基本建成现代化美好安徽;到本世纪中叶,与全国同步实现社会主义现代化,建成现代化美好安徽。其二,进一步明确了未来五年的使命任务即"八个奋力":奋力服务和融入新发展格局,推动安徽高质量发展;奋力实施科教兴皖战略,强化安徽现代化建设人才支撑;奋力发展全过程人民民主,保障人民当家作主;奋力推进依法治省,建设更高水平的法治安徽;奋力推动社会主义文化繁荣兴盛,增强安徽文化归属感和软实力;奋力增进民生福祉,在高质量发展中促进共同富裕;奋力推动绿色发展,促进人与自然和谐共生;奋力维护国家安全和社会稳定,建设更高水平的平安安徽。其三,进一步明确了深入推进新时代党的建设新的伟大工程要求,主要包括坚持和加强党的全面领导,坚持不懈用习近平新时代中国特色社会主义思想凝心铸魂,完善党的自我革命制度规范体系,建设高素质专业化干部队伍,增强党组织政治功能和组织功能,坚持以严的基调强化正风肃纪,坚决打赢反腐败斗争攻坚战持久战等。

综合考虑国家所需、安徽所能、群众所盼、未来所向,对未来五年,安徽明确了"十个新的更大"目标要求;对未来十五年,安徽展望了"九个新"的远景目标,并在此基础上,提出了"经济强、百姓富、生态美"总目标,这是现代化美好安徽建设的核心内涵。安徽对现代化建设未来五年谋划细致,力争在五个方面取得新突破:一是创新安徽建设取得新突破,2027年经济总量向7万亿元冲刺,人均地区生产总值达到11万元以上,全社会研发经费支出占地区生产总值的比重力争达到3%,制造业增加值占地区生产总值比重达到30%左右;二是共进安徽建设取得新突破,2027年常住人口城镇化率达到67%,工农互促、城乡互补、协调发展、共同繁荣的新型工农城乡关系基本形成,文化软实力显著增强;三是美丽安徽建设取得新突破,单位生产总值能耗降幅、单位生产总值碳排放降幅完成国家下达目标，2027 年非化石能源占能源消费总量比重达到 18%以上，生态环境持续改善，绿色低碳循环发展的经济体系基本形成；四是开放安徽建设取得新突破，高标准市场体系基本建成，营商环境达到国内先进水平，2027 年货物贸易进出口额力争达到 1.2 万亿元，吸收外商直接投资实现倍增；五是幸福安徽建设取得新突破，2027 年城镇居民人均可支配收入接近全国平均水平，农村居民人均可支配收入超过全国平均水平，社会消费品零售总额突破 3 万亿元，居民收入和经济增长基本同步，劳动报酬提高与劳动生产率提高基本同步。

三、长三角现代化重在实现高质量发展

发展是硬道理，是人类社会的永恒主题，是时代进步的重要标尺，是解决中国一切问题的基础和关键。党的二十大报告提出，高质量发展是全面建设社会主义现代化国家的首要任务。习近平总书记对实现高质量发展站高望远、深谋远虑，在起草"十四五"规划和 2035 年远景目标建议的过程中就明确提出，高质量发展不能只是一句口号，更不是局限于经济领域；在党的十九届五中全会上，总书记又进一步指出，经济、社会、文化、生态等各领域都要体现高质量发展的要求。党的十八大以来，围绕"实现什么样的发展、怎样实现发展"这一时代主题，以习近平同志为核心的党中央创造性地提出了一系列新理念、新思想、新战略，引领我们把握新发展阶段、贯彻新发展理念、构建新发展格局、推动高质量发展。在谋划布局、推动促进现代化建设中，高质量发展不只是一个经济要求，而是对经济社会发展方方面面的总要求，是中国式现代化建设新征程上一个复杂的系统工程，应当成为全民共识与行动指南，切实贯穿中国式现代化建设新征程。这是依据时代特征与历史方位作出的战略选择，为中国式现代化建设全局提供了基本遵循和科学指南。

（一）现代化新征程面临"三期叠加"状况

面对错综复杂的地缘政治格局与世界经济持续低迷的不确定性情境，面

对风高浪急的国际环境和艰巨繁重的国内改革发展稳定任务,面对我国经济增长速度换挡期、结构调整阵痛期、前期刺激政策消化期"三期叠加"的状况,经济形势可以说是变幻莫测、瞬息万变。改革开放以来,我们用几十年时间走完了发达国家几百年走过的发展历程,创造了世界发展奇迹。随着经济总量不断增大,我们在发展中遇到了一系列新情况、新问题、新挑战。经济发展面临速度换挡节点,高基数上的中高速增长阶段转向高质量发展阶段;经济发展面临结构调整节点,低端产业产能过剩要集中消化,中高端产业要加快发展;经济发展面临动力转换节点,低成本资源和要素投入形成的驱动力明显减弱,经济增长需要更多驱动力创新。此外,以牺牲环境、过度消耗资源、低成本劳动力为代价来换取经济的快速增长,这种传统模式难以为继,亟待转型升级实现高质量发展。

(二)现代化新征程面临社会主要矛盾的变化

中国特色社会主义进入新时代,我国社会主要矛盾已经转化为人民日益增长的美好生活需要和不平衡不充分发展之间的矛盾。我国稳定解决了十几亿人的温饱问题,全面建成小康社会,人民美好生活需要日益广泛,不仅对物质文化生活提出了更高要求,而且在民主、法治、公平、正义、安全、环境等方面的要求日益增长,发展不平衡不充分不容忽视,主要表现在:重点领域关键环节改革任务仍然艰巨,创新能力不适应高质量发展要求,农业基础还不稳固,城乡区域发展和收入分配差距较大,生态环保任重道远,民生保障存在短板,社会治理还有弱项。这些短板和不足,既有长期想解决但还没有解决好的问题,也有工作中重视不够而没有解决的问题;既有许多中长期的困难和问题,也有不少迫在眉睫的现实问题。

(三)现代化新征程面临的环境复杂多变

发展起来以后,我国面临复杂多变的安全和发展环境,各种可以预见和难以预见的风险因素明显增多,各方面风险可能不断积累甚至集中显露。我们面临的风险是多方面的:有外部风险,也有内部风险;有一般风险,也有重大风险。重大风险既包括国内的经济、政治、意识形态、社会风险以及来自自然界的风险，也包括国际经济、政治、军事风险等。特别是要看到，各种威胁和挑战联动效应明显，各种矛盾风险挑战源、各类矛盾风险挑战点相互交织、相互作用。如果发生重大风险又扛不住，国家安全就可能面临重大威胁，推进中国式现代化道路、实现中华民族伟大复兴的进程就可能迟滞或被迫中断。

（四）现代化新征程面临“发展起来以后的问题”

应该肯定，社会各阶层、人民群众普遍从发展中获益良多，不容忽视的是“发展起来以后的问题”日益凸显，其中发展成果的分配问题也越来越受到重视。邓小平同志曾经说，社会主义的目的就是要全国人民共同富裕，不是两极分化。他还指出，社会主义最大的优越性就是共同富裕，这是体现社会主义本质的一个东西。如果搞两极分化，情况就不同了，民族矛盾、区域间矛盾、阶级矛盾都会发展，相应地中央和地方的矛盾也会发展，就可能出乱子。1992 年视察南方时他指出：“社会主义的本质，是解放生产力，发展生产力，消灭剥削，消除两极分化，最终达到共同富裕。”毋庸讳言，两极分化的风险依然存在，共同富裕成为本来就是发展的主体和动力的人民群众的期盼，应当通过高质量发展增强他们对发展成果的获得感、幸福感和安全感。

1. 高质量发展应当以新发展理念为统领，使这一鲜明主题成为能够很好满足人民日益增长的美好生活需要的发展，是创新成为第一动力、协调成为内生特点、绿色成为普遍形态、开放成为必由之路、共享成为根本目的的发展

以江苏为例，到 2035 年，江苏要努力成为现代化强国建设中具有鲜明特色的省域范例；到 2050 年，江苏要努力成为向世界展示中国式现代化人类文明新形态的标识性窗口。江苏被舆论称为“十三太保”，也就是说各地市发展实力均较强。但受制于交通基础设施，苏南、苏中、苏北在经济社会发展上形成明显落差。南北区域发展不平衡，历来是江苏经济发展版图上的一块必须正视的“短板”。以高度的战略定力实现苏南引领、苏中崛起、苏北赶超，不断激发江苏发展的巨大动能潜力，实现江苏经济社会协调均衡发展，无疑可以在全国打造树立起促进区域协调发展的省域新样板。江苏明确提出大力促

进区域协调联动，更高质量推动长三角一体化发展。具体而言，就是支持苏南地区发挥优势，加快打造现代化建设先行示范区；支持苏中地区跨江融合，加快实现中部崛起；支持苏北地区发挥优势，努力实现跨越赶超。对苏北地区来说，要认识到苏南、苏中、苏北是一个地理概念、不能成为一种固化的意识，地级市是一个行政等级、不能成为发展的能级限制，要继续解放思想，把握规律，切实打破制约自身发展的“苏北落后”宿命论，进一步摆脱“地级市思维”和传统的“苏北意识”，实现苏北跨越式赶超，与苏南、苏中紧密携手，共同描绘“强富美高”现代化新江苏的美好前景。

学界研究认为，苏南现代化起步早于全国、起点高于欧美，围绕数字经济、绿色发展、现代技术等方面推进现代化建设。以苏州为例，这座江南名城是邓小平同志印证“小康”构想的地方，是习近平总书记殷殷嘱托“勾画现代化目标”的地方，在全面推进现代化强市建设中以更加昂扬的姿态砥砺奋进、勇毅前行，奋力推动经济社会高质量发展。江苏全省上下，以领袖赋予的光荣使命作为根本遵循，以共同富裕作为根本追求，以产业创新作为根本支撑，以城乡融合作为根本途径，以数字赋能作为根本抓手，以生态文明作为根本标杆，以改革开放作为根本动力，以现代治理作为根本保障，就是切实以新发展理念统领高质量发展，扎实推动“强富美高”新江苏现代化建设。

2. 高质量发展应当着力构建新发展格局，建设全国统一大市场，形成需求牵引供给、供给创造需求的更高水平经济大循环动态平衡，使国内市场主导国民经济循环特征更加明显，经济增长内需潜力不断释放

安徽承东启西、连南接北，长三角一体化发展、中部地区高质量发展、长江经济带发展、共建“一带一路”等重大国家战略机遇叠加。安徽注重发挥区位优势和市场优势，提高开放型经济水平，主动融入大循环，用好重大国家战略机遇，推动全省各区域、各领域与沪苏浙建立紧密型合作关系。积极链接双循环，抓好自贸试验区及联动创新区建设，主动承接进博会、广交会、服贸会等溢出效应，增强世界制造业大会影响力，推动外贸总量在突破 1 000 亿美元基础上继续提升。安徽明确提出，要充分发挥国家战略叠加、制造业基础良好、科教人才丰富、历史人文深厚、生态环境优良、区位交通优越等优势，紧

抓时间窗口、做到政策“吃干榨尽”，真正把难得机遇转变成高质量发展的实绩实效。

“经济总量居中，人均 GDP 靠后”，很长一段时间人们这样概括安徽在全国的位置。数据显示，2012 年，安徽生产总值位列各省份第十三位，人均生产总值则比较落后，居第二十一位。2021 年，安徽生产总值首次站上 4 万亿元台阶，人均生产总值突破 1 万美元。全省生产总值在全国的排名从 2012 年的第十三位上升到第十一位，人均生产总值从第二十一位上升到第十三位，由“总量居中、人均靠后”迈向“总量靠前、人均居中”。长三角一体化发展按下快进键，为安徽高质量发展增添了强劲动力。2021 年，沪苏浙在皖投资在建亿元以上项目 4 167 个，实际到位资金超过 9 000 亿元，同比增长 22.6%。安徽牵头成立长三角人工智能产业链联盟，加快建设长三角工业互联网一体化发展示范区、长三角高附加值绿色农产品生产加工供应基地等。省级实验室和技术创新中心建成 32 家，十大战略性新兴产业集群崛起，一批传统钢铁企业升级换代，农业在科技赋能中提速增效，制造业增加值、数字经济增加值均超万亿元，以“芯屏器合”即推进芯片、显示屏、装备制造及机器人、人工智能和制造业融合为标识的现代产业体系正加快构建。十年间，安徽“制造”正向“智造”升级，并推动数字产业化、产业数字化，努力建设工业互联网高地。默默发力、释放潜力的安徽，正是这样以“有为”争取“有位”，积极融入长三角一体化发展，在不断壮大自身同时贡献协同共赢力量。

3. 高质量发展应当始终坚持创新在现代化建设全局中的核心地位，把科技自立自强作为国家发展的战略支撑，重点破解“卡脖子”难题与“天花板”制约，加快形成以创新为主要引领和支撑的经济体系和发展模式

上海是中国近代重要的民族工业发祥地、民族品牌发源地和集聚地，20 世纪 30 年代，上海工业产值和产业工人数量大约占全国半壁江山。改革开放之初，上海工业总产值依然占全国 1/8，近 200 项工业产品产量位居全国第一，“上海牌”“上海货”的美誉度、显示度、标识度非常高。制造业是上海实体经济的坚强支持，是上海服务国家战略、建设“五个中心”的重要支撑。上海的产业基础、技术能力、人才优势等，都决定了众多战略性、“卡脖子”产业

如果想实现重大突破,在上海发展才是最合理的选择。对上海自身而言,只有坚定发展先进制造业,才能为更多新兴成果和业态的不断涌现、为服务经济健康发展铸就基石,避免城市发展“脱实向虚”和产业空心化,增强城市经济发展后劲和韧性。当前,长三角进入了以上海为龙头的一体化创新突破全面深化新阶段,题中应有之义首要就是要大力发展实体经济制造业,促进传统制造业转型升级与先进制造业发力发展,重构区域产业链、供应链、价值链、人才链、创新链、服务链。应当结合国际产业发展趋势,紧紧围绕“高端化、智能化、绿色化、服务化”四个方面,塑造更多依靠创新驱动、更多发挥先发优势的引领型发展,重视基础研究和原始创新,推动创新链和产业链融合,加快形成先进制造业产业集群,促进制造业不断跃上新台阶,为高质量发展提供新动力。

基于全局性、战略性、前瞻性考量,上海要在高质量发展上彰显新作为,更好发挥科创中心和金融中心联动优势,持续完善创新生态、提升创新服务效能,更大力度集聚创新要素,营造有利于科技型企业成长的良好环境,推动创新链、产业链、资金链、人才链深度融合。在重点产业结构布局上,围绕“今天”“明天”“后天”,上海促进形成“3+6+4+5”格局,即“今天”的新型产业体系为集成电路、生物医药、人工智能,加上电子信息、生命健康、汽车、高端装备、先进材料、时尚消费品;“明天”的上海产业新赛道领域为数字经济、绿色低碳、元宇宙、智能终端;“后天”的上海未来产业集群为未来健康、未来智能、未来能源、未来空间、未来材料。上海励志创新,推动高质量发展、创造高品质生活、实现高效能治理。

4. 高质量发展应当树立以人民为中心的理念,推动物质富足与精神富有同步增进,在“做大蛋糕”的同时注重“分好蛋糕”,形成以中等收入群体为主体的橄榄型社会结构,促进社会公平与人的全面发展,不断增进人民群众的获得感、幸福感、安全感

“七山一水二分田”的浙江,被委以全国推动共同富裕提供省域范例的重任,真正做到“先行示范”。党的十八大以来,浙江忠实践行“八八战略”,全面贯彻新发展理念,构建新发展格局,创新驱动实现高质量发展,数字化改革提

升省域治理效能，共同富裕探路扎实开局。据权威信息，十年来，浙江省地区生产总值连跨四个万亿台阶，突破七万亿元，稳居全国第四。人均地区生产总值突破 11 万元，一般预算收入达到 8 263 亿元、从全国第五提升到第三。随着经济社会的全面进步，浙江在中国率先全面消除家庭人均年收入“4 600 元以下”绝对贫困现象；有较高的均衡发展水平，城乡居民收入连续多年居全国省区第一；数字经济增加值占 GDP 比重近半等。“七山一水二分田”的浙江，数十载大踏步向前发展，同时持续缩小贫富差距、城乡差距、区域差距，在城乡差距指标、区域发展指标以及富裕程度等各项指标上都走在全国前列，在探索解决发展不平衡不充分问题方面取得了明显成效，具备开展共同富裕示范区建设的基础和优势，也存在一些短板弱项，具有广阔的优化空间和发展潜力。

浙江承担着高质量发展建设共同富裕示范区的光荣使命，明确要求浙江在推进以人为核心的现代化、实现全体人民全面发展和社会全面进步的伟大变革中发挥先行和示范作用。根据计划，到 2025 年，浙江推动高质量发展建设共同富裕示范区将取得明显实质性进展；到 2035 年，高质量发展取得更大成就，基本实现共同富裕。这一进度要求总体比全国提前 15 年。浙江在共同富裕示范区建设上念真经、出实招，促高质量发展“做大蛋糕”，体现社会公平“分好蛋糕”，着力持续缩小“三大差距”，促进人民精神生活共同富裕，打造“诗画江南、活力浙江”的省域品牌。围绕推动收入分配制度改革试验区建设，浙江出台“扩中”即扩大中等收入人群与“提低”即提高低收入人群行动方案，核心指标是到 2025 年，浙江家庭年可支配收入 10 万～50 万元群体比例达到 80%，20 万～60 万元群体比例达到 45%，目标是推动率先基本形成以中等收入群体为主体的橄榄型社会结构。在促进均衡发展方面，浙江以解决地区差距、城乡差距、收入差距为主攻方向，提出到 2025 年地区人均 GDP 最高最低倍差缩小到 2.1 以内，地区人均可支配收入最高最低倍差缩小到 1.55 以内，城乡居民收入倍差缩小到 1.9 以内。这三项目标，分别与浙江建设共同富裕示范区的三大主攻方向一一对应，重在解决区域发展差距、城乡差距、收入差距。浙江在奋力推进“两个先行”新征程上，肩负起高水平推进人的现代化,打造促进全体人民全面发展高地的新使命,每个人都是美好生活的奋斗者,每个人都有梦想成真的机会。

中国式现代化建设新征程与中华民族伟大复兴中国梦,绝不是轻轻松松、敲锣打鼓就能实现的,实现高质量发展任重道远。在历经百年风雨如磐、接受各类艰巨考验的中国共产党领导下,上下同力、万众一心,增强忧患意识、坚持底线思维,将高质量发展贯穿中国式现代化建设新征程,我们一定能经受各种可以预见和难以预见的狂风暴雨、惊涛骇浪,不断增强自我的生存力、竞争力、发展力、持续力,实现中华民族的伟大复兴。

城市智库助力城市软实力的提升

胡　键①

摘　要　城市智库既是城市软实力的重要组成部分，也是助力城市软实力提升的智力工具。城市智库最重要的功能就是服务政府、服务社会、服务市场主体，所以城市智库不仅是知识生产者、思想生产者，也是城市故事的传播者。城市治理和城市发展的智慧主要来自于社会实践，只有从城市具体的实践中获得智慧才能够解决城市发展中的具体问题，推理城市发展实践的任何思想都会导致城市发展走上歧路，能够把实践与理论有结合起来的智库，就是城市最大的软实力。

关键词　城市智库　城市软实力　城市发展　思想生产　思想传播

城市智库是城市软实力的重要组成部分。智库包括智与库，智是内容，库是智的储备基地。所谓智，在汉语中表达的是聪明、智慧、计谋、知识等意思。那么，智从哪里来呢？就本体论的智而言，它只能来源于知识体系、理论体系和思想体系。也就是说，一个智库一定要拥有足够的知识储备、理论储备和思想储备。完善的知识体系是形成智慧的前提，缺乏这种知识体系，专家就有可能乱点鸳鸯谱和出馊主意。而智库之智就必然体现出多重性、多样性、多元性的智慧。只有这样，智库才可以在任何时候为任何问题提供智慧、策略的供给。如果是单一性的智慧，智库的供给也必然是单一思想、单一智慧、单一策略的供给。而单一性的供给，要么是对决策者偏好的迎合，要么是对问题缺乏详细的调查研究。这两种情况，都难以保证决策的科学性。上海

① 胡键，上海政法学院软实力与外交话语研究中心主任教授、博士生导师，兼任上海社会科学院软实力研究中心学术主任，主要从事国际战略文化、跨文化交流、国际关系研究。

飞速发展的原因是多方面的,但其中一个重要原因就是得益于上海的高校、研究机构等城市智库。长期来,上海的城市智库为上海改革开放和现代化建设,以及重大活动、重大事件等都贡献了众多智慧,为上海提供了重组的城市软实力资源。

一、城市智库源于城市发展的需要

在研究不同城市的发展类型的时候,我们发现中小城市的发展,主要是依靠产业的滚动效应来实现持续发展的,当然也借助于自身的历史文化作为辅助。而诸如北京、上海、广州这类国际性大都市的发展类型首先是靠硬实力特别是经济实力支撑起来的,但仅有经济发展而没有文化的滋养,这样的城市是缺乏国际竞争力的,而且经济的发展会遭遇质量和素质的瓶颈。因此,北上广等国际大都市的每一轮发展都往往更依赖于城市智库提供的智慧来实现创新和发展。事实上,北京、上海、广州集中了中国智力最强大、影响最广泛、覆盖领域和规模最大的各种城市智库。深圳则代表了最初的四个经济特区的发展类型,其独特性表现为,最初主要以来于国家的政策创新和政策"试错"而产生巨大的"鲇鱼效应",但发展到一定程度后,这类城市的发展也转向了追求城市韧性与城市的内涵式建设,也就是越来越强调智库的重要性。十多年前,深圳市制定的《深圳市中长期人才发展规划纲要》就提出,要实施九大重点人才工程。其中,积极实施客座专家"智库计划",为深圳扩大国际影响、提升软实力明确了途径。十年后的今天,深圳市把国内外高校重要智库引进来,已经组建了一个集研究机构、高校等在一起的庞大的深圳智库联盟,为深圳的发展提供强大的智力支持。在上海提出城市软实力建设以后,各种类型的城市都越来越重视智库在城市发展中的作用。换言之,各种类型的城市都把智库建设作为提升城市软实力的重要抓手,都十分重视城市智库的重要作用。城市智库主要是为城市社会经济发展提供决策咨询和智力支持。

（一）智库发展简况

城市智库的类型和发展历程是与中国经济发展的进程相一致的。首先是新中国成立之初建立的各种官方研究机构，如国务院参事室、中国科学院、中国人民外交协会、国际关系研究所等，都是主要致力于马克思列宁主义的研究以及宣传，经济、科技、外交和军事战略、理论和政策的研究，都是涉及国家战略层面问题的研究。很显然，这些智库在服务国家战略的同时，大多数也是为了应对国际"冷战"的需要而进行的研究。

众所周知，智库在美国的战略决策中非常重要，原有的老牌智库如布鲁金斯学会等自不必说，二战结束以后，美国又先后建立起关于各大地区研究的专业学会，如斯拉夫研究促进学会（1948 年）、亚洲研究学会（1957 年）、非洲研究学会（1957 年）、拉丁美洲研究学会（1966 年）和中东研究学会（1966 年）。它们分别出版各自的刊物，举行年会，各有其专门的工作人员。很显然，当时成立这些中心及出版相应的刊物，都是为当时美国的政治服务的。

当时，中国事实上处于"冷战"的前沿。为了应对西方也是出于中国国家战略安全的需要，在与外界打交道日益增多的情形下，中国相关的研究机构机构也相继建立起来。1956 年，根据外交部的建议，经周恩来总理批准成立了直属外交部的国际关系研究所，重点对资本主义世界的经济和政治进行调查研究。这是中华人民共和国最早建立的国际研究专门机构之一。1960 年，上海国际问题研究所成立，时任上海市副市长的金仲华兼任所长，所内按地区国别设立研究组（室）。1964 年，北京大学、中国人民大学和复旦大学的政治系均改设为国际政治系。三校并且在地区研究方面进行了分工，其中，北京大学研究亚非地区（亚非研究所），中国人民大学承担国际共运、苏联和东欧研究（苏联东欧研究所），复旦大学则专注于西欧、北美和拉丁美洲，另外还建立了资本主义国家经济研究所。1977 年，中国社会科学院组建成立，随后在时任副院长、资深外交家宦乡等人的领导下，中国社会科学院建立了一系列的地区国别研究所，成为地区研究在中国一个新的标志性发展。不过，从研究的成果可以看到，这些机构当时主要集中于"介绍苏联建设社会主义的经验、研究国际共产主义运动的历史和现状，研究一些国家无产阶级革命斗争的形势，研究一些国家共产党的发展和对中国的态度，研究如何有针对性地积极开展对外宣传工作和联络工作”。这些都是服务当时国家战略需要的研究。

（二）智库转型：从政府的部门到专门的研究机构

改革开放以后，从中央到地方都先后建立起了一些决策研究部门，特别是1984年通过《中共中央关于经济体制改革的决定》以后，决策研究部门从过去的国家战略研究开始转移到经济领域的问题的研究，也就是聚焦于经济发展问题的研究。1986年，中共中央又提出决策的民主化、科学化和制度化，以加快我国的现代化建设。这时智库的重要性开始凸显出来。学术界也开始研究如何发挥哲学社会科学的智库功能的问题。鉴于政府部门的智囊机构存在着目标不一、力量分散、受行政干扰较大、缺少信息渠道等问题，有人建议把设在政府部门的智囊机构政策研究室或调研室变行政化为专业化，使之成为博中有专、专博相济的“多面手”机构，或者是设立独立于政府机构的专门智囊机构，以便为政府决策提供专业化、科学化的政策咨询。在这种形势下，各种研究机构相继诞生，与此同时，民间研究机构也应运而生，如1986年成立的中国政治与行政科学研究所，1989年由一些当时在全国有较高知名度的经济学家和社会活动家如马洪、李灏、陈锦华、高尚全等人士自愿联合组建的深圳综合开发研究院等。这些智库都着力于经济问题的研究，为解决国家和地方经济发展问题提出政策建议。

从20世纪90年代中后期的“社会科学走向社会”，骤然演变为社会科学机构智库功能的新定位。2004年1月5日，中共中央发出《关于进一步繁荣发展哲学社会科学的意见》，明确提出要“使哲学社会科学界成为党和政府的‘智囊团’和‘思想库’”。在这种情形下，一些学者开始探讨建立“思想库”“智囊团”的具体路径及打破当时思想瓶颈的具体方法，全国各地的社会科学研究机构都纷纷重新调整自身定位，朝着智库的方向发展。经过近10年的发展，各地哲学社会科学研究机构的智库功能日益显著。

特别值得注意的是，当前中国智库一方面致力于为中国各级党和政府提供政策咨询，另一方面也开始对地方政府、城市发展、企业提供咨询服务。智库开始从国家战略问题转向地方和城市的经济发展问题。更为重要的是，智库的建议有力地推动了中国学者的研究走出书斋，开始走上从社会实践中进行研究并为政府决策提供咨询服务的道路。当时有一批学者在这些方面都有特殊的贡献，包括关于北京举办奥运会的建议、上海举办世博会的建议、浦东开发开放的建议等。

（三）城市智库聚焦于所落户的城市发展

智库服务国家战略，因而智库是国家的软实力，这是毋庸置疑的事实。党的十八大以后，随着中国现代化建设的迅速发展，中国的大国成长尤其需要中国特色的哲学社会科学思想作为支撑。2013 年 4 月，习近平总书记首次提出建设“中国特色新型智库”的目标。十八届三中全会审议通过的《中共中央关于全面深化改革若干重大问题的决定》明确提出，应“加强中国特色新型智库建设”。2014 年，中央全面深化改革领导小组第六次会议审议通过《关于加强中国特色新型智库建设的意见》；2015 年 1 月，中共中央办公厅、国务院办公厅印发了该文件。随后，首批 25 家国家高端智库建立起来，其他各类智库也在政策咨询服务上发挥了不同的重要作用。《关于加强中国特色新型智库建设的意见》明确指出：“一个大国的发展进程，既是经济等硬实力提高的进程，也是思想文化等软实力提高的进程。智库是国家软实力的重要载体，越来越成为国际竞争力的重要因素，在对外交往中发挥着不可替代的作用。树立社会主义中国的良好形象，推动中华文化和当代中国价值观念走向世界，在国际舞台上发出中国声音，迫切需要发挥中国特色新型智库在公共外交和文化互鉴中的重要作用，不断增强我国的国际影响力和国际话语权。”同样，城市智库自然也是所落户的城市的软实力。

城市智库类型多样。第一类是指原来的党政部门的政策研究机构。它们直接就是服务于该城市、该地区社会经济发展的智库。第二类是哲学社会科学研究机构。它们有的是国家高端智库，主要为国家战略服务，但由于它们坐落于具体的城市,因而也必然要为该城市提供政策咨询服务,此类智库数量多,各个城市都非常依赖它们来为城市发展提供治理支持。例如,坐落在北京的国家智库,同样也为北京的社会经济发展提供智力服务。落户在上海的此类智库,既为国家战略服务,也直接为上海城市发展服务。第三类是高校智库。此类智库无论是在智库数量上还是在从业人员数量上都非常多,因而崛起的速度非常快,影响力也大。同样,它们首先直接为所坐落之城服务。第四类是民间智库。它们在近年来如雨后春笋般涌现出来,而且更贴近于具体的现实,为自己所处的城市发展服务。

城市智库是城市的软实力,不仅在于其提供的服务,而且还在于城市智库是知识生产者、思想生产者,也是城市故事的传播者。一个城市被国际社会所关注,除了其经济成就外,还在于这个城市的智库生产的知识、思想传播被转化为该城市的发展动力,以及这些知识、思想又通过与国际社会同行交流、研讨而在国际上传播。我们在研究城市软实力的时候注意到,国际大都市除了经济发展的成就之外,还有一个重要的原因受到广泛的关注,那就是他们无一例外都拥有为数众多、类型多样的世界知名智库。城市智库越活跃,城市的国际影响力就越高,纽约、东京、伦敦、巴黎都如此。城市智库越活跃,城市的故事、特殊的文化等就越容易远播世界,而这一方面的传播更具有巨大的增幅效应。

《中共上海市委关于厚植城市精神彰显城市品格全面提升上海城市软实力的意见》指出,习近平总书记亲自提炼概括了上海城市精神和城市品格,对提升城市软实力作出了一系列重要论述,为上海加快打造具有世界影响力的社会主义现代化国际大都市相匹配的城市软实力指明了方向。城市软实力固然来自于城市的历史文化,但它最重要的载体就是坐落于城市之中的各类智库,它们为城市的社会经济发展贡献思想和智慧。从世界城市发展的历史来看,以智慧和思想滋养的城市才具有品格,才具有持久不衰的发展动力。

二、城市智库是城市发展的智力支撑和助推器

战后以来尤其是进入 21 世纪以后,无论是国家还是城市的发展都越来越需要战略规划。这些战略规划包括发展战略、战略空间、战略布局等,而这一切都需要相关的专业人士,也就是当前所说的智库学者。这些智库学者大多都集中在高校智库或专门的研究性智库中,他们或教学科研兼顾;或专门从事研究;或以学者的身份参与社会调查活动,以便在实践中更好地了解社会发展的前沿思想;或直接参与相关政府部门的决策咨询活动,为政府部门提供智力支持。这一切都表明,城市智库已经深深地嵌入到城市社会经济发展之中,并通过思想深深地影响着城市的发展进程和发展方向。那么,城市智库究竟在城市发展中发挥了哪些必不可少的功能呢?

(一)城市智库是城市发展战略思想的直接生产者

思想是城市社会经济发展的引领,也是城市发展的路线图。城市发展的思想决定了一个城市的发展定位和发展方向。城市的差异性发展当然首先是取决于不同城市的历史文化传统,但当今的城市发展更多的是通过城市规划作为引领,城市规划首先是城市历史文化的概念性或城市品格或城市的价值抽象。例如,上海被定位为国际性大都市,那是因为上海是中国近代史上开埠最早且又具有天然区位优势的城市,经过近 200 年的发展,上海在世界城市发展史上具有重要影响。加之,上海在承继历史传统中又吸纳了世界各地文化,从而形成了以传统江南文化为底色、以外来文化为表现的海派文化。因而,上海被概括为具有开放、包容、睿智的品格,而这种概括离不开对上海城市长期深入研究的城市智库。不仅上海市如此,所有的城市发展都离不开思想的抽象和价值的概括。

与一般的纯粹作基础理论研究的学者不同,智库学者的最大特点是,不仅有厚实的思想底蕴,而且也有扎实的基础理论研究的积累,同时又都是资深的学者,因而人生阅历非常丰富。因此,智库中的学者们最有可能以自己

的生活阅历和基础理论,为城市发展提供最有智慧和最能反映城市未来发展的重要思想。城市的发展最忌讳同质化,在城市化的初期阶段,城市在腹地扩容、资源竞争等问题上往往都以城市规模和高楼大厦为模板,从而导致大中小城市都走向同质化的发展。然而,随着思想与文化在城市品质提升中越来越被重视,城市也恰恰因为有了思想和独自的历史文化而具有不同的风格和特质。"择一城终老",反映的正是不同的人们选择自己喜欢的城市居住,而选择的理由也正是由思想和历史文化塑造的城市品格。城市智库以自己独特的方式进行城市思想的生产与创新。

城市智库是城市发展智慧的直接提供者。城市发展与市民的生活息息相关,城市的每一个细微的设计都关系到市民的日常生活。因此,城市设计必须要有人文关怀,也就必然需要相应的智慧。这些智慧来自哪里?它们来自于城市管理者,来自于市民,更来自于城市智库。

首先,城市的安全设计来自于智库的研究。从后城市的起源来看,城市是为了战争的需要而建立起来的,是为了安全而建立起来的城垣。这个离不开当时的谋士亦即智库。公元前 455 年的晋阳之战,赵氏家族面临着智瑶联合魏氏家族、韩氏家族的进攻,赵氏究竟能到哪里去寻找安全的问题,谋士张孟谈说,到晋阳去,因为昔时的董安于如今的尹铎就在那里备足了粮食,在城市建设上就做了充分的战争准备,故"无以晋阳为远,无以尹铎为少,必居之"。结果,赵氏最终以少胜多,反败为胜。当今,城市设计和城市规划既要强调设计的安全,也要体现城市市民对美好生活的追求,因而这就更加离不开城市智库的深谋远虑和未雨绸缪。

其次,城市发展进程中不可避免地会出现旧城区、旧厂房、旧小区的问题,长期来城市更新的理念是以旧换新、拆旧建新。然而,这样就留不住城市文化,因而也就难以体现城市的精神特质。事实上,旧城区、旧厂房、旧小区恰恰就是城市发展的缩影,是城市历史文化的承载,更是一代人、几代人甚至几十代人的圆梦之处。保留这些旧的设施,也就是保留了这个城市的历史文化。在经历了大规模动拆迁和拆旧建新的城市化进程以后,一些智库学者开始注意到城市"锈带"的文化意义,更挖掘出城市"锈带"的经济价值,从而提出了变“锈带”为“秀带”的理念，从根本上改变了过去城市更新的理念，实现了保留历史文化与促进城市更新辩证统一的全新理念。

再次，城市空间的有效利用需要智库的智慧。城市空间的利用既要彰显现代都市生活的时尚，又要充满特色历史文化的气息。这就需要对城市的空间以戏剧性的方式重构传统文化和重组城市空间，在这种时尚与传统的有机结合之下，打造城市全新的人文 IP 和富有独特标识感的“城市橱窗”。上海社会科学院软实力研究中心作为一个文化味特别浓厚的智库，从最初的国家战略文化研究转型为既关注国家软实力又重视城市软实力的研究，近年来不仅为上海市委提供了关于城市软实力指标体系的研究报告，作为评价城市软实力发展状况的重要标尺；而且，在如何打造文化 IP 和提升城区软实力等方面，也为上海有关部门、有关区和街道、社区提供了诸多的政策建议，尤其是倡导根据不同街道社区的历史资源来构造文化空间，从而形成各具特色的街区文化空间。

这样的文化空间和文化样态将是城市软实力的重要表现。一个智库哪怕以自己的智慧为城市建设解决一类问题，城市软实力也将会得到实质性的提高，而诸如此类的专业性城市智库越多，城市发展中所获得的正确智慧也就越多，从而在整体上为全面提升城市软实力贡献自己的智慧。

（二）城市智库也是城市的实践者

智库的所有研究报告都基于实践调查，这承继了中国共产党的实事求是的思想路线，以及从群众来到群众中去的工作方法。智库报告要有利于城市重大问题的科学决策，都必须深入社会开展详细的调查研究，使研究成果基于客观事实之上，从而能够有理有据、有思想地提供给领导做决策参考。近年来，几乎所有的智库都走向了社会实践，也都面向社会现实，不再是闭门造车，也不只是书斋里“剪刀 + 糨糊”的曾经和“鼠标 + 粘贴”的当下，而是在社会实践中发现问题和分析问题。这是城市智库的一种社会实践。

一段时间来，全国上下都热衷于排名，智库机构也热衷于排名，但智库并不是用来被排名的，智库也不合适排名。这是因为智库成果有相当高的保密性,智库和撰写智库专报的专家也同样具有相当级别的涉密性,因而外界包括排名机构对这些机构和人员的真实信息并不完全了解。所有的排名主要是基于“专家印象分”来进行排名,据此排出来的名次缺乏合理性、客观性,自然也难以获得社会广泛的认同。更重要的是,不同的智库由于其专业性不同而关注的问题也不一样。这就正如一名眼科医生解决眼病与一名呼吸科医生解决呼吸道感染问题,我们如何对这两名医生进行排名?简单的排名显然是不合适的,也是对智库的曲解。众多智库的存在就是根据自己的专业通过社会调查发现社会中存在的问题,并且将这些问题通过内部渠道反映到决策层面,最终通过上级领导形成相关决策,排除现实中的问题。这就是城市智库的一种重要实践。

(三)城市智库是城市对外营销和提高城市全球叙事能力的重要平台

城市品牌是城市的软实力。不过,城市品牌是多类型的,既包括有形的商业品牌,也包括无形的价值品牌,以及在城市发展历史进程中凝练出来的并能代表该城市特征的观念、文化符号所形成的城市战略品牌。商业品牌一旦形成就会对该品牌的母城市产生重要营销作用。例如,上海历史上最有名的“永久”“凤凰”以及一系列的“上海牌”,对国内几代消费者都产生了重要的影响,为“上海制造”赢得了经典口碑。鉴于此,“上海牌”“上海制造”也就成为上海的城市战略品牌。在历经改革开放40多年以后,上海需要打造新的商业品牌,尤其是提升“上海牌”的能级,使“上海牌”以新的内容来构塑上海的战略品牌。北京也有众多的商业品牌,也影响了全国各地几代消费者。近年来,北京的城市智库提出了“北京创造”的概念,而且已经形成了一些有关“北京创造”的重要品牌。可见,商业品牌是城市软实力的重要载体。然而,我们不得不接受一个事实,中国各个城市的商业品牌在世界消费者中地位并不高。原因是多方面的,但除了品牌本身的信誉含量外,还在于过去相当长时期内,智库从来没有介入商业品牌的营销活动之中。相比之下,欧美国家的商业品牌既有商业品牌的相互植入式营销,也有智库对商业品牌的价值理念的营销，所以商业品牌很容易获得世界消费者的接纳。

值得注意的是，传统的、有形的商业品牌逐渐退出城市品牌的阵营，代之而起的是无形的商业品牌，如符号品牌、观念品牌、价值品牌等文化意义上的品牌。文化意义上的品牌更加不易被人接受，也不太理解。文化意义上的品牌也是基于有形的商业品牌，所不同的是，这些无形的文化意义上的品牌是对有形的商业品牌的概念化、符号化、价值化的概括和抽象。它们更具有恒久性。例如伦敦有“创意之都”之称，是因为伦敦的创意产业非常发达，无处不体现出创意的品牌；纽约有“演艺之都”之称，是因为纽约的演艺产业非常发达；巴黎有“时尚之都”之称，是因为巴黎无处不充满着时尚的生活情调；东京有“动漫之都”之称，也是因为东京的动漫产业居于世界前茅，等等。文化意义上的战略品牌离不开有形的商业品牌，离不开相关的产业支撑，更离不开城市的历史积淀。上海的城市精神被概括为“海纳百川，开明睿智，追求卓越，大气谦和”，这正是从上海的众多商业品牌中凝练出来的价值品牌。

无论是商业品牌还是符号品牌、文化品牌、价值品牌，都需要战略营销，都需要从一个城市走向世界，也就是需要进行城市营销。“城市营销”概念最早来源于“国家营销”理念。菲利普·科特勒在《国家营销》一书中认为，国家营销就是通过国家商业品牌和战略品牌塑造国家形象，以影响外界对本国形成的积极认知。国家品牌首先表现为国际社会对国家产生的信任和认可，国家品牌一旦形成则对国家形象具有持久性的影响。国家品牌营销取决于国家品牌消费，品牌消费一般受消费者主观偏好的影响较小，但国家品牌却受国际认知主体的意识形态、价值观取向的影响非常大，甚至在一些国际主体看来是国家品牌，另一些认知主体则有可能对其大加贬责，也就是说褒贬不一。这也给国家营销带来了较大的困难。与国家营销一样，城市营销也是通过城市品牌来塑造城市形象的，从而获得更多的发展资源和发展空间。城市营销的内容就是对外传播一个城市的文化、城市故事、城市叙事。因此，城市营销无疑是提升城市软实力的重要手段之一。

当然，通过城市营销来全面提升城市软实力，既要打造城市营销的重要平台，尤其是融媒体平台，把城市的文化符号、价值符号，以及城市故事向世界传播;也要充分利用软实力的传播效应,制造能够产生积极营销效果的“象征事件”。然而,更深层次、更有持久意义的城市营销是城市智库对城市文化、思想、价值的“营销”。

首先,智库本身就是全球思想交流的平台,一个城市的智库在与世界各国、各重要城市的智库进行思想交流时,就会把该城市的文化、思想、价值以智库产品的形式传播到世界各国,从而使一个城市的本土性知识走向世界成为世界性的知识。其次,城市智库的思想生产资源来自于该城市,包括城市的实践、城市的故事等,在此基础上所产生的智库思想,一旦在国际上传播,就必然演绎为城市营销的内容,也必然成为城市全球叙事的具体实践。再次,在城市举办的主场国际会议、国际赛事、国际展览中,智库也会借助这些活动而对城市新的实践进行新的凝练,并提出新的理念在国际社会进行传播,从而提升城市的国际叙事能力。例如上海作为国际大都市,在国际规则、国际议程,乃至创新全球治理机制等方面发挥着十分重要的作用。一些国际组织、国际价值也早已成为上海国际叙事的重要成果,例如以上海命名的上海合作组织,及其以上海命名的价值理念“上海精神”。而2010年上海世博会倡导的“世界城市日”,被国际社会广泛接受,这充分体现了成功的上海全球叙事。这正是上海智库在其中所发挥的重要作用。当然,上海的全球叙事能力与上海的国际地位还不相匹配,上海的全球叙事能力还有重要的提升空间。鉴于此,需要打造承载“上海知识”“上海标准”“上海故事”的上海品牌,尤其是要充分利用上海文化的多样性,打造“最上海”的城市品牌,从而使上海的全球叙事有坚实牢固的物质基础,也让世界更多的人们对全新的“上海牌”产生亲近感和认同感。同样,如果中国各个城市都能够打造成最具本土化的城市品牌来承载城市故事、城市文化,又通过城市智库的全球营销转化为世界故事,那么所有以不同的城市故事构成的最重要的“中国故事”,就会在智库的对外传播中演绎成为“世界故事”。

俗话说:“酒香也怕巷子深。”在信息时代,关注度取代了信息而成为稀缺性。上海城市营销既要提高对最具各自城市特色的文化元素、价值元素等的世界关注度,也要使中国不同的城市成为世界信息生产的重要基地,使信息生产成为“中国制造”的全新内容。这样，中国城市的营销既不缺信息，也不缺世界关注度。另外，中国各个城市在改革开放和现代化建设中都取得了辉煌的成就，由此构成的中国“城市知识”在今天特别需要进行战略营销。因此，要充分发挥城市智库的思想传播和城市营销功能，使城市发展和城市有效治理的“中国知识”，转化为世界城市发展和成功治理的“世界知识”。这样就必将使中国城市软实力乃至中国国家软实力得到整体性的提升。

三、加强城市智库的思想生产

党的十八大以来，中国的国家软实力有了较大幅度的提升，上海城市智库成立比较早、发展也快，近年来也更加活跃。上海是国际大都市，不仅要在硬实力发展上具有引领性，而且在软实力上也要有国际影响力。这就需要发挥城市智库的作用。前文述及，城市智库不仅是城市软实力的重要构成要素，而且也是思想的生产地，还是对外传播思想的重要平台。《关于加强中国特色新型智库建设的意见》明确指出：“一个大国的发展进程，既是经济等硬实力提高的进程，也是思想文化等软实力提高的进程。智库是国家软实力的重要载体，越来越成为国际竞争力的重要因素，在对外交往中发挥着不可替代的作用。树立社会主义中国的良好形象，推动中华文化和当代中国价值观念走向世界，在国际舞台上发出中国声音，迫切需要发挥中国特色新型智库在公共外交和文化互鉴中的重要作用，不断增强我国的国际影响力和国际话语权。”这段话明确无误地指出智库在国际传播方面具有不可或缺的作用。

智库一刻也离不开理论支撑，因为没有理论支撑的智库是没有灵魂的，也不会有持久的生命力。有道是根深才能叶茂。基础理论研究就好比是根，政策咨询则是叶，根不深则叶不茂。没有扎实的理论基础和深厚的理论素养，智库就难以做出客观性、科学性的预判，因而也就难以提出具有针对性的政策建议。因此，有学者说要想做好顾问，就必须先要做好学问。所谓做好顾问就是做好咨政的智库，这是以深厚的学术研究为前提的。既然如此，那就意味着智库不是要淡化学术研究，相反，智库更加强调学术研究的重要性。

从这个角度来看，智库为理论研究打开了一个全新的研究视野。理论只有建立在具体材料的基础上才能焕发出勃勃的生命力。实践需要理论做指导，因为理论是从实践中抽象出来的规律。反过来，理论必须来源于实践，没有实践支撑的理论则是空洞的。

研究要接地气，理论才能有底气。研究的地气主要指两个方面的内容：一方面是指借助图书馆、档案馆的材料而研究出来的东西，这是一种地气；另一方面是进行广泛的田野调查，基于这些田野调查数据而研究出来的东西，这种更是实实在在接地气的东西。两种地气都需要。没有前人研究的成果（即图书馆、档案馆中的东西），就不知道前人研究的状况，也寻找不到研究从哪里开始。但没有田野调查，就缺乏感性认识，完全靠逻辑推理既缺乏现实感，又缺乏科学性。研究接地气主要是指这两方面的地气。理论的底气是指理论的创新性、战略性和基于这种理论的政策咨询的客观性和科学性。只有这种具有深厚理论底蕴的智库才是有灵魂的智库，才是智慧之库。由此可见，智库不仅没有伤及学术，反而为学术研究提供了更广阔的空间。

学术与智库，是鸟之两翼，客观上是无法剥离的。学术与智库之间只有形成良性互动，才能达到“秋水共长天一色”的和谐境界。这样的智库才能成为党和国家以及智库所在城市真正意义上的智库，并且是具有无限生命力的战略性智库。这样的智库既直接是所在城市的软实力，更是国家软实力的重要组成部分。

加拿大多元化城市社区的功能和活力

——关于城市文化的个案研究

子 夜①

摘　要　本文主要从三个方面论述加拿大小区功能及其特点，包括成熟的公民社会和完整的小区机制，独具特色的小区形态即“第三度空间”，以及小区折射出的以公民意识为内核的人文精神，如多元并容的家园共识、作为小区主体性的参与意识、契约社会的精神、志愿服务小区的奉献精神等。主体身份、自治性格、参与意识、公平原则、奉献精神，是小区成为凝聚公民意识并转化成具体功能和活力的主要元素。作为加拿大社会活动最基础的细胞，加拿大小区的功能和活力，及其在促进经济和社会发展的重要作用，是非常值得研究的一项个案。

关键词　多元文化　小区功能　“第三度空间”　人文精神

加拿大的基本国策是建立在多元文化基础之上的。这与同样作为移民国家的美国不同，美国推行的是“大熔炉”政策，也就是把来自世界各地的不同文化在美国精神的熔炉中进行同化并铸成一种新的文化。加拿大鼓励不同移民族裔保持自已的文化，在法律上和政策上确定多元文化政策（英文为Multiculturalism），由政府主导在加拿大社会内部推行不同文化之间的相互尊重和宽容的政策，也被称为“马赛克文化”（Mosaic Culture）。加拿大的多元文化政策并不强制要求各种族裔必须“融化”为一种统一的文化，无论任何人

---

① 子夜（Zhiye Zhang，张志业），加拿大华裔学者，《文化中国学刊》总编辑，陕西师范大学人文社会高等研究院特聘研究员，国际儒学联合会理事。

都可以保留自己本民族的文化、过自己的日子,谁也无法对其他人的文化、传统习俗、宗教信仰、语言指手画脚。在这个基础上形成的加拿大政治文化,呈现了与美国完全不一样的面貌。加拿大也存在种族歧视问题,但在多元文化政策下无法形成大的气候,如加拿大专门研究这个问题的专家埃维林·凯伦(Evelyn Kallen)在其著作《加拿大的民族和人权》中,就讨论了以前的种族歧视主要针对华人和日本人,而现在则更多针对亚裔和西印度群岛的移民,但是,从政府到公众舆论形成了对多元文化的压倒性的支持,而大多数少数族裔愿意接受主流社会的价值标准,主流社会也不会加以排斥①。这就是小区稳定的基础。从表面上看,这种多元文化容易形成一个国家的文化碎片,但是在加拿大,多元化而不分裂,并且呈现了其他国家少有的和谐和共识,这可能是现代发达国家创造的一个奇迹。从基本面看,加拿大整个社会秩序相当稳定,很少出现其他国家(包括毗邻的美国)经常出现的政治动乱和社会冲突。在这种整体文化背景下,以及历史上长期相对的保守主义作为社会主流思潮,加拿大的城市文化形成了自己的特点,这些特点体现于其强大的小区功能和活力中。即使在近三年来的新冠疫情中,加拿大城市小区的功能和活力不但没有削弱,反而得到有效发挥和增强,在全社会面临困难和灾难的同时,能够做到互相扶持和支持,保持了既定秩序的维护。作为加拿大社会活动最基础的细胞,加拿大小区的功能和活力,及其在促进经济和社会发展方面的重要作用,是非常值得研究的。

一、社区机制的建立

加拿大完整的小区机制,是同加拿大整个国家的政治结构有关。加拿大地域辽阔,有世界第二大的国土面积。但是人口偏少,目前最新统计有3 800万人,还不到中国广东省的三分之一。而加拿大历来实行“小政府大社会”的政策,基本就是三级政府体制,即联邦政府、省政府和市政府。由于各

① Evelyn Kallen. *Ethnicity and Human Right in Canada*. Toronto: Gage, 1982, Chapter 1—6.

级政府人不多，可以做的事非常有限，最主要的就是税收和编制预算。同时，法律赋予政府在特定的状态中（如战争、疫情和灾难等）可以行使某些扩大的权力，如宣布进入紧急状态或调动各种资源等。但这种情况不多，而且事后还要受到相当严厉的检视和问责。在“小政府大社会”的格局下，各级政府基本是没有能力通过行政渠道直接插到城市的小区里。在一个社会不允许有“大政府”以及对政府的任何行为都严加审视的背景下，人民当然不会指望政府对城市小区会有更多的指导或作为，这其实就是北美长久以来形成的一种成熟的“自治”模式。另外，从加拿大来说，小区的模式相对来讲比较单纯，由于普遍尊重个人的隐私，正常情况下邻里之间的日常来往不太频繁，无论是居住在独立屋或者共住式公寓，互相之间的交集不多，也减少了发生矛盾和冲突的诱因。这种情况下的自治，在实际层面来说也就相对容易操作和处置。

加拿大的主流居民是当年从欧洲来到美洲的移民，在前往美国的“五月花号”轮船上，产生了一份形塑后来北美社会的历史性文件《五月花号公约》（Mayflower Compact）。这份文件最主要的精神就是“自治”，宣布“自愿结为一民众自治团体”，随后他们在新大陆建立了最早的自治小区。在这个过程中，由下而上地形成一种特别的政治文化，并由小区演变成镇，镇演变成县，县演变成州直至联邦。但无论如何都持守“自治”的精神，即使后来有了联邦政府，从小区到地方的自治原则也从来没有改变。美国联邦政府曾多次上演关门戏码，但从未影响到基层的小区的运作，这就是“自治”的精神在起作用。加拿大的保守主义远甚于美国，而在基层小区中的“自治”文化，更是根深蒂固。加拿大的主要城市的人口都在几百万之内，多伦多都会区有 600 多万人，温哥华都会区有 200 多万人，各城市也是小区的主要集中之地。但一个城市的政府官员并不多，主要是由通过竞选产生的市议员组成，这些人就 10 至 20 多人。另外，再设有公园局和教育局，其成员也是通过竞选产生，人数更少。市议会的主要职责就是通过征收地税等主理市政，包括收取垃圾和日常的社会治安。由于资源有限，当然无法主动投入小区的建设和发展中。除了兴建一定数量的“小区活动中心”以及公共服务性质的图书馆外，大量的小区事项都是依赖“自治”的方法进行运作。小区各项活动的有序进行，得益于居民在维护自己权益和互相守望的共识。

加拿大城市小区的“自治”精神，是一种公民社会(Civil Society)走向成熟的标志。就城市小区来说，公民社会最大的内核就是在维护自己的权益、保证小区平安发展的过程中，适当地与政府的权力加以区隔，甚至成为权力的制约因素。美国和加拿大有着根深蒂固的追求自由的思想渊源，坚持认为小区作为人群集聚和生活的最基本空间，人的多样性和选择的权利是最重要的。在小区形成过程中，曾经出现过与政府权威严重张力的情况，如20世纪初(一战时期)成立的安大略农场主联盟(United Farmers of Ontario)组织了反对取消征兵限制的抗议活动，迫使政府修改相关政策。① 但随着整个经济和社会发展步上正轨，以及经验的积累，这种张力到现在基本不复存在，即使有所冲突和对峙，也有适当的渠道进行解决。例如，当后来(二战时期)再次出现有关征兵制的冲突，法裔小区和英裔小区出现完全对立的情况，政府就采取了“搁置”策略，一直“搁置”到二战结束，时过境迁，结果没有造成更大的社会问题。② 事实上，从目前来看，小区除了社会治安之类需要由公权力进行处置外，一般也形成了无须政府进行日常介入的环境。加拿大政治学专家W·弥斯勒(W. Misler)曾在《加拿大政治参与》一书中，分析了小区文化的健全和活跃对各级政治选举的影响力，认为在一个已经完备的法律和法规制度下，公民社会和国家权力的对抗和势不两立的情况基本不会出现，两个方面都在法律和社会共识中确立了自己的活动范围。③

一个是自治的精神，一个是成熟的公民社会，奠定了当前加拿大城市小区的功能和活力。从加拿大不同城市的现状来看，虽然各有差异，但都能形成与时俱进的效应。小区平时虽然都是“各自过日子”，大雪天也只扫自己家门口的雪，但在维护小区的平安和秩序方面基本是守望相助的。这种配合社会进步、经济发展和人口变动等动态中的社会运作，由于事实上对促进城市

---

① Donald Crelghton. *Canada's First Century, 1867—1967*. MacMillan of Canada, Toronto, 1970, p.232.

② Richard Theoret. *The Uses of the Referendum in Canada*. in D.C Rowat, ed., The Referendum and Separation Elsewhere: Implications for Quebec, Ottawa, Carleton, 1978, pp.13—14.

③ W. Misler. *Political Participation in Canada*. MacMillan of Canada ,Toronto, 1979, pp.88—97.

的安全和安定起到了明显的作用，所以城市小区从最初的自发产生，到小区内人们互相帮助、对外争取和维护自身利益，然后走向与政府公权力的合作和默契，以各自的功能和特点，在解决经济与社会发展失调所导致的社会冲突等方面都发挥了明显作用。

二、独具特色的小区形态

本文讨论加拿大城市文化中的“小区”概念，包括物形和社会的两个层面。一是从物形的方面来看，主要是按地域进行划分的居民生活区。由于居住在同一地段，人际交往关系比较密切，互相之间的利益或需要在许多方面都有相同的契合点。这种小区形态基本是按人口比例和交通位置进行确认，例如每个小区都会建设“小区活动中心”，政府都会拨款资助筹建并修缮更新，也会根据人口比例和交通位置进行统筹和规划。二是从社会的层面看，则已经跨越了地段和交通位置，而具有更加广泛的社会意义。例如由于加拿大居住大量外来移民，这些移民并不都是生活在族裔集中的小区内，而是分布在城市的各个地段和方向，但这部分移民参与小区活动的热情相当高，是加拿大城市独具特色的小区形态。同时，由于加拿大特殊的多元文化及其包容性，除了外来移民外，小区也是各种思潮和表达要求的空间。因此，本文讨论的加拿大城市文化中的小区问题，是指涉广泛层面的，而且也比较贴切目前小区发展的现实和未来走向。从目前来看，加拿大城市中的小区，在功能上主要集中在以下几个大的方面。

一是形成小区的文化和康乐系统，包括小区活动中心，按人口分布建立的体育场馆，以及遍布城市不计其数的绿草坪，可以进行各种球类活动，如足球、橄榄球等。同时，由市政府管辖的公园场地，均会提供给各种小区组织开展联谊和节庆活动。在这些项目中，以“小区活动中心”为功能最俱全和具有文化意味。“小区活动中心”一般都设有图书馆、体育场馆、游泳池和健身设备。从政府和社会团体的共识来看，一般都认为这种小区中心有利于改善和促进人际关系的和谐。例如由互相不熟悉的人，通过网络可以临时组成几支排球队进行现场比赛,不但有利健身并恢复人的活力,而且也非常有利于促进人的智力开发,以期达到小区祥和气氛和塑造小区的形象。除了小区中心外,在城市其他地段也建立相当规模的图书馆,不但提供图书借阅,而且也提供各种信息服务。同时也提供各种社会组织和团体开展文艺、教育、科普、体育、娱乐等活动。

二是为小区提供服务性的系统。加拿大已经步入老龄化社会,这方面的社会支出非常巨大。同时,在各个小区里又存在为数不少的残疾人、妇女、学龄前儿童,以及无家可归者、低收入家庭、单亲家庭、失业人员等。这些问题如果不妥善解决,就会成为小区不安定的因素。除了政府利用自己的资源致力解决外,例如提供各种救助和税务优惠,更多地是通过与小区合作的办法,动员社会的力量和资源,对有特殊需要的群体和个人提供相应的服务。这种服务包括,对老年人和残疾人提供医疗和生活的照顾,为失业者提供职业培训和职业介绍服务,为无家可归者提供食宿和住房优惠照顾,为低收入个人或家庭提供资助,等等。

政府会投入相应的资金扶持和资助小区的服务项目,尤其在提供青少年、老年人、残疾人、家庭、保健方面,这方面资助比较大,他们将此视为“预防投资”。据加拿大卫生部提供的预测资料,为居民的体育活动投入一加元,可以节省十一加元的医疗费用。① 当然,服务性的小区机制,固然要由政府拨款资助,但在不加重赋税的情况下,政府的预算有限,所以在很多方面都需要依靠社会力量在小区中的功能。在加拿大小区长期发展过程中,出现了比较成熟的社会服务民间组织和团体,例如不同类型的慈善组织、基金会或其他志愿性组织。这类组织的资金来源于除了少部分由政府资助外,主要是靠社会力量集资和捐助,包括私人捐款,一些大型的慈善组织每年都会定期举行颇具规模的筹款活动。同时,政府也会经过严格审核,对一些正规且信誉良好的团体授予具有“税务免除”的资格,也就是向他们提供捐款的数额,都会在

① Scott Haldane. *Scientific Reseach Supports Recreation for Children Living in Povert*. Parks and Recreation Canadam, 58(6),2001, P.40.

个人年度的报税中，在总收入中予以扣除。这极大地刺激了一些高收入人士的捐款意愿。在许多国家，居民经常会碰到一些具有法律性的日常事务，一般都要经过政府部门和公务人员的运作程序，这实际上增加了政府支出的成本。但在加拿大，相当一部分类似事务实际上下放到小区去处理，包括律师、医生、神职人员、专业人士、社会著名人士等。例如申请入籍或办理护照需要提供可以核查身份或定居情况的第三者人士，一般家庭医生或教会牧师可以承担，不但非常方便而且减少了政府运作成本。

三是各种社会组织和团体组织构成的小区网络。上面提到的两种情况，一是小区活动中心等均由政府进行相应的资助，二是小区服务系统一般针对有特别需要的人士，而在加拿大真正在小区活跃的，是由不同社会组织和社会团体所构成的小区网络。这些组织包括遍布每一个小区的教会，跨越小区的族裔团体，名目繁多的文化、艺术和培训的机构等，以及应因各种专项重大活动而形成的志愿者队伍。

在这种小区网络中，最有历史和小区功能且最具稳定性的是不同的教会组织。在加拿大的都会城市中，尤其是中小城市，我们会发现一个特别的现象，就在一些主要街道的十字路口，一般都会有两个场所：一个是银行，另一个是教堂。这个非常有意思，似乎代表了人生两大部分：一是世俗的，二是心灵的。同美国一样，加拿大最初的移民也是来自欧洲，他们登上新大陆后，也带来了原本的宗教信仰。在长期的“自治”过程中，教会是小区的核心所在，一个人出生时在教会受浸礼，到死亡时由教会送葬，生和死都是由教会张罗的。这种传统后来被发扬光大，之后不同族裔的移民来到加拿大，除了基督教徒和天主教徒外，也包括其他宗教和派别，像伊斯兰教、印度锡克教和中国佛教等，都是相对庞大的群体。从不同国家来的移民，初来乍到，而在口耳相传中，往往一下飞机就会找一间教会，从那里开始新国度人际交往的第一步。然后他们因寻找工作和购买屋业离开后，仍然会在新的小区寻找新的教会。因此，教会活动往往是小区生活的重要组成部分。加拿大的城市在平日都是繁忙和喧嚣，但一到星期天就安宁和沉静，这一天许多商店都不会开门，就是方便大家去教会做礼拜。随着世俗化的进程，教会目前活动的内容也趋向多元化并更贴近小区现状。由于教会拥有的空间比较大,现在教会除了例行的敬拜项目外,也更多地增加了娱乐和技艺内容,如敬拜后会举办各种体育活动,或者举办各种文化补习班,以及举行各种才艺表演等。几乎所有教会都会有定期聚餐、亲子活动、分享活动等,从中密切了小区家庭、成员间关系,并提供各种互助的机会。很多小区成员平时日常事务如购房或报税等复杂事项,涉入法律纠纷,或夫妻吵架和家庭纠纷,都会首先寻找教会进行帮助。教会不但在平时组织教友把关怀小区弱势群体作为日常工作外,同时也承担了许多应急事件的救助服务,例如在火灾或水灾等突发重大事件中,作为安置疏散人口的主要场所,不但提供场地,而且组织教友参与精神慰问和心理辅导等,体现了一种非常有特色的小区功能。

如果说教会承担了特定地域位置的小区功能,那么活跃在加拿大城市大量跨小区的非牟利组织和慈善团体,则更加覆盖了所有小区的人士,以及他们的需要和期待。这类组织都在政府注册登记,在政府的社团条例规定下进行活动。事实上,在一般情况下政府几乎不会去进行日常的监管,因为一是政府不可能在这方面投入大量的金钱和人力,二是事实上也不存在需要政府进行日常介入的情况。所有的社团与政府的互动,主要是每年一次的年会报告,而这份年报也只提供年会何时和何地举行,以及社团领导人有无变动,而不需要提供任何实质内容。从目前活跃在加拿大城市小区的现状看,这些社团主要包括三大类。第一类是以联谊和沟通为主的组织,包括各种专业人士和兴趣人士自愿组织起来的团体,如文化、艺术、体育和教育等,有一定的特定内容。第二类是服务性质的,一是针对所有小区居民的,其中有大量各种医疗和康复专家组成的机构,例如糖尿病关怀组织、心脏病关怀组织、癌症患者关怀组织等,他们会定期发布相关信息,以及提供各种咨询(包括提供不同专题的电话热线)等;二是针对特定群体的,例如针对新到达的移民,这类组织会提供语言培训课程,或者在需要时提供翻译服务。一般情况下,由于职责和预算所限,上述各种小区的具体情况,政府不直接提供服务,几乎全部的居民服务均是由小区组织来承担,这些组织由于集中了大量的专业人士,可以及时了解小区民众的需求,比较受到欢迎和肯定。政府会进行必要的资助和扶持，而大量的还是依靠社会捐助，包括企业和个人捐款。同时，或者有的项目收取有偿服务费。基本来说，这类小区组织的服务功能，是与政府系统相辅相成和配套运作的，既避免了政府因过多卷入此类事务而失去施政焦点，而且又充分调动和发挥了小区本身潜在的资源和力量。这可以说一种典型的“小政府，大社会”的格局。

除了上述两类团体和组织在小区充分发挥功能外，还有第三类即以特定群体为主的社团，主要是少数族裔的群体。这一类组织和社团近年来大量出现，是加拿大小区非常重要的一个现象。在这之前，加拿大族裔小区的特定群体，是以印度裔移民最颇具规模，形成了加拿大城市文化中一个独具特色的现象。印度曾是英国殖民地，独立后又是英联邦成员，从这个意义上看，加拿大立国以来的文化和价值有比较容易相融的条件。印度裔移民从 20 世纪初就大量进入加拿大，很快就形成了规模巨大的族裔小区。由于长期受英国文化影响，印度裔移民在语言和生活习惯方面，都不像其他族裔（如亚裔）等会面临较长时期的适应和磨合。所以，直至目前，印度裔小区的移民尽管保留着自己民族最显著的特点而没有改变，例如包头巾、特殊的饮食习惯、以锡克庙为核心的小区交流和互动模式，但是仍然与整个加拿大的主流社会保持一致和共同进取。印度裔在加拿大参政议政是少数族裔中最成功的，在联邦三级政治选举中，印度裔的候选人成功当选都不在少数。目前联邦三大政党之一的新民主党，党领就是由印度裔担任的。事实上，相对印度裔小区，加拿大城市中几乎所有其他族裔都有自己在小区活动的空间。无论来自欧洲、中南美洲还是非洲等地，都有特定国家的“活动中心”或“文化中心”。从 20 世纪后半叶开始，大量亚裔尤其是东南亚移民进入加拿大，这种族裔小区的文化更加显示了多元和异彩的特点。除了华人移民早年建立类似飞地式的“唐人街”（也叫中国城）外，现在很少看见其他族裔会有如此类型的族裔小区。但是，具有各种族裔特色的文化和经济，仍然是许多城市的文化看点之一。例如在温哥华都会区，并非特指哪一个地段，但人们会习惯地称呼其为“日本街”“希腊街”“意大利街”“古巴街”“印度街”等，这些地方也是族裔群体举行与祖籍国有关节庆活动的集聚场所，像“日本文化节”“希腊文化节”“海地文化节”等。

以族裔居民为代表的特定群体的城市小区，其形成的文化和社会影响力，在未来很可能在形塑加拿大的多元文化的过程中发挥着愈来愈重要的作用，这是需要进行另项专题研究的。同时，所谓的特定群体的小区组织和机构，除了族裔外，其实也指称其他有特定要求的群体，如妇女问题、性别问题、治安问题、毒品问题、枪技问题等等。这些都构成了丰富多彩和各具特色的小区功能，也是应该另作专题研究的。

加拿大小区文化，事实上形成了一个城市多重的社会空间，或者说是三度空间。从目前加拿大社会基本活动的轨迹观察，可以清晰地区分出三大板块：一是家庭活动的空间(有时也包含家族的延伸)，这是几乎所有都市必须存在的空间，但基本是在私人领域的范围内；二是职业场所，如公司和团体等，相对于第一类则具有特定性的现象，有公共领域的特点，也允许私人领域的存在；三是前两块之外的公共空间，这个空间在古代就以“市政广场”的形态出现，至今已全然形成新的载体和平台，我们上面提到的小区活动中心、图书馆、教堂、公园等，广义上也可以延伸到咖啡厅、酒吧、城市交通的枢纽空地，都是这种空间的物性的载体和平台，而真正赋予其生命和活力的，就是活跃在这些物性平台上的各种组织、团体和个人。这就是美国社会学家雷·奥登伯格(Ray Oldenburg)所指称的“第三度空间”(the Third Place)，他认为民众一生中大部分的时间都身处于相对隔绝的家庭和职场中，如果需要实现更加多样化的愿望或追求，就可能有一个构建更加广泛的交流和互动网络，同时通过这个网络空间使政府的服务更加契合小区民众的需要，各种小区意见可能不同甚至相冲突，但是在长时间平等和理性的网络磨合后，就会形成相对的共识，这对改进政府的服务相当重要。①

在这个“第三度空间”中，另一个物性载体和平台就是新闻媒介。在加拿大城市文化中，积极投入并参与小区文化建设的，媒体的作用相当重要。包

① Ray Oldenburg. *Celebrating the Third Place: Inspiring Stories about the "Great Good Places" at the Heart of Our Communities*. New York: Marlowe & Company, 2000.

括完全按照商业模式运作的主流媒体,例如全国性的报纸、电视和广播等,这些全国性的媒介在各个省都有相应的地方版,是一个有机整体。另外一个,是依照地段特点发行的小区报纸,这类报纸受到政府资助并受相应政策规管(但政府不能干涉报纸刊发的内容),同时,又采取某些商业运作模式,例如广告经营等,主要是为了维持和发展报纸本身。在加拿大的每一个城市中,一般都会有两至三份此类性质的小区报纸。在一般情况下,这些小区报纸每周至少出版一期,但大多数是每周两期。小区报纸的广告量不能超过版面的七成,同时要保证每一期的内容是自行采编并且是同本地段小区有直接关系的。同主流的大型日报不同,小区报纸都是采取四开版本,而且由人专门定时派送上门,居民往往打开门就能见到报纸已经放在家门口。小区报纸报道的新闻或讨论的问题,当然比城市日报更接近居民的生活现状,尤其在选举时期,本地参与竞选人士的政见和观点更容易得到清晰的观察,同时也便于居民通过小区报纸参与相应的咨询和问责。从某种意义上,包括小区报纸在内的城市媒介,以及近年涌现的新媒体网络,实际上就形成了"第三度空间"的灵魂。几百年形成的城市小区,在沟通和互动方面的网络日益趋完善和现代化。这种效应对城市发展的良性影响,人们可以在不久的未来更加深切地感知到。

三、社区治理折射出的人文精神

加拿大城市中的小区文化,是经过200年来各种交流和磨合而形成的,一方面有自己特殊形成的因由,另一方面其实也是整个北美社会人文精神的一种折射。所谓小区文化,就是一种以公民的主体性去积极地参与并达致无法由政府全面承担的社会事项。最初是北美社会长期存在的自治意识,奠基了目前的小区参与精神的历史背景,然后经过现代社会和现代政治的改造和调整,形成了广泛的和自觉的公民意识。如果从政治学理论上进行回顾,正如上面所论及的,小区的自治意识构成现代公民社会和公民意识的重要元素。约翰·洛克(John Locke)在《政府论》中论述国家起源时指出,国家的存在是为了保护公民的权利和自由，公民是自己利益的最好和最终的判断者。这种身份要求极大的自由和平等，而且不是来自政府的恩赐，只是每个公民自己的权选权利。“自治”即“人类自觉思考、自我反省和自我决定的能力。它包括在私人和公共生活中思考、判断、选择和根据不同可能的行动路线行动的能力。”①在这几项中，“自足自立”是最重要的，是公民作为好邻居和组织参与者的基础条件。一般来说，这些最初都是从北美社会最远古的“乡村”社会观察的，而在进入工业文明和科技文明后，这种潜生于“乡村”社会的公民意识就很自然地随着土地的主人移植进城市。城市的小区和“乡村”的小区，在概念的本质上其实是一致的，也因此，公民意识就形成了城市小区的功能和活力，并从中折射出其背后的人文精神。主体身份、自治性格、参与意识、公平原则、奉献精神，是小区成为凝聚公民意识并转化成具体功能和活力的主要元素，主要体现在以下四个方面。

一是多元并容的家园共识。加拿大本身就是一个多元社会，这就给极需和谐与共识的小区提出了极大的挑战。加拿大有来自全世界各国各地的移民，不同民族构成了如同彩虹般的马赛克结构，而即使长期生活在此最初来到的英法移民，在政治、宗教、文化、风俗上本身也是多元的。由于没有定于一尊的强求，这种多元本身就形成了一种互相尊重并共同相处的理解。既然不同民族和不同文化的人都来到此地，这就是对同一家园的认同和共识。在加拿大城市中，除了极少数个案外(如原住民保留区)，各个小区基本是不以族裔划分为特点的。同一条街上可以看到来自世界各地的不同移民，大家不但相安无事，而且守望相助。加拿大警力有限，街上几乎看不到警察，除了发生刑事案件外，社会治安基本都是依靠小区日常的“守望计划”进行的。三年前暴发的新冠疫情，是加拿大小区从未经受过的大考验。但是，即使在最严峻的控制时期，街上也很少见到“执法”人员，基本没有站岗或放哨的。小区作为大家共同的家园，身处其中的居民知道如何维护自己的安全和健康。疫情期间，尽管对政府的相关政策存在诸多争议(例如口罩问题)，但在政府的

① [英]戴维·赫尔德:《民主的模式》，燕继荣等译，中央编译出版社，1998年，第380页。

防疫指南下基本能保持一致的共识。几乎所有小区邻居都不会知道周围的具体病例，这就避免了不必要的社会恐慌，而政府则严格按照程序进行追踪和隔离。

二是作为小区主体性的参与意识。加拿大的整个社会就是由无数小区这样的基本细胞构成的，现代国家的公民意识最原初的体现就是小区的参与意识。一些社会长期存在的问题，例如贫困问题、就业问题和弱势群体问题，基本都是小区的第一线事务。本文上面所提到的各种小区组织和团体，以及公益企业、非营利组织、慈善组织和其他草根组织等，主要的参与就是通过自己的独特方式提供政府和市场不能提供的公共物品和公共服务。他们的目标不但是为了消除贫困，而且把提高和保持小区生活质量作为小区建设的主要内容，诸如能付得起房租、小区和社会设施、教育、就业、地方经济、小区环境、个人和小区卫生以及个人人身安全等。生机勃勃的邻里关系要通过充足的娱乐设施，和互相之间参与及培育的创造性的氛围。从目前加拿大城市中的现状看，小区组织参与的项目几乎都是政府的老大难问题，包括建立安全和健康的小区；推行犯罪预防等项目，使小区成员远离枪支、犯罪团伙、犯罪；创造就业和财富；为失业者和边缘群体、个人提供帮助，包括创造工作岗位，提供就业服务、就业技能培训；儿童照顾；调整和开发小区资源，吸引新的居民、购房者和产业进入小区；改善小区环境，通过实施再生资源和垃圾、分享自行车、分享汽车等项目等，提供本应由政府提供的公共服务。小区的参与意识为一个城市乃至一个国家，构建了社会稳定的主要支柱。

三是契约精神的树立。作为北美主流社会的文化背景和历史传统，就是本文上述所提到的《五月花号公约》奠定的自治精神，而自治的核心内容就是隐含在其中的契约精神。加拿大是契约社会，法制和信用是加拿大人尊崇的普遍价值观。契约和信用使社会变得简单，社会运营和企业经营风险成本降低。契约和信用是加拿大多元社会长期以来形成的一种稳定文化。所谓契约精神，就是没有文字的合同，是一个社会长期运转过程形成的规矩，从理念、价值和伦理等层面上凝聚的具有规范行为的共识。西方强调人的高度自由，而在加拿大这样的多元文化社会里，除了宪法和法制外，如何使自己的自由与他人的自由协调不致冲突，就只能依靠人与人之间彼此达成的契约伦理。这种契约，一方面具有终极方面的神圣性，即人与上帝的“约定”；另一方面又具有世俗的通用性，即人与人之间的“约定”，行使和维护自己的自由，也尊重和保障他人的自由。契约社会是没有文字的而是精神的，不是一种不情愿的被迫而是一种从口耳相传、潜移默化中流传下的文化。通过契约精神，人们以此指导和处理了自己与政府的关系，也以此指导和处理了自己与他人的关系，这就是小区治理中折射出的人文精神的重要内核。

四是志愿服务小区的奉献精神。加拿大的小区文化最早形成是在19世纪，一些城镇和矿区成立了具有互助性质的合作社，他们提出的口号是“一人为大家，大家为一人”，这与中国20世纪50年代曾流行的“人人为我，我为人人”有一定的相似性。就加拿大自身来说，随着小区建设和发展的深入，“一人为大家，大家为一人”后来所形成的，就是在参与意识和契约意识下自然迸发出的奉献精神。小区活动中活跃着大量公益性质的、非营利性质的组织和团体，参与其中的人大都是志愿者。志愿者的参与主要体现在小区结构上，不但有老年人、中青年，也有中小学生；不仅有小区内的非营利组织和志愿组织，而且还有相关的企业单位。在加拿大，志愿者是一个非常广泛的文化现象，也是不同年龄层次在社会活动中的一种行为方式。虽然无法避免极端事件的发生，但就全球范围来说，加拿大城市的小区多元而不分裂，没有形成文化碎片，可以说是相当成功的。而其背后折射出的人文精神，从多元并容的家园共识，到参与意识和契约精神，然后见诸于小区人士的奉献精神，就可以形成一种相对完整的人文诠释。

疫情里的德国文化发展及文化政策

周睿睿①

摘　要　本文回顾了新冠疫情背景下的德国文化发展状况和文化政策，聚焦于三个方面：文化与创意产业、文化事业资助以及宏观调控。第一部分简述了背景，第二部分论述了疫情对文化与创意产业的影响，第三部分陈述了德国联邦及各联邦州的公共文化资助的状况与发展，第四部分讨论了资助的理念及分配问题，第五部分在总结经验和教训的基础上对未来作一个展望并提出一个尚未被注意到的理论可能。

关键词　文化政策　疫情　基本保障　危机　社会生活

时间逼近2022年年末。德国各州纷纷讨论将根据已有的防疫措施再松一级。卫生部在讨论阳性无症状感染者是否依然需要强制居家，在南德的一些大城市，公共交通和公共场合已不强制佩戴FFP2口罩。后疫情时代缓缓到来。

文化界经常有批评称，德国的文化政策几乎变成了“文化经济支持政策”。事实上，德国的疫情期文化政策主要集中在两块：第一块是文化与创意产业，作为国民经济生产的一部分，尽可能地继续有所产出；第二块是保证公共文化事业作为疫情期间重要的精神补给来源不至于“断档”。

新冠疫情带来了一场社会危机，对文化发展产生了巨大而持久的影响。尽管新冠疫情持续已超过三年，但是因防疫政策导致的社会层面的停滞实际

① 周睿睿，汉堡大学社会与经济学院讲师。

上集中在第一年,即2020年,最迟不超过2021年。传统文化活动极大地受社会生活状态和人员流通的影响。因此,当我们谈论疫情下的德国文化政策时,需要区分两个阶段:第一个阶段是以2020年在欧洲暴发为标志的所谓“新冠元年”,该阶段的主要特征是新冠属于重大社会议题中心,社会生活由于高风险性疫情的扩散反复陷入半停滞状态,其他的措施基本是围绕着防疫展开;第二个阶段是2021年后半年开始的由“新冠元年”向“与新冠共存”的社会生活正常化的过渡,主要特征是在尽量降低疫情影响的同时开始缓慢重建。重建的内容则包括经济重建、结构重建、社会心理重建和行为模式重建。

一、疫情风险里的文化创意产业

在经济结构里,德国的文化与创意产业公司中的绝大多数是中小型公司,其中接近三成从业者为完全的自由职业人群。而这样的公司和人群在面临疫情防控所带来的人员流通限制和资金断流等情况时,其风险承受能力相较于大公司而言非常脆弱。这也就解释了德国的文化与创意产业尽管在过去十年以来增长迅速,但是一旦面临疫情,就一蹶不振。疫情第一年,文化产业的销售额损失近30%,其所有子市场都受到影响,这是德国受影响最严重的经济领域之一。即使是那些在疫情前就开始开发线上产品的人,也不得不在缺乏实体经验和销售的情况下应对其商业模式收入急剧下降以及承受生产及分销成本的相互螺旋上升带来的巨大的成本上涨压力。

很多人在谈论发展时,喜欢沿用“产业”思路。而谈论“产业”时,尤其喜欢“用数字说话”。那么就先从最熟悉的产业和数字说起,文化与创意产业的整个价值链受到的影响可从总营业额增加值的变化里观察到。总营业额增加值是在生产或服务提供过程中创造的增加值的关键指标,由生产的商品和服务的总价值减去所用投入的价值所得。2020年,德国的文化与创意产业的总营业额增加值约为946亿欧元,就绝对数目而言略高于德国传统机械工程行业,较明显领先于金融服务、能源供应或化学工业等其他行业。但同时也必须看到,与上一年相比,新冠疫情导致文化与创意产业的总营业额增加值减少了12.8%。这意味着文化与创意产业受到的打击远比汽车制造（-11.4%）和机械工程（-10.2%）要严重。也就是说它所受的影响比刚刚提到的所有行业都要严重。根据估算，由于新冠疫情，德国的文化与创意产业在2020年遭受了153亿欧元的销售额损失，与2019年相比同期下滑8.7%。遭受打击特别严重的是音乐、电影和表演艺术。2020年，它们分别与2019年同期相比下跌59%，39%和78%。

2021年，文化创意产业的总营业额也只是小幅回升2.7%。据联邦统计数据，2021年，除音乐行业、广播电视和出版业外，文化创意产业里的其他子行业市场相较于2020年都有所恢复。营业额增长幅度最大的是艺术品市场，与2020年相比增加了21%，但是由于受到疫情的跳崖式重创，依然没有恢复到疫情前水平。

2021年，只有图书、建筑艺术和软件这三个行业与疫情前相比略有增长，涨幅也不大，分别是0.4%，0.1%和0.4%。而截至2022年发稿日，已知第一季度末感染人数居高不下，第二季度感染人数依然较多，2022年第三季度随着秋冬季的到来，又出现新一波感染。绵绵不断的感染潮累加俄乌冲突等外部压力，文化与创意产业的运营几乎没有恢复正常的时间。因此，对于2022年总体是否能回归危机前水平，专家们普遍持谨慎态度，反而预测存在极大的停滞风险。

由对德国文化创意产业在疫情三年以来的简短回顾可知，迄今为止，其文化创意产业的盈利结构折射出人们对文化生活的参与度依然极大地受到社会生活状态和人员流通的影响。尽管数字化一直在强力推进，但它只能起到辅助作用。人们创造和参与文化活动的模式就整体而言并未改变，它几乎是随着社会生活正常化和人员流通性的程度而波动。即使社会生活自2021年下半年以来逐渐恢复常态，人员流通性受疫情的影响几乎降低到了可以忽略不计的程度，文化生活的活性和文化创意产业依然未能从疫情带来的打击里恢复过来。2020年受打击最大的音乐、电影和表演艺术行业分别在2021年社会生活一定程度的正常化之后有所恢复，但是距离疫情前的水平依然差距很远——前两者与疫情前营业额的差距在30%以上，表演艺术行业的差距与疫情前相比相差50%以上——更不要谈在疫情前的水平上有所发展了。

整个2021年,私营和公共部门的个人和公司的财务生存能力依然持续受成本上升、连续延误、中断导致的现金流紧张以及恢复到可接受的经济和健康状况的不确定性的威胁。例如作者和表演者收取的版税下降了约35%,因此,他们的收入在未来几年将大幅下降。与此同时,在大多数地区,消费者在数字模型上的支出无法抵消实体销售和活动中"附带产生"的整体销售额损失。在音乐领域,实体销售额下降了35%,而录制音乐行业的数字销售额则至2022年为止可能仅增长8%。同样的趋势也体现在电影行业,2020年德国电影票房收入下降了75%,我们很难对这样一个巨大的下跌在两年时间里就全部恢复保持乐观。由于人们无法预见自2021年开始的线下全面复工复产、流通促销的实际程度,也无法预见面对新一波疫情政府是否会再次采取半关停措施,直至2022年末依然有不少居民的生活因疫情受到影响,因此,文化与创意产业维持和增加新项目投入的能力也就受到严重威胁。根据一份消费者指数报告,46%的受访者表示他们几个月都不愿意去看一场音乐会,21%的人表示他们甚至在几年内都不愿意这样做。

因此,对于即使是以盈利为目的的产业,尤其是对于文化和创意产业而言,与经济重建同样重要的是社会心理重建和行为模式重建。

二、经济资助里的分配问题

因此,统计数字是否足以成为解决承担宏观调控角色的文化政策所面临问题的思路?或曰,文化发展所面临的问题,是不是仅仅通过经济资源的堆积就可以得到缓解?当我们站在2022年末回望"疫情元年"2020年的一些做法——其中也不乏拨款——可以给我们一些关于2022年的解释。

德国的文化政策具有高度的分散性和地区性,这是由其"联邦州文化自治"的法理基础所决定的。因此,对于拨款和如何分配拨款,2020年的16个联邦州呈现出了异质的分配理念、分配方式以及时间线形。

2020 年 2 月底 3 月初，疫情以汹汹之势席卷欧洲。3 月，时任德国总理的默克尔发表讲话，宣布全德国进入“自二战以来的最大危机”状态。由此开始，全德国进入了缩减公共活动、限制人员流动的半关停状态。一时间，所有联邦州的文化生活都在一夜之间面临着“拦腰斩”的巨变。而自由职业艺术家以及靠小型的尤其是非营利性的文化机构生活的人甚至陷入了“生或死”的生存危机。迄今为止，现代社会的文化艺术活动本就极大地依赖于活动现场所产生的沟通性和公共性。如此一来，以缩减公共活动和限制人员流动为主要手段的防疫措施对于这二者来说无异于釜底抽薪。在那个当口儿，解决这样的生存危机的唯一之道就是援助计划。有一些联邦州立即采取了行动，另一些联邦州则先等着看德国联邦政府会提供什么。

与各联邦州相比，联邦政府文化部主要起到的是倡导作用，所做的具体工作则主要是降低获得基本保障的程式化门槛，改善了“短时工”制度以及为小公司和个体经营者提供总额为 500 亿欧元的援助金。虽然这些措施并非仅限于文化行业，但由于德国文化行业从业者松散化的实际特征，在接下来的一段时间内客观上为各地根据现有的资源和具体情况制定各种援助措施争取了时间。由于德国的文化政策遵循去中央化原则，这些援助措施在全德范围内看起来各不相同，很难一概而论。但正是因为各地从实际情况出发，拥有较大自主权，所以从根本上帮到了许多艺术家和文化人士。因此，关于如何分配和使用分到自己手上的联邦援助资金，许多州都根据自己的情况制定了计划，并在此之外也推出了具有相关条件的补充性援助计划。第一批作出反应的是经济上主要依赖于联邦援助基金的联邦州，而如何使用、如何分配则根据当地情况作出决定。

2020 年早春，汉堡参议院通过了一项十点计划。它为个体经营者（2 500 欧元门槛）和公司提供了即时经济援助。汉堡市文化与媒体部在此之外更为文化机构和自由职业艺术家提供了总计 2 500 万欧元的一揽子援助计划。

同一时间，北莱茵-威斯特法伦州文化部长也宣布了紧急援助计划，最初金额为 500 万欧元，专款专项用于资助因各种订单取消而陷入财务困境的自由职业艺术家。这些自由职业艺术家会收到一笔高达 2 000 欧元的一次性付款,以保障他们的生计。当然,先决条件是他们必须拥有艺术家社会保障基金的成员资格来证明自己的专业性,另外也需要提交收入损失来证明援助的必要性。另有若干涉及极端情况的条款,用于保证在极困难的情况下,非艺术家社会保障基金成员也可以获得帮助。在此之外,北莱茵-威斯特法伦州经济事务部也设立了“2020 紧急援助”,尽量降低官僚程序门槛,专项用于向个体经营者,尤其是自由职业艺术家提供 9 000 欧元的援助。小型文化公司的抗打击能力较弱,因此,根据其员工人数,也可以获得更高规模的援助。根据经济事务部的“2020 紧急援助”,艺术家可以从预期收入中收取他们想支付给自己的工资,作为运营费用,从而间接地为生活费用提供了急需的补贴。

下萨克森州经济事务部启动了对小公司的流动性保护,明确规定“小公司”的范围不仅包括小企业家,还包括个体经营的艺术家和文化工作者。此外,对于联邦资金未涵盖到的文化机构,则由州政府考虑接手资助。

2020 年春末,联邦的文化资助逐步到位,却在实施过程中产生了一个实际的转折,促使各联邦州更进一步。各联邦州由于获得了联邦政府 500 亿欧元援助计划的股份,因此不得不接受其条件:生活费用不再包括在援助计划中,甚至不能通过支付给自己的工资作为商业费用。数以千计的艺术家无法获得帮助,这个情况在中小型企业和自由职业者聚集的北-威州最为严重。受制于联邦援助条款,北-威州经济事务部的“2020 紧急援助”无法支付他们的生活费用,而文化部的援助资金在开始一周后就已经用尽。联邦援助计划条款的统一反而导致了在那些最快作出反应的州——如上文提到的北-威州和汉堡——文化机构和艺术家的情况高开低走,面临恶化。

在这些第一批作出反应的州致力于调整思路时,其他联邦州着手于制定额外的援助计划。而这些援助计划从本州的财政预算里出,因此较少受到联邦财政的制约,但同时也需要本地多个部门同时合作:梅克伦堡-前波美拉尼亚州在联邦紧急援助和基本保障外,另提出了一个支持计划,除了联邦紧急援助和基本保障外,还投入 2 000 万欧元建立了一个州援助系统,该系统细致地划分了不同群体:第一类为由公共财政支持的文化机构和在联邦援助计划里也会受到资助的文化机构;第二类为含有符合传统文化资助范畴的公益文化项目的主体或个人;第三类为不符合传统文化资助项目但同时也是公益文化项目的主体或个人;第四类为过渡性补助;第五类为组织一般性及政治进修教育的主体或个人;第六类为进行纪念性场所工作的主体和个人。针对这六大类群体,该援助系统也会根据其具体需求提供支持。比如对于因为疫情而被取消展览、订单或其他线下活动的个体自由职业艺术家来说,过渡补助金会是一个较好的选择。在这里,梅克伦堡-前波美拉尼亚州借鉴了北莱茵-威斯特法伦州的做法,规定艺术家社会保障基金成员可一次性获得 2 000 欧元的补助,非艺术家社会保障基金成员也可以在极端困难的情况下申请获得帮助。

在萨克森-安哈尔特州,也有一项特殊的艺术家援助计划,尽管援助数额不高。前提是自由职业艺术家通过加入艺术家社会保障基金来证明自己的专业水平,从而获得援助。

巴登-符腾堡州的转变则是在 2020 年初春,文化机构原本只能申请赞助运营成本。但是,这样必然会导致自由职业艺术成为“无依之地”。因为许多自由职业艺术家并不挂职于或者自己开办某个文化机构。很多人在自己家里进行创作,家即公司,公司即家。在这样的背景下,由于其运营空间和私人活动物理上的高度重合,导致他们很难如传统公司那样,把“运营成本”剥离开来进行申请。因此,自春末夏初起,该州艺术家无需证明运营成本即可申请本州的公共援助。第二个有所改进的方面是,文化公司、文化机构或文化从业者并不需要等到私人资产全部耗尽之后才可以申请补助。尤其堪称典范的是,在巴登-符腾堡州,个体经营者和微小企业家每月可以申请 1 180 欧元的私人生活补助费。

不来梅参议院也通过了一项实施“对受新冠疫情危机影响的自由艺术家的支持计划”。艺术家社会基金的成员如能够证明他们失去了很多收入,就可获得一次性的、无需偿还的贷款,最高可达 2 000 欧元。但是如果他们已经获得基本保障,即他们如果已经被社会政策所覆盖,那么将被排除在该计划之外。

萨克森州涉及文化部门的援助计划有两个。其一是萨克森音乐委员会协同文化基金会一起发起的一项数额为 1 000 万欧元的文化资助项目,这是由于萨克森州以森帕歌剧院为代表的音乐行业一向极为发达。因此,不同于很多其他资助项目仅侧重公立文化机构的做法,在萨克森,即使已经获得萨克森州文化教育资助的私营音乐学校也可申请萨克森音乐委员会同文化基金会携手的资助项目。尤其是那些个体音乐教师,如收入因疫情受损,则有望获得 12 000 欧元的补助。该文化资助项目由此填补了文化基金会的奖学金计划"思考时代"的空白。其二是针对最贴近百姓生活的社区音乐学校也设立了一项市政资助计划,资金用于维持社区音乐学校的运行,因为其被视为萨克斯州文化基础结构的一部分。这两项援助计划均是在萨克森音乐委员会的坚持下达成的。

黑森州的资助计划则主要针对非营利协会及公益和文化组织。该计划是由科学与艺术部和文化部两个部门共同管理的。州科学与艺术部长与文化行业所涉协会代表在春末作过详细解释。根据这些解释,自 5 月起,支持最高可达 10 000 欧元,尤其偏好用于青年人才、租金、运营成本、维护项目所需成本和取消项目所遭受的损失。而州文化部长则拨给专门针对自由艺术家、节日和文化机构的 5 000 欧万支持计划。这 5 000 万欧元主要用于面临必须取消现场活动或将活动转移到线上的文化节,以平衡主办方的损失。另外,自由艺术家还可以获得每人 2 000 欧元的工作补助金。

在首都柏林,当地政府受制于联邦条款,原本没有批准在联邦紧急援助的范畴内包含补偿个体经营者的生活费用。因此,柏林市政府特意从自己的预算里设置了工作补助金,以便它们不受制于文化公司运营费用的条款,也不计入基本社会保障。此外,还有一笔额外的补助金,专项用于支持在新冠危机中对文化机构、文化场所和艺术家所采取创新方法,比如以线上形式实验新的展览模式。

与柏林不同的是,下萨克森州和北莱茵-威斯特法伦州,由于联邦资金的流入和条件的限制,对艺术家的援助情况在事实上恶化了,所获的援助金额因条件所限大幅度缩减。北-威州的压力尤其大。直到夏末,经济和文化部长才宣布将紧急文化援助的预算从 500 万欧元增加到 3 200 万欧元，这意味着要追加处理 13 000 份申请 2 000 欧元补助的申请。此外，从 3 月和 4 月开始接受的“北威州 2020 紧急援助”的人可以获得 2 000 欧元生活费的使用额度。

对另一些联邦州而言，联邦资金的流入只是改变了支付金额的规模。拜仁州政府已经允许来自严重受影响行业的小型企业（即员工上限为 250 人的企业）从 2020 年早春起申请援助。随着州和联邦援助的环环相扣，帮助资金的额度也随之规模渐长。但由于拜仁从一开始就把生活费算在其中，因此联邦赞助资金的涌入对身处拜仁州的艺术家来说并不意味着实际生活的倒退。在图林根州，文化和艺术工作者可以向图林根开发银行提交立即援助申请。从事经济部门的创意、文化教育和艺术却更偏向经济领域的个体经营活动也有资格申请，唯独不能包括生活费。

三、基本保障之辩

如上文所述，多地做法的最大区别就是如何面对所谓的基本保障问题。有的州在联邦资金统一化规则后将生活费纳入州赞助范畴，而有的州则不然。在那些将生活费纳入州赞助范畴的地方，有的只针对艺术家社会基金成员，有的则为非艺术家社会基金成员也留下了出口。

在联邦政府的联邦紧急援助基金体制下，几乎不能提交任何运营费用的艺人所能依靠的只有基本保障。而这样的基本保障实际上依托的是德国社会政策和福利政策，实际上德国公民和长住居民均可享有，但对于文化行业从业者而言，则并无多少特殊性。其结果一是很多个体文化行业从业者通常不再能通过艺术创作来赚取收入，对于其积极性来说是一个严重的打击，反过来也会加剧国家福利的负担。二是在防疫政策和德国社会救助本身所固有的官僚主义双重夹击之下，申请行为所需的投入和回报不成比例。即使在申请程序简化之后，很多艺术家或文化团体也会在填写表格和所有十个附录后发现附录所暗含的条款不适用于自身的情况，或者最多只能获得三位数的金额。只有在慕尼黑这样本身房租高昂的城市，才有可能通过不减价的租金补贴获得高达 1 000 多欧元的补助。但是,房租高昂的城市生活成本也会更高。这样一来,这些艺术家或文化团体虽不至于饿死,但是已无余力继续从事或发展其艺术作品及文化活动来满足当前文化市场的要求。

所谓的基本保障是德国福利体系概念的重要组成部分,其中心思想是使德国居民不至于在任何情况下都被逼出卖劳动力养活自己。迄今为止,基本保障所力图避免的“任何情况”主要是以下几个方面:妊娠、高龄、疾病以及一些特殊移民或难民的前期阶段。从以上这几个方面来看,许多生活与创作都基于具体社区的艺术和文化人士被排除在基本保障之外。新冠疫情基本保障的主要方面与他们的生活现实不符,因此许多人被排除在经济帮助之外。正如拜仁州长索德尔承认的那样,有一群人恰好被“基本保障的每一个网格漏掉”。

因此,有些地区希望能更有针对性地赞助文化从业者,使文化生活——而不仅是艺术家们的肉体本身——也能获得“基本保障”。而这样一来,由于帮扶的目的并不是避免艺术和文化人士在任何情况下都被逼出卖劳动力以获得一块面包,政策的推行不得不采用几个部门合作的方式。比如尽管事涉所有其他疫情紧急援助计划的救助都由巴伐利亚经济事务部执行,但针对个体经营艺术家的援助计划将由巴伐利亚州科学与艺术部管理。根据这项计划,大约 30 000 名可以证明是艺术家社会保障基金成员的拜仁州艺术家可在短期内每月获得 1 000 欧元。

另外一种做法是通过鼓励从业者适应新环境的方式维护文化市场本身的运行和繁荣,不至于使之“断档”。除了为个体经营者、自由职业者和小公司(当地的定义为员工人数上限 100 名)提供紧急援助外,勃兰登堡州还向市政非营利性文化机构、文化协会以及文化基金会和盈利性文化公司提供总额高达 3 890 万欧元的资金援助。莱茵兰-普法尔茨州的一项囊括了文化生活方方面面的资助计划则将受惠者根据其生存现状和主要挑战分成几大类。第一类人为拥有艺术家社会保障基金成员身份的专业艺术家,将获得可自由用于各个领域的 2 000 欧元,作为用于开发新作品的工作补助金。州提供在线平台用于帮助展示这些艺术品和工作成果。这一部分的总额为 750 万欧元。第二类为公共型文化机构，这一部分文化机构一般并不会面临破产或者关停的危机，因此专项拨款450万欧元用于辅助它们将其文化项目调整到适应疫情框架。第三类为非营利性文化协会（比如业余音乐制作协会），这一部分社团多数规模较小，主要问题在于以社团的形式继续生存，它们可以向专门成立的“保护伞”机构提出申请，这部分的预算为200万欧元。第四类为已有一定“新媒体”基础的文化机构和艺术家，他们的生存方式前两类而言更加前卫，主要的挑战是在短时间内可以开发出成熟完整的新形式来展示其作品，对于这一部分的资助总额为100万欧元。

以上两种做法分别从两个不同的侧面为文化生活提供了基本保障，总结一下，即其一是为陷入困境的个体提供资助，其二是在现有结构下为文化事业本身的多样化运行托底。

多亏有了这些各地的“小型”补充援助计划，文化生活才不至于在疫情导致的停滞下完全断档。由于德国的文化部并非一个真正意义上和其他政府部门（如经济部、外交部、内政部）并列的部委，而从结构上隶属于总理府，因此，在联邦层面上，反而要靠一些有较多经验的州部门或者行会及专业委员会来起到反推作用。例如德国文化委员会、北莱茵-威斯特法伦州文化委员会、德国音乐委员会等协会和文化国务部长会议呼吁设立文化基金或文化基础设施基金。文化国务部长启动的一项资助计划里，540万欧元用于资助独立乐团和管弦乐队，50万欧元资助农村地区的文化中心。对比上文提到的若干个联邦州的资助金额，该计划在其“慷慨程度”上并不算非常出色。对比各地区的做法，也可看出这项计划并无法涵盖所有文化领域，比如在音乐生活中，以艺术活动的形式为工作的个体自由艺术家并未被囊括在内。

结　语

本文主要从文化产业和宏观文化政策调控两方面回顾了疫情期间的德国文化政策。由于某些影响必须在时间沉淀中才能以观后效，本文只能从若干细节和面对疫情的第一反应入手，梳理不同潮流及不同时间段之间的联系，总结经验与教训。

对于德国来说，文化产业如想尽快从疫情的影响中恢复和得到发展，需要从以下几方面努力。①经济支持，尤其是提供大量公共资金以及鼓励私人投资文化创意企业、组织和创意，这二者支持和加速是受影响的文化与创意产业经济复苏和转型的两个不可或缺的杠杆。②保持优势，尤其指通过确保支持和鼓励私人投资生产和分配的稳健监管框架，促进固有的文化产品的多元化，为商业回报提供必要条件，并确保创意产业的专业人士获得公平收入。③转文化以及创意产业及其数百万个人和集体人才的倍增力量为社会、社会和经济变革的加速器，这里的重点是德国政府正在力推的可持续发展和数字化发展。

在“疫情元年”2020 年，各层新冠疫情援助计划和短时工机制为从事文化行业的个人、公司和社团都进行了一定程度的托底。雇员、个体经营者和需要缴纳社会保障金的公司数量仅略有变化。尽管如此，文化产业的销售额和总营业额增加值因新冠疫情却大幅下降，其他相关的统计数据也呈现出令人吃惊的下跌：与 2019 年相比，每家公司的平均营业额下降 9%，每名缴纳社保的员工和核心员工的营业额各下降了 10%，每名核心员工的总营业额增加值下降了 14%。

这样的下跌并没有随着社会恢复正常化而得到恢复。如本文第二部分所述，直至 2022 年底，疫情作为一场社会危机所带来的阴影依然持续徘徊在文化发展上空。这是多重原因的累积所致。①文化活动的社会“肌肉记忆”并不会随着复工复产和人员恢复流通就即刻自动恢复；②文化活动的主要从业者——无论是公司、社团、个体还是投资商——对于疫情后的社会并不抱有足够的信心，因此很难像真正的“正常的时候”一样投入工作；③民众客观上受到疫情的影响——包括失业、破产以及疫情所导致的抑郁等心理问题——也会使一部分民众对于参与文化活动兴趣索然。当然，在此不可忽视的是另一部分文化活动也能起到一部分疗愈效果。

这也就很自然地引导我们在更高层面上思考问题：资源的堆积是否是为文化发展整体作宏观调控的文化政策在风险管理时的唯一手段？联邦援助

计划，尽管“开价”慷慨，却依然被代表业界的德国文化委员会批评为“东拼西凑”，引发不公，而真正落到实处地保证了文化生活不至于完全断档的是各州各地的“个性化”措施，使得许多艺术和文化从业人士不仅可以生存，而且还能够工作，从而为后疫情时代的恢复和重建留下了空间。在这个基础上作一个展望，最重要的可能不是类似于前文所提及的从现场形式和交流形式转向数字化在线媒体这样的“术”，而是意识并充分认识到文化生活的特殊性及保留“弦歌不辍”本身对于社会生活度过危机的积极影响。①

① 本文的数据和事实主要基于专家访谈，并参考以下来源：德国联邦统计局、德国联邦政府文化与媒体国务部、德国联邦经济与能源部、德国文化政策协会、德国文化理事会、联邦政府文化与创意产业创新委员会、各联邦州部委文件和统计数据。